国网山东省电力公司
电网生产技改大修项目典型造价

继电保护及通信自动化分册

国网山东省电力公司设备管理部　编

中国电力出版社

CHINA ELECTRIC POWER PRESS

内容提要

本书为《国网山东省电力公司电网生产技改大修项目典型造价 继电保护及通信自动化分册》，共分为 5 篇，第 1 篇为综述，包括概述和编制说明。第 2~5 为通信技改项目典型造价、通信大修项目典型造价、继保技改项目典型造价和自动化技改项目典型造价，均主要包括典型方案说明、典型方案主要技术条件、典型方案概算书、典型方案电气设备材料表、典型方案工程量表。

本书供国网山东省电力公司电网生产技改大修项目造价管理相关人员及相关工作的专业技术人员参考使用。

图书在版编目（CIP）数据

国网山东省电力公司电网生产技改大修项目典型造价.
继电保护及通信自动化分册 / 国网山东省电力公司设
备管理部编 . -- 北京：中国电力出版社，2025.3.
ISBN 978-7-5198-9155-8

Ⅰ . F426. 61

中国国家版本馆 CIP 数据核字第 2024L8B658 号

出版发行：中国电力出版社
地　　址：北京市东城区北京站西街 19 号（邮政编码 100005）
网　　址：http://www.cepp.sgcc.com.cn
责任编辑：张　瑶（010-63412503）
责任校对：黄　蓓　常燕昆
装帧设计：赵丽媛
责任印制：石　雷

印　　刷：三河市航远印刷有限公司
版　　次：2025 年 3 月第一版
印　　次：2025 年 3 月北京第一次印刷
开　　本：787 毫米 ×1092 毫米　16 开本
印　　张：22
字　　数：495 千字
定　　价：110.00 元

前　言

　　为更好推动能源重点领域大规模设备更新和技术改造，支撑建设新型能源体系。电网生产技改大修任务日益繁重，电网运行安全、质量和效益管理要求不断提升，对项目精益管理水平也提出更高要求。

　　为落实工程造价"全寿命周期管理"理念，国网山东省电力公司对生产技改大修项目工程造价的规范管理给予了高度重视，为合理确定工程造价，提高资金使用效率，促进山东电网健康发展，构建全寿命周期设备管理体系，组织编制了本套典型造价。

　　《国网山东省电力公司电网生产技改大修项目典型造价》共4册，分别为变电分册、输电分册、配电分册、继电保护及通信自动化分册。涵盖变电、输电、配电、通信、继电保护、自动化6个专业，覆盖0.4～500kV电压等级，内容包括方案说明、主要技术条件、概算书、电气设备材料表、工程量表等内容。《国网山东省电力公司电网生产技改大修项目典型造价　继电保护及通信自动化分册》包含通信技改项目26个典型方案及预算，通信大修项目12个典型方案及预算，继保技改项目43个典型方案及预算，自动化技改项目36个典型方案及预算。

　　本书由国网山东省电力公司设备管理部牵头，国网山东省电力公司经济技术研究院负责组织编写工作，山东诚信工程建设监理有限公司在本书编写过程中提供了大力支持，在此对他们表示感谢。

　　由于编写组各位编写人员受知识水平和时间经验方面的限制，书中难免存在疏漏之处，敬请各位读者批评指正。

编者

2024年11月

目 录

第3篇 通信大修项目典型造价

第 4 篇　继保技改项目典型造价

第 5 篇　自动化技改项目典型造价

第1篇
综 述

第1章　概　述

1.1　工作过程

2021 年始，国网山东省电力公司设备管理部牵头启动了《国网山东省电力公司电网生产技改大修项目典型造价》的编制工作，由国网山东省电力公司经济技术研究院组织相关专业的技术人员和造价人员，依据行业最新定额标准，结合项目管理实际，历时数月编制完成《国网山东省电力公司电网生产技改大修项目典型造价》(简称《典型造价》)。

《典型造价》考虑当前设备管理特点，以单体设备为计价单元，结合国网山东电力目前生产技改大修的项目特点，提炼出具有代表性的典型方案，按照相关规程规范、建设标准和现行的预算编制依据编制成型。《典型造价》经过多次内部审核，为了提高造价成果的应用效率，于 2021 年底，通过相关数字化建设固化于 PMS3.0 系统上线。通过数字化建设，为项目造价管理提供了便捷的工具。PMS 系统典型造价应用是以设备为单元的估算编制，在快速点选典型造价模块后，可直接获得典型造价组合件中设备归集的造价总费用，进一步简化了编制流程，提升了编制效率。

《典型造价》经过 PMS 系统上线应用和省内信息价更迭，现已具备出版条件。这一成果将为生产技改大修项目造价管理人员提供参考，助力国网山东电力生产技改大修项目造价全寿命周期管理，为设备全寿命周期管理提供标准化、系统化保障。

下一步国网山东电力公司设备部将密切关注市场动态，定期对省内信息价进行统计分析，对《典型造价》数据进行相应更新。确保典型造价编制成果的及时和准确，为设备高质量管理提供有力支持。

1.2　编制依据

(1)《电网技术改造工程预算编制与计算规定（2020 年版）》。

(2)《电网检修工程预算编制与计算规定（2020 年版）》。

(3)《电网技术改造工程概算定额（2020 年版）》。

(4)《电网技术改造工程预算定额（2020 年版）》。

(5)《电网检修工程预算定额（2020 年版）》。

(6)《电网拆除工程预算定额（2020 年版）》。

(7)《国网山东省电力公司设备管理部关于修订电网生产技改大修项目估算编制相关要求的通知》。

(8)电网工程设备材料信息参考价。

(9)国网山东省电力公司技改大修项目设备材料价格信息。

（10）电力工程造价与定额管理总站《关于发布 2020 电网技术改造及检修工程概预算定额 2023 下半年价格水平调整系数的通知》（定额〔2024〕3 号）。

1.3　使用说明

本书为《国网山东省电力公司电网生产技改大修项目典型造价　继电保护及通信自动化分册》，共分为 5 篇，第 1 篇为综述，包括概述、编制说明。第 2 篇为通信技改项目典型造价，包括典型方案说明，典型方案主要技术条件，典型方案概算书，典型方案设备材料表，典型方案工程量表。第 3 篇为通信大修项目典型造价，包括典型方案说明，典型方案主要技术条件，典型方案概算书，典型方案设备材料表，典型方案工程量表。第 4 篇为继保技改项目典型造价，包括典型方案说明，典型方案主要技术条件，典型方案概算书，典型方案设备材料表，典型方案工程量表。第 5 篇为自动化技改项目典型造价，包括典型方案说明，典型方案主要技术条件，典型方案概算书，典型方案设备材料表，典型方案工程量表。典型造价主要应用于生产技改大修项目估算、概算、预算编制和审核工作，指导编制人员编制国网山东电力生产设备大修项目估算、概算、预算，审核单位对比审核实际工程费用，分析费用差异。

在实际应用过程中，要首先分析项目的主要技术方案和技术参数。然后根据实际项目的主要技术条件和工程参数，从典型方案库中选择单一或多个方案组合；若典型方案库中没有实际项目，可采用类似技术条件的典型方案。随后，根据实际工程量对方案内的工程量和物料信息进行调整后重新计算得到结果。注意事项如下：

（1）方案和对应典型方案内容一致的情况，选取典型方案一个或多个进行组合，输入正确的方案数量，直接计算项目造价。

（2）方案和对应典型方案有差异的情况，选取典型方案一个或多个进行组合，输入对应的方案数量，增减或调整方案内设备材料类型数量或定额。

（3）典型方案没有参考价值时，按常规方法编制概预算。

1.4　典型方案编码原则

典型方案编码由专业类别、工程类别、项目序号组成。第一位代表专业类别，变电专业、通信专业、继电保护专业、自动化专业、配电专业、输电专业分别用字母 B、T、J、Z、P、S 表示；技改、检修分别用字母 G、X 表示。第二位代表工程类别编码，用数字 01~n 表示。第三位代表方案序号，用数字 01~n 表示。见表 1-4-1。

表 1-4-1　　　　　　　　　　　　专业分类及项目类型编码

专业分类	变电	通信	继电保护	自动化	配电	输电
技改编码	BG	TG	JG	ZG	PG	SG
检修编码	BX	TX	/	/	PX	SX

第 2 章 编制说明

项目划分执行《电网技术改造工程预算编制与计算规定（2020 年版）》及《电网检修工程预算编制与计算规定（2020 年版）》

定额《采用电网技术改造工程预算定额（2020 年版）》《电网检修工程预算定额（2020 年版）》《电网拆除工程预算定额（2020 年版）》。

定额价格水平调整执行《关于发布 2020 版电网技术改造及检修工程概预算定额 2023 年下半年价格水平调整系数的通知》（定额〔 2024 〕3 号）。

工程量计算小数点保留位位数原则：t、km 保留 3 位小数；kg、m、m²、m³ 保留 2 位小数；台、套、组等为整数。价值单位元保留整数。

暂不考虑其他费用及基本预备费。

2.1 电网技术改造工程预算编制说明

2.1.1 建筑安装工程费编制说明

建筑（安装）工程费 = 直接费 + 间接费 + 利润 + 编制基准期价差 + 增值税

直接费 = 直接工程费 + 措施费

直接工程费 = 人工费 + 材料费 + 施工机械使用费

措施费 = 冬雨季施工增加费 + 夜间施工增加费 + 施工工具用具使用费 + 特殊地区施工增加费 + 临时设施费 + 施工机构迁移费 + 安全文明施工费 + 多次进出场增加费

其中特殊地区施工增加费、多次进出场增加费不计取。

措施费费率按如下费率计取。

间接费 = 规费 + 企业管理费

利润 =（人工费 + 机械费）× 利润率

增值税 =（直接费 + 间接费 + 利润 + 编制基准期价差）× 税率

具体取费费率如表 2-1-1 所示。

2.1.2 拆除工程费编制说明

拆除工程费 = 直接费 + 间接费 + 利润 + 编制基准期价差 + 增值税

直接费 = 直接工程费 + 措施费

直接工程费 = 人工费 + 材料费 + 施工机械使用费

措施费 = 冬雨季施工增加费 + 施工工具用具使用费 + 特殊地区施工增加费 + 临时设施费 + 施工机构迁移费 + 安全文明施工费

间接费 = 规费 + 企业管理费

利润 =（人工费 + 机械费）× 利润率

增值税 =（直接费 + 间接费 + 利润 + 编制基准期价差）× 税率

具体取费费率如表 2-1-2 所示。

2.2 电网检修工程预算——建筑修缮（设备检修）费编制说明

电网检修建筑修缮（设备检修）费 = 直接费 + 间接费 + 利润 + 编制基准期价差 +
增值税

直接费 = 直接工程费 + 措施费

直接工程费 = 人工费 + 材料费 + 施工机械使用费

措施费 = 冬雨季施工增加费 + 夜间施工增加费 + 施工工具用具使用费 + 特殊地区
施工增加费 + 临时设施费 + 安全文明施工费 + 多次进出场增加费

其中特殊地区施工增加费、多次进出场增加费不计取。

间接费 = 规费 + 企业管理费

利润 = 人工费 × 费率

税金 =（直接费 + 间接费 + 利润 + 编制基准期价差）× 税率

具体取费费率如表 2-2-1 所示。

表 2-1-1　国网山东省电力公司电网技术改造工程估算编制计算说明（建筑安装工程）

序号	项目名称	单位	计算标准	变电建筑 费率	变电安装 费率	架空线路 费率	电缆安装 费率	通信线路 费率	20kV 及以下配网工程调整系数	备注
一	直接费									
1	直接工程费		执行国家能源局发布的《电网技术改造工程概预算定额（2020 年版）》及《电网技术改造工程预算编制与计算规定（2020 年版）》							
	材料配送费									暂不计列
2	措施费									
2.1	冬雨季施工增加费	%	（人工费＋机械费）× 费率	3.07	3.96	3.51	3.01	2.49	0.80	
2.2	夜间施工增加费	%	（人工费＋机械费）× 费率	0.54	1.96	—	1.04	—	0.70	
2.3	施工工具用具使用费	%	（人工费＋机械费）× 费率	2.39	3.16	3.06	2.13	2.45	0.60	
2.4	临时设施费	%	（人工费＋机械费）× 费率	11.70	7.45	8.51	8.24	6.16	0.60	
2.5	施工机构转移费	%	（人工费＋机械费）× 费率	1.22	3.87	1.43	0.97	0.75	0.60	架空线路大跨越费率执行 1.12%
2.6	安全文明施工费	%	（人工费＋机械费）× 费率	14.39	9.48	11.31	8.45	7.46	0.70	单独通信站安装工程费率执行 3.55%
2.7	多次进场增加费	%	（人工费＋机械费）× 费率 ×（$N-1$）	0.72	1.14	0.89	0.76	—	—	

续表

序号	项目名称	单位	计算标准	变电建筑费率	变电安装费率	架空线路费率	电缆安装费率	通信线路费率	20kV及以下配网工程调整系数	备注
二	间接费									
1	规费									
1.1	社会保险费	%	人工费×专业系数×费率			25.60			参照对应专业类别执行	专业系数：建筑1.12，安装1.15，架空1.05
1.2	住房公积金	%	人工费×专业系数×费率			12.00			参照对应专业类别执行	
2	企业管理费	%	(人工费+机械费)×费率	36.30	29.35	25.69	22.18	20.05	0.60	
三	利润	%	(人工费+机械费)×费率	14.93	7.76	9.88	8.23	7.31	0.70	
四	编制基准期价差			人工费及安装工程材机按调整系数调整。建筑工程材机按单价调整						
五	增值税	%	(直接费+间接费+利润+编制基准期价差)×税率			9.00				
六	设备购置费									
1	设备费			根据国家电网公司及省省公司近期采购结果计算						
2	设备运杂费	%								暂不计列

表 2-1-2

国网山东省电力公司电网技术改造工程估算工程编制计算说明（拆除工程）

序号	项目名称	单位	计算标准	变电建筑 费率	变电安装 费率	架空线路 费率	电缆安装 费率	通信线路 费率	20kV 及以下配网工程调整系数	备注
一	直接费									
1	拆除直接工程费		执行国家能源局发布的《电网拆除工程预算定额（2020 年版）》及《电网技术改造工程预算编制与计算规定（2020 年版）》							
2	措施费									
2.1	冬雨季施工增加费	%	（人工费＋机械费）× 费率	3.42	2.13	2.16	1.56	0.93	0.60	
2.2	施工工具用具使用费	%	（人工费＋机械费）× 费率	5.51	2.07	0.65	1.18	0.34	0.70	
2.3	临时设施费	%	（人工费＋机械费）× 费率	13.67	7.03	4.17	4.84	1.94	0.60	
2.4	施工机构迁移费	%	（人工费＋机械费）× 费率	1.97	3.85	1.29	0.68	0.48	0.70	
2.5	安全文明施工费	%	（人工费＋机械费）× 费率	14.39	9.48	11.31	8.45	7.46	0.60	
二	间接费									
1	规费									

续表

序号	项目名称	单位	计算标准	变电建筑 费率	变电安装 费率	架空线路 费率	电缆安装 费率	通信线路 费率	20kV及以下配网工程调整系数	备注
1.1	社会保险费	%	人工费×专业系数×费率	25.60					参照对应专业类别执行	专业系数：建筑1.15，安装1.12，架空1.05
1.2	住房公积金	%	人工费×专业系数×费率	12.00					参照对应专业类别执行	
2	企业管理费	%	(人工费+机械费)×费率	40.00	27.85	7.13	22.70	13.62	0.60	
三	利润	%	(人工费+机械费)×费率	8.71	7.09	5.24	4.04	2.55	0.70	
四	编制基准期价差		人工费及安装工程材机按调整系数调整。建筑工程材机按单价调整							
五	增值税	%	(直接费+间接费+利润+编制基准期价差)×税率	9.00						

表2-2-1　国网山东省电力公司电网检修工程估算编制计算说明（建筑修缮和设备检修费）

序号	项目名称	单位	计算标准	建筑修缮费率	变电检修费率	架空线路检修费率	电缆安装检修费率	通信线路检修费率	20kV及以下配网工程调整系数	备注
一	直接费									
1	直接工程费		执行国家能源局发布的《电网检修工程预算定额（2020年版）》及《电网检修工程预编制与计算规定（2020年版）》							
	材料配送费									暂不计列
2	措施费									
2.1	冬雨季施工增加费	%	（人工费＋机械费）×费率	3.09	3.19	2.67	5.73	4.69	0.70	
2.2	夜间施工增加费	%	（人工费＋机械费）×费率	2.39	2.71	—	3.13	—	0.80	大跨越检修费费率为1.14%
2.3	施工工具用具使用费	%	（人工费＋机械费）×费率	2.78	3.76	1.88	5.53	4.36	0.60	
2.4	临时设施费	%	（人工费＋机械费）×费率	10.28	9.38	7.37	19.19	8.75	0.70	
2.5	安全文明施工费	%	（人工费＋机械费）×费率	15.74	12.09	7.41	20.22	15.48	0.70	
2.6	多次进场增加费	%	（人工费＋机械费）×费率×（N-1）	0.85	1.15	0.85	0.81	—	—	
二	间接费									

续表

序号	项目名称	单位	计算标准	建筑修缮费率	变电检修费率	架空线路检修费率	电缆安装检修费率	通信线路检修费率	20kV及以下配网工程调整系数	备注
1	规费									专业系数：建筑检缮 1.12，设备检修 1.15，架空线路检修 1.05
1.1	社会保险费	%	人工费 × 专业系数 × 费率			25.60			参照对应专业类别执行	
1.2	住房公积金	%	人工费 × 专业系数 × 费率			12.00			参照对应专业类别执行	
2	企业管理费	%	（人工费＋机械费）× 费率	30.51	27.31	24.69	47.49	40.91	0.50	
三	利润	%	（人工费＋机械费）× 利润率	9.99	8.99	3.52	11.01	6.47	0.70	
四	制基准期价差		人工费及设备检修工程机按调整系数调整。建筑修缮工程材机按调整系数调整							
五	增值税	%	（直接费＋间接费＋利润＋编制基准期价差）× 税率			9.00				
六	配件购置费		根据配件的品种、数量，根据国家电网公司及省公司近期采购结果计算							
1	配件费									
2	配件运杂费	%								暂不计列

第 2 篇

通信技改项目典型造价

第3章　更换OTN

更换OTN典型方案共2个，分别为更换OTN电交叉子框（OTN电交叉子框，0.7T，无，4，无，2，4）、更换OTN光传输子框（OTN光传输子框，≥12槽位，≥4C波，含光交叉）。

主要内容：安装调测新上光传输子框1套（含交叉板、主控板、电源板等公共板卡，以及本期新上的其他业务板卡）；调试4个10G业务光路；割接业务至新开光路承载；拆除老旧设备并运输至指定地点。

具体施工工序流程：制定业务割接方案→安装新上设备→布放尾纤、尾缆→光路开通调试→业务割接→旧设备拆除→固定尾纤、尾缆→质量验收。典型方案更换OTN施工工序流程图见图3-0-1。

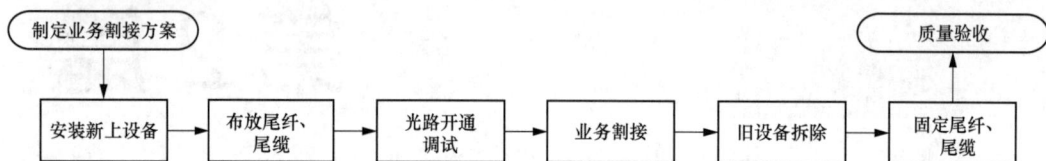

图3-0-1　典型方案更换OTN施工工序流程图

3.1　TG01-01更换OTN电交叉子框（OTN电交叉子框，0.7T，无，4，无，2，4）

3.1.1　典型方案主要技术条件

典型方案更换OTN电交叉子框（OTN电交叉子框，0.7T，无，4，无，2，4）主要技术条件见表3-1-1。

表3-1-1　典型方案更换OTN电交叉子框（OTN电交叉子框，0.7T，无，4，无，2，4）主要技术条件

方案名称	工程主要技术条件	
更换OTN电交叉子框（OTN电交叉子框，0.7T，无，4，无，2，4）	设备型号	OTN电交叉子框，0.7T，无，4，无，2，4
	设备板卡	含4口OTU2线路板1块、4口10G/10GE支路板1块、8口2.5G及以下支路板卡1块，波长转换板2块，10G/10GE光模块4个
	是否停电	否
	工作范围	更换设备，光路开通，业务割接

3.1.2　典型方案概算书

概算投资为总投资，按照典型造价编制依据要求编制。典型方案更换 OTN 电交叉子框（OTN 电交叉子框，0.7T，无，4，无，2，4）包括总概算汇总表、安装工程专业汇总表，分别见表 3-1-2 和表 3-1-3。

表 3-1-2　　　　　　典型方案更换 OTN 电交叉子框（OTN 电交叉子框，

0.7T，无，4，无，2，4）总概算汇总表　　　　　金额单位：万元

序号	工程或费用名称	金额	占工程总投资的比例（%）
一	建筑工程费		
二	安装工程费	2.94	11.17
三	拆除工程费		
四	设备购置费	23.39	88.83
五	小计	26.33	100
	其中：甲供设备材料费	23.39	88.83
六	其他费用		
七	基本预备费		
八	特殊项目		
九	工程静态投资合计	26.33	100
	其中：可抵扣增值税金额	2.93	

表 3-1-3　　　　　　典型方案更换 OTN 电交叉子框（OTN 电交叉子框，

0.7T，无，4，无，2，4）安装工程专业汇总表　　　　金额单位：元

序号	工程或费用名称	安装工程费			设备购置费	合计
		主要材料费	安装费	小计		
	安装工程		29387	29387	233852	263239
八	通信及远动系统		29387	29387	233852	263239
1	通信系统		29387	29387	233852	263239
1.3	站内通信系统		29387	29387	233852	263239
	合计		29387	29387	233852	263239

3.1.3　典型方案电气设备材料表

典型方案更换 OTN 电交叉子框（OTN 电交叉子框，0.7T，无，4，无，2，4）电气设备材料表见表 3-1-4。

表 3-1-4　　　　　典型方案更换 OTN 电交叉子框（OTN 电交叉子框，
0.7T，无，4，无，2，4）电气设备材料表

序 / 编号	设备或材料名称	单位	数量	备注
八	通信及远动系统			
1	通信系统			
1.3	站内通信系统			
500140074	OTN 电交叉子框，0.7T，无，4，无，2，4	套	1	

3.1.4　典型方案工程量表

典型方案更换 OTN 电交叉子框（OTN 电交叉子框，0.7T，无，4，无，2，4）工程量见表 3-1-5。

表 3-1-5　　　　　典型方案更换 OTN 电交叉子框（OTN 电交叉子框，
0.7T，无，4，无，2，4）工程量表

序 / 编号	名称	单位	数量	备注
	建筑工程			
	安装工程			
八	通信及远动系统			
1	通信系统			
1.3	站内通信系统			
JYZ1-39	光传送网（OTN）设备安装调测　调测 OTN 基本子架及公共单元盘	套	4	
JYZ1-36	光传送网（OTN）设备安装调测　扩容 OTN 电（光）交叉设备	子架	1	
调 JYZ1-36 R×0.7 C×0.7 J×0.7	光传送网（OTN）设备安装调测　扩容 OTN 电（光）交叉设备	子架	2	
JYZ1-45	光传送网（OTN）设备通道调测及网络保护调测　光通道调测　10Gbit/s	方向·波道	2	

序 / 编号	名称	单位	数量	备注
JYZ1-48	光传送网（OTN）设备通道调测及网络保护调测 光通道保护	方向·系统	1	
JYZ1-49	光传送网（OTN）设备通道调测及网络保护调测 电通道保护	方向·段	1	

3.2 TG01-02 更换 OTN 光传输子框（OTN 光传输子框，≥ 12 槽位，≥ 40 波，含光交叉）

3.2.1 典型方案主要技术条件

典型方案更换 OTN 光传输子框（OTN 光传输子框，≥ 12 槽位，≥ 40 波，含光交叉）主要技术条件见表 3-2-1。

表 3-2-1 典型方案更换 OTN 光传输子框（OTN 光传输子框，≥ 12 槽位，≥ 40 波，含光交叉）主要技术条件

方案名称	工程主要技术条件	
更换 OTN 光传输子框（OTN 光传输子框，≥ 12 槽位，≥ 40 波，含光交叉）	设备型号	OTN 光传输子框，≥ 12 槽位，≥ 40 波，含光交叉
	设备板卡	含 40 波合波板 1 块、40 波分波板 1 块，光放大器板 3 块，色散补偿模板 2 块
	是否停电	否
	工作范围	更换设备，光路开通，业务割接

3.2.2 典型方案概算书

概算投资为总投资，按照典型造价编制依据要求编制。典型方案更换 OTN 光传输子框（OTN 光传输子框，≥ 12 槽位，≥ 40 波，含光交叉）包括总概算汇总表、安装工程专业汇总表、拆除工程专业汇总表，分别见表 3-2-2~ 表 3-2-4。

表 3-2-2 典型方案更换 OTN 光传输子框（OTN 光传输子框，≥ 12 槽位，≥ 40 波，含光交叉）总概算汇总表

金额单位：万元

序号	工程或费用名称	金额	占工程总投资的比例（%）
一	建筑工程费		
二	安装工程费	3.44	39.22
三	拆除工程费	0.16	1.82

续表

序号	工程或费用名称	金额	占工程总投资的比例（%）
四	设备购置费	5.17	58.95
五	小计	8.77	100
	其中：甲供设备材料费	5.17	58.95
六	其他费用		
七	基本预备费		
八	特殊项目		
九	工程投资合计	8.77	100
	其中：可抵扣增值税金额	0.88	

表 3-2-3　典型方案更换 OTN 光传输子框（OTN 光传输子框，≥ 12 槽位，≥ 40 波，含光交叉）安装工程专业汇总表　　　　　　　　　金额单位：元

序号	工程或费用名称	安装工程费			设备购置费	合计
		主要材料费	安装费	小计		
	安装工程		34350	34350	51700	86050
八	通信及远动系统		34350	34350	51700	86050
1	通信系统		34350	34350	51700	86050
1.3	站内通信系统		34350	34350	51700	86050
	合计		34350	34350	51700	86050

表 3-2-4　典型方案更换 OTN 光传输子框（OTN 光传输子框，≥ 12 槽位，≥ 40 波，含光交叉）拆除工程专业汇总表　　　　　　　　　金额单位：元

序号	工程或费用名称	拆除工程费
	拆除工程	1576
	安装工程	1576
八	通信及远动系统	1576
1	通信系统	1576
1.3	站内通信系统	1576
	合计	1576

3.2.3　典型方案电气设备材料表

典型方案更换 OTN 光传输子框（OTN 光传输子框，≥ 12 槽位，≥ 40 波，含光交叉）电气设备材料表见表 3-2-5。

表 3-2-5　典型方案更换 OTN 光传输子框（OTN 光传输子框，≥ 12 槽位，≥ 40 波，含光交叉）电气设备材料表

序 / 编号	设备或材料名称	单位	数量	备注
八	通信及远动系统			
1	通信系统			
1.3	站内通信系统			
500140080	OTN 光传输子框，≥ 12 槽位，≥ 40 波	套	1	

3.2.4　典型方案工程量表

典型方案更换 OTN 光传输子框（OTN 光传输子框，≥ 12 槽位，≥ 40 波，含光交叉）工程量见表 3-2-6。

表 3-2-6　典型方案更换 OTN 光传输子框（OTN 光传输子框，≥ 12 槽位，≥ 40 波，含光交叉）工程量表

序 / 编号	名称	单位	数量	备注
	建筑工程			
	安装工程			
八	通信及远动系统			
1	通信系统			
1.3	站内通信系统			
JYZ1-45	光传送网（OTN）设备通道调测及网络保护调测　光通道调测　10Gbit/s	方向·波道	2	
JYZ1-33	光传送网（OTN）设备安装调测　OTN 基本成套设备　2 个光系统	套	1	
JYZ1-48	光传送网（OTN）设备通道调测及网络保护调测　光通道保护	方向·系统	2	
JYZ1-38	光传送网（OTN）设备安装调测　增装合波器、分波器	套	2	
	拆除工程			

续表

序 / 编号	名称	单位	数量	备注
	安装工程			
八	通信及远动系统			
1	通信系统			
1.3	站内通信系统			
CYZ1-1	光传输设备拆除　光传送网设备　OTN	套	1	

第4章　更换SDH光端机

更换 SDH 光端机典型方案共 6 个，分别为更换 622Mbit/s 光传输设备（含 622M 光口 4 个，以太光口 8 个，2M 口 32 个）、更换 622Mbit/s 光传输设备（含以太光口 4 个，2M 口 32 个）、更换 SDH 光端机（2.5Gbit/s，384×384VC4，无，8，6，8，63，无）、更换 SDH 光端机（2.5Gbit/s，384×384VC4，无，2，4，8，63，无）、更换 SDH 光端机（2.5Gbit/s，384×384VC4，无，4，无，8，63，无）、更换 2.5Gbit/s 光传输设备（含 2.5G 光口 4 个、622M 光口 4 个，以太网光口 2 个，2M 口 63 个）、更换 10Gbit/s 光传输设备（含 10G 光口 8 个、2.5G 光口 6 个、622M 光口 6 个，以太网光口 8 个，2M 口 63 个）、更换 10Gbit/s 光传输设备（含 10G 光口 4 个、2.5G 光口 2 个、622M 光口 4 个，以太网光口 8 个，2M 口 63 个）、更换 10Gbit/s 光传输设备（含 10G 光口 2 个、2.5G 光口 2 个、622M 光口 4 个，以太网光口 8 个，2M 口 63 个）、更换 SDH 光端机（10Gbit/s，1536×1536VC4，2，4，无，8，63，无）。

主要内容：安装调测新上光传输子框 1 套（含交叉板、主控板、电源板等公共板卡，以及本期新上的其他业务板卡）；根据配置开通调试光路、以太网专线；根据配置 E1 出线板布放 2M 线缆至数字配线架，每路 2M 线长 20m；割接业务至新开光路承载；拆除老旧设备并运输至指定地点。

具体施工工序流程为：制定业务割接方案→安装新上设备→布放尾纤、尾缆→光路开通调试→业务割接→旧设备拆除→固定尾纤、尾缆→质量验收。典型方案更换 SDH 光端机施工工序流程图见图 3-0-1。

4.1　TG02-01 更换 622Mbit/s 光传输设备（含 622M 光口 4 个，以太光口 8 个，2M 口 32 个）

4.1.1　典型方案主要技术条件

典型方案更换 622Mbit/s 光传输设备（含 622M 光口 4 个，以太光口 8 个，2M 口 32

个）主要技术条件见表 4-1-1。

表 4-1-1 典型方案更换 622Mbit/s 光传输设备

（含 622M 光口 4 个，以太光口 8 个，2M 口 32 个）主要技术条件

方案名称	工程主要技术条件	
更换 622Mbit/s 光传输设备（含 622M 光口 4 个，以太光口 8 个，2M 口 32 个）	设备型号	SDH 设备，622Mbit/s，256×256VC4，无，无，4，8，32，无
	设备板卡	单口 622M 板卡 4 块
	是否停电	否
	工作范围	更换设备，光路开通，业务割接

4.1.2 典型方案概算书

概算投资为总投资，按照典型造价编制依据要求编制。典型方案更换 622Mbit/s 光传输设备（含 622M 光口 4 个，以太光口 8 个，2M 口 32 个）包括总概算汇总表、安装工程专业汇总表、拆除工程专业汇总表，分别见表 4-1-2~ 表 4-1-4。

表 4-1-2 典型方案更换 622Mbit/s 光传输设备

（含 622M 光口 4 个，以太光口 8 个，2M 口 32 个）总概算汇总表金额 单位：万元

序号	工程或费用名称	金额	占工程总投资的比例（%）
一	建筑工程费		
二	安装工程费	3.93	20.36
三	拆除工程费	0.17	0.88
四	设备购置费	15.2	78.76
五	小计	19.3	100
	其中：甲供设备材料费	15.2	78.76
六	其他费用		
七	基本预备费		
八	特殊项目		
九	工程静态投资合计	19.3	100
	其中：可抵扣增值税金额	2.08	

表 4-1-3 典型方案更换 622Mbit/s 光传输设备（含 622M 光口 4 个，
以太光口 8 个，2M 口 32 个）安装工程专业汇总表金额 单位：元

序号	工程或费用名称	安装工程费			设备购置费	合计
		主要材料费	安装费	小计		
	安装工程		39253	39253	151985	191238
八	通信及远动系统		39253	39253	151985	191238
1	通信系统		39253	39253	151985	191238
1.3	站内通信系统		39253	39253	151985	191238
	合计		39253	39253	151985	191238

表 4-1-4 典型方案更换 622Mbit/s 光传输设备（含 622M 光口 4 个，以太光口 8 个，
2M 口 32 个）拆除工程专业汇总表金额 单位：元

序号	工程或费用名称	拆除工程费
	拆除工程	1688
	安装工程	1688
八	通信及远动系统	1688
1	通信系统	1688
1.3	站内通信系统	1688
	合计	1688

4.1.3 典型方案电气设备材料表

典型方案更换 622Mbit/s 光传输设备（含 622M 光口 4 个，以太光口 8 个，2M 口 32 个）电气设备材料表见表 4-1-5。

表 4-1-5 典型方案更换 622Mbit/s 光传输设备（含 622M 光口 4 个，
以太光口 8 个，2M 口 32 个）电气设备材料表

序 / 编号	设备或材料名称	单位	数量	备注
八	通信及远动系统			
1	通信系统			
1.3	站内通信系统			
500155201	SDH 设备，622Mb/s，256×256VC4，无，无，4，8，63，无	套	1	

4.1.4　典型方案工程量表

典型方案更换 622Mbit/s 光传输设备（含 622M 光口 4 个，以太光口 8 个，2M 口 32 个）工程量见表 4-1-6。

表 4-1-6　　**典型方案更换 622Mbit/s 光传输设备（含 622M 光口 4 个，**

以太光口 8 个，2M 口 32 个）工程量表

序 / 编号	名称	单位	数量	备注
	建筑工程			
	安装工程			
八	通信及远动系统			
1	通信系统			
1.3	站内通信系统			
JYZ1-8	光纤数字传输设备安装调测　分插复用器（ADM）622Mbit/s	套	1	
JYZ1-20	光纤数字传输设备安装调测　接口单元盘（SDH）622Mbit/s	块	1	
JYZ1-30	数字通信通道调测　数字线路段光端对测	方向·系统	2	
JYZ1-32	数字通信通道调测　保护倒换测试	环 / 系统	1	
JYZ1-58	光传输设备网管系统安装调测　网络管理系统 SDH	套	1	
JYZ15-7	业务接入、割接、改接调试　622Mbit/s 业务通道	条	2	
	拆除工程			
	安装工程			
八	通信及远动系统			
1	通信系统			
1.3	站内通信系统			
CYZ1-2	光传输设备拆除　光端机 SDH	套	1	

4.2　TG02-02 更换 622Mbit/s 光传输设备（含以太光口 4 个，2M 口 32 个）

4.2.1　典型方案主要技术条件

典型方案更换 622Mbit/s 光传输设备（含以太光口 4 个，2M 口 32 个）主要技术条件见表 4-2-1。

表 4-2-1　典型方案更换 622Mbit/s 光传输设备（含以太光口 4 个，2M 口 32 个）
主要技术条件

方案名称	工程主要技术条件	
更换 622Mbit/s 光传输设备（含以太光口 4 个，2M 口 32 个）	设备型号	SDH 设备，622Mbit/s，64×64VC4，无，无，无，4，32，无
	设备板卡	4 口 155M 板卡 2 块
	是否停电	否
	工作范围	更换设备，光路开通，业务割接

4.2.2　典型方案概算书

概算投资为总投资，按照典型造价编制依据要求编制。典型方案更换 622Mbit/s 光传输设备（含以太光口 4 个，2M 口 32 个）包括总概算汇总表、安装工程专业汇总表、拆除工程专业汇总表，分别见表 4-2-2~ 表 4-2-4。

表 4-2-2　典型方案更换 622Mbit/s 光传输设备（含以太光口 4 个，2M 口 32 个）
总概算汇总表　　　　　　　　　　　　　　　　金额单位：万元

序号	工程或费用名称	金额	占工程总投资的比例（%）
一	建筑工程费		
二	安装工程费	4.27	17.85
三	拆除工程费	0.17	0.71
四	设备购置费	19.48	81.44
五	小计	23.92	100
	其中：甲供设备材料费	19.48	81.44
六	其他费用		
七	基本预备费		
八	特殊项目		
九	工程静态投资合计	23.92	100
	其中：可抵扣增值税金额	2.6	

表 4-2-3　典型方案更换 622Mbit/s 光传输设备（含以太光口 4 个，2M 口 32 个）

安装工程专业汇总表

金额单位：元

序号	工程或费用名称	安装工程费			设备购置费	合计
		主要材料费	安装费	小计		
	安装工程		42746	42746	194812	237558
八	通信及远动系统		42746	42746	194812	237558
1	通信系统		42746	42746	194812	237558
1.3	站内通信系统		42746	42746	194812	237558
	合计		42746	42746	194812	237558

表 4-2-4　典型方案更换 622Mbit/s 光传输设备（含以太光口 4 个，2M 口 32 个）

拆除工程专业汇总表

金额单位：元

序号	工程或费用名称	拆除工程费
	拆除工程	1688
	安装工程	1688
八	通信及远动系统	1688
1	通信系统	1688
1.3	站内通信系统	1688
	合计	1688

4.2.3　典型方案电气设备材料表

典型方案更换 622Mbit/s 光传输设备（含以太光口 4 个，2M 口 32 个）电气设备材料表见表 4-2-5。

表 4-2-5　典型方案更换 622Mbit/s 光传输设备（含以太光口 4 个，2M 口 32 个）

电气设备材料表

序 / 编号	设备或材料名称	单位	数量	备注
八	通信及远动系统			
1	通信系统			
1.3	站内通信系统			
500123652	SDH设备,622Mbit/s,64×64VC4,无,无,无,4,32,无	套	1	

4.2.4　典型方案工程量表

典型方案更换 622Mbit/s 光传输设备（含以太光口 4 个，2M 口 32 个）工程量见表 4-2-6。

表 4-2-6　典型方案更换 622Mbit/s 光传输设备（含以太光口 4 个，2M 口 32 个）

工程量表

序 / 编号	名称	单位	数量	备注
	建筑工程			
	安装工程			
八	通信及远动系统			
1	通信系统			
1.3	站内通信系统			
JYZ1-9	光纤数字传输设备安装调测　分插复用器（ADM）155Mbit/s	套	1	
JYZ1-14	光纤数字传输设备安装调测　接口单元盘（SDH）155Mbit/s	块	1	
JYZ1-30	数字通信通道调测　数字线路段光端对测	方向·系统	2	
JYZ1-32	数字通信通道调测　保护倒换测试	环/系统	1	
JYZ15-7	业务接入、割接、改接调试　622Mbit/s 业务通道	条	2	
JYZ1-58	光传输设备网管系统安装调测　网络管理系统 SDH	套	1	
	拆除工程			
	安装工程			
八	通信及远动系统			
1	通信系统			
1.3	站内通信系统			
CYZ1-2	光传输设备拆除　光端机 SDH	套	1	

4.3　TG02-03 更换 2.5Gbit/s 光传输设备（含 2.5G 光口 4 个、622M 光口 4 个，以太网光口 2 个，2M 口 63 个）

4.3.1　典型方案主要技术条件

典型方案更换 2.5Gbit/s 光传输设备（含 2.5G 光口 4 个、622M 光口 4 个，以太网光口 2 个，2M 口 63 个）主要技术条件见表 4-3-1。

表 4-3-1　典型方案更换 2.5Gbit/s 光传输设备（含 2.5G 光口 4 个、622M 光口 4 个，

以太网光口 2 个，2M 口 63 个）主要技术条件

方案名称	工程主要技术条件	
更换 2.5Gbit/s 光传输设备（含 2.5G 光口 4 个、622M 光口 4 个，以太网光口 2 个，2M 口 63 个）	设备型号	SDH 设备，2.5Gbit/s，384×384VC4，无，4，4，8，63，无
	设备板卡	单口 2.5G 板卡 4 个，单口 622M 板卡 4 个
	是否停电	否
	工作范围	更换设备，光路开通，业务割接

4.3.2　典型方案概算书

概算投资为总投资，按照典型造价编制依据要求编制。典型方案更换 2.5Gbit/s 光传输设备（含 2.5G 光口 4 个、622M 光口 4 个，以太网光口 2 个，2M 口 63 个）包括总概算汇总表、安装工程专业汇总表、拆除工程专业汇总表，分别见表 4-3-2~ 表 4-3-4。

表 4-3-2　典型方案更换 2.5Gbit/s 光传输设备（含 2.5G 光口 4 个、622M 光口 4 个，

以太网光口 2 个，2M 口 63 个）总概算汇总表　　　金额单位：万元

序号	工程或费用名称	金额	占工程总投资的比例（%）
一	建筑工程费		
二	安装工程费	4.43	11.49
三	拆除工程费	0.17	0.44
四	设备购置费	33.97	88.07
五	小计	38.57	100
	其中：甲供设备材料费	33.97	88.07
六	其他费用		
七	基本预备费		
八	特殊项目		
九	工程静态投资合计	38.57	100
	其中：可抵扣增值税金额	4.29	

表 4-3-3　典型方案更换 2.5Gbit/s 光传输设备（含 2.5G 光口 4 个、622M 光口 4 个，以太网光口 2 个，2M 口 63 个）安装工程专业汇总表　　金额单位：元

序号	工程或费用名称	安装工程费			设备购置费	合计
		主要材料费	安装费	小计		
	安装工程		44329	44329	339729	384058
八	通信及远动系统		44329	44329	339729	384058
1	通信系统		44329	44329	339729	384058
1.3	站内通信系统		44329	44329	339729	384058
	合计		44329	44329	339729	384058

表 4-3-4　典型方案更换 2.5Gbit/s 光传输设备（含 2.5G 光口 4 个、622M 光口 4 个，以太网光口 2 个，2M 口 63 个）拆除工程专业汇总表　　金额单位：元

序号	工程或费用名称	拆除工程费
	拆除工程	1688
	安装工程	1688
八	通信及远动系统	1688
1	通信系统	1688
1.3	站内通信系统	1688
	合计	1688

4.3.3　典型方案电气设备材料表

典型方案更换 2.5Gbit/s 光传输设备（含 2.5G 光口 4 个、622M 光口 4 个，以太网光口 2 个，2M 口 63 个）电气设备材料表见表 4-3-5。

表 4-3-5　典型方案更换 2.5Gbit/s 光传输设备（含 2.5G 光口 4 个、622M 光口 4 个，以太网光口 2 个，2M 口 63 个）电气设备材料表

序 / 编号	设备或材料名称	单位	数量	备注
八	通信及远动系统			
1	通信系统			
1.3	站内通信系统			
500133262	SDH 设备，2.5Gbit/s，384×384VC4，无，4，4，8，63，无	套	1	

4.3.4　典型方案工程量表

典型方案更换 2.5Gbit/s 光传输设备（含 2.5G 光口 4 个、622M 光口 4 个，以太网光口 2 个，2M 口 63 个）工程量见表 4-3-6。

表 4-3-6　典型方案更换 2.5Gbit/s 光传输设备（含 2.5G 光口 4 个、622M 光口 4 个，

以太网光口 2 个，2M 口 63 个）工程量表

序 / 编号	名称	单位	数量	备注
	建筑工程			
	安装工程			
八	通信及远动系统			
1	通信系统			
1.3	站内通信系统			
JYZ1-7	光纤数字传输设备安装调测　分插复用器（ADM）2.5Gbit/s	套	1	
JYZ1-15	光纤数字传输设备安装调测　基本子架及公共单元盘 2.5Gbit/s 以下	套	1	
JYZ1-20	光纤数字传输设备安装调测　接口单元盘（SDH）622Mbit/s	块	1	
调 JYZ1-20R×0.4 C×0.4J×0.4	光纤数字传输设备安装调测　接口单元盘（SDH）622Mbit/s	块	1	
JYZ1-30	数字通信通道调测　数字线路段光端对测	方向·系统	2	
JYZ1-32	数字通信通道调测　保护倒换测试	环/系统	1	
JYZ1-58	光传输设备网管系统安装调测　网络管理系统 SDH	套	1	
JYZ15-8	业务接入、割接、改接调试　2.5Gbit/s 业务通道	条	2	
	拆除工程			
	安装工程			
八	通信及远动系统			
1	通信系统			
1.3	站内通信系统			
CYZ1-2	光传输设备拆除　光端机 SDH	套	1	

4.4　TG02-04 更换 10Gbit/s 光传输设备（含10G 光口 8 个、2.5G 光口 6 个、622M 光口 6 个，以太网光口 8 个，2M 口 63 个）

4.4.1　典型方案主要技术条件

典型方案更换 10Gbit/s 光传输设备（含 10G 光口 8 个、2.5G 光口 6 个、622M 光口 6 个，以太网光口 8 个，2M 口 63 个）主要技术条件见表 4-4-1。

表 4-4-1　典型方案更换 10Gbit/s 光传输设备（含 10G 光口 8 个、2.5G 光口 6 个、622M 光口 6 个，以太网光口 8 个，2M 口 63 个）主要技术条件

方案名称	工程主要技术条件	
更换 10Gbit/s 光传输设备（含 10G 光口 8 个、2.5G 光口 6 个、622M 光口 6 个，以太网光口 8 个，2M 口 63 个）	设备型号	SDH 设备，10Gbit/s，1536×1536VC4，8，6，6，8，63，无
	设备板卡	双口 10G 板卡 2 块，双口 2.5G 板卡 2 块，双口 622M 板卡 2 块
	是否停电	否
	工作范围	更换设备，光路开通，业务割接

4.4.2　典型方案概算书

概算投资为总投资，按照典型造价编制依据要求编制。典型方案更换 10Gbit/s 光传输设备（含 10G 光口 8 个、2.5G 光口 6 个、622M 光口 6 个，以太网光口 8 个，2M 口 63 个）包括总概算汇总表、安装工程专业汇总表、拆除工程专业汇总表，分别见表 4-4-2~ 表 4-4-4。

表 4-4-2　典型方案更换 10Gbit/s 光传输设备（含 10G 光口 8 个、2.5G 光口 6 个、622M 光口 6 个，以太网光口 8 个，2M 口 63 个）总概算汇总表　　金额单位：万元

序号	工程或费用名称	金额	占工程总投资的比例（%）
一	建筑工程费		
二	安装工程费	5.66	8.32
三	拆除工程费	0.17	0.25
四	设备购置费	62.19	91.43
五	小计	68.02	100
	其中：甲供设备材料费	62.19	91.43
六	其他费用		
七	基本预备费		
八	特殊项目		

序号	工程或费用名称	金额	占工程总投资的比例（％）
九	工程静态投资合计	68.02	100
	其中：可抵扣增值税金额	7.63	

表 4-4-3　典型方案更换 10Gbit/s 光传输设备（含 10G 光口 8 个、2.5G 光口 6 个、
　　　　　　622M 光口 6 个，以太网光口 8 个，2M 口 63 个）安装工程专业汇总表　金额单位：元

序号	工程或费用名称	安装工程费			设备购置费	合计
		主要材料费	安装费	小计		
	安装工程		56583	56583	621862	678445
八	通信及远动系统		56583	56583	621862	678445
1	通信系统		56583	56583	621862	678445
1.3	站内通信系统		56583	56583	621862	678445
	合计		56583	56583	621862	678445

表 4-4-4　典型方案更换 10Gbit/s 光传输设备（含 10G 光口 8 个、2.5G 光口 6 个、
　　　　　　622M 光口 6 个，以太网光口 8 个，2M 口 63 个）拆除工程专业汇总表　金额单位：元

序号	工程或费用名称	拆除工程费
	拆除工程	1688
	安装工程	1688
八	通信及远动系统	1688
1	通信系统	1688
1.3	站内通信系统	1688
	合计	1688

4.4.3　典型方案电气设备材料表

典型方案更换 10Gbit/s 光传输设备（含 10G 光口 8 个、2.5G 光口 6 个、622M 光口
6 个，以太网光口 8 个，2M 口 63 个）电气设备材料表见表 4-4-5。

表 4-4-5　典型方案更换 10Gbit/s 光传输设备（含 10G 光口 8 个、2.5G 光口 6 个、
　　　　　　622M 光口 6 个，以太网光口 8 个，2M 口 63 个）电气设备材料表

序 / 编号	设备或材料名称	单位	数量	备注
八	通信及远动系统			

续表

序 / 编号	设备或材料名称	单位	数量	备注
1	通信系统			
1.3	站内通信系统			
500117527	SDH 设备，10Gbit/s，1536×1536VC4，8，6，6，8，63，无	套	1	

4.4.4　典型方案工程量表

典型方案更换 10Gbit/s 光传输设备（含 10G 光口 8 个、2.5G 光口 6 个、622M 光口 6 个，以太网光口 8 个，2M 口 63 个）工程量见表 4-4-6。

表 4-4-6　典型方案更换 10Gbit/s 光传输设备（含 10G 光口 8 个、2.5G 光口 6 个、622M 光口 6 个，以太网光口 8 个，2M 口 63 个）工程量表

序 / 编号	名称	单位	数量	备注
	建筑工程			
	安装工程			
八	通信及远动系统			
1	通信系统			
1.3	站内通信系统			
JYZ1-6	光纤数字传输设备安装调测　分插复用器（ADM）10Gbit/s	套	1	
JYZ1-16	光纤数字传输设备安装调测　基本子架及公共单元盘 2.5Gbit/s 以上	套	1	
JYZ1-18	光纤数字传输设备安装调测　接口单元盘（SDH）10Gbit/s	块	1	
调 JYZ1-18R×0.4 C×0.4J×0.4	光纤数字传输设备安装调测　接口单元盘（SDH）10Gbit/s	块	3	
JYZ1-19	光纤数字传输设备安装调测　接口单元盘（SDH）2.5Gbit/s	块	1	
调 JYZ1-19R×0.4 C×0.4J×0.4	光纤数字传输设备安装调测　接口单元盘（SDH）2.5Gbit/s	块	2	
JYZ1-15	光纤数字传输设备安装调测　基本子架及公共单元盘 2.5Gbit/s 以下	套	1	
JYZ1-20	光纤数字传输设备安装调测　接口单元盘（SDH）622Mbit/s	块	1	

序 / 编号	名称	单位	数量	备注
调 JYZ1- 20R×0.4 C×0.4J×0.4	光纤数字传输设备安装调测　接口单元盘（SDH）622Mbit/s	块	2	
JYZ1-30	数字通信通道调测　数字线路段光端对测	方向·系统	2	
JYZ1-32	数字通信通道调测　保护倒换测试	环／系统	1	
JYZ15-9	业务接入、割接、改接调试　10Gbit/s 业务通道	条	2	
JYZ1-58	光传输设备网管系统安装调测　网络管理系统 SDH	套	1	
	拆除工程			
	安装工程			
八	通信及远动系统			
1	通信系统			
1.3	站内通信系统			
CYZ1-2	光传输设备拆除　光端机 SDH	套	1	

4.5　TG02-05 更换 10Gbit/s 光传输设备（含 10G 光口 4 个、2.5G 光口 2 个、622M 光口 4 个，以太网光口 8 个，2M 口 63 个）

4.5.1　典型方案主要技术条件

典型方案更换 10Gbit/s 光传输设备（含 10G 光口 4 个、2.5G 光口 2 个、622M 光口 4 个，以太网光口 8 个，2M 口 63 个）主要技术条件见表 4-5-1。

表 4-5-1　典型方案更换 10Gbit/s 光传输设备（含 10G 光口 4 个、2.5G 光口 2 个、622M 光口 4 个，以太网光口 8 个，2M 口 63 个）主要技术条件

方案名称	工程主要技术条件	
更换 10Gbit/s 光传输设备（含 10G 光口 4 个、2.5G 光口 2 个、622M 光口 4 个，以太网光口 8 个，2M 口 63 个）	设备型号	SDH 设备，10Gbit/s，1536×1536VC4，4，2，4，8，63，无
	设备型号	双口 10G 板卡 2 块，单口 2.5G 板卡 2 块，单口 622M 板卡 4 块
	是否停电	否
	工作范围	更换设备，光路开通，业务割接

4.5.2 典型方案概算书

概算投资为总投资，按照典型造价编制依据要求编制。典型方案更换 10Gbit/s 光传输设备（含 10G 光口 4 个、2.5G 光口 2 个、622M 光口 4 个，以太网光口 8 个，2M口 63 个）包括总概算汇总表、安装工程专业汇总表、拆除工程专业汇总表，分别见表 4-5-2~ 表 4-5-4。

表 4-5-2　典型方案更换 10Gbit/s 光传输设备（含 10G 光口 4 个、2.5G 光口 2 个、
622M 光口 4 个，以太网光口 8 个，2M 口 63 个）总概算汇总表　金额单位：万元

序号	工程或费用名称	金额	占工程总投资的比例（%）
一	建筑工程费		
二	安装工程费	3.16	4.98
三	拆除工程费	0.17	0.27
四	设备购置费	60.16	94.76
五	小计	63.49	100
	其中：甲供设备材料费	60.16	94.76
六	其他费用		
七	基本预备费		
八	特殊项目		
九	工程静态投资合计	63.49	100
	其中：可抵扣增值税金额	7.19	

表 4-5-3　典型方案更换 10Gbit/s 光传输设备（含 10G 光口 4 个、2.5G 光口 2 个、
622M 光口 4 个，以太网光口 8 个，2M 口 63 个）安装工程专业汇总表　金额单位：元

序号	工程或费用名称	安装工程费			设备购置费	合计
		主要材料费	安装费	小计		
	安装工程		31576	31576	601598	633175
八	通信及远动系统		31576	31576	601598	633175
1	通信系统		31576	31576	601598	633175
1.3	站内通信系统		31576	31576	601598	633175
	合计		31576	31576	601598	633175

表 4-5-4　典型方案更换 10Gbit/s 光传输设备（含 10G 光口 4 个、2.5G 光口 2 个、
622M 光口 4 个，以太网光口 8 个，2M 口 63 个）拆除工程专业汇总表　金额单位：元

序号	工程或费用名称	拆除工程费
	拆除工程	1688
	安装工程	1688
八	通信及远动系统	1688
1	通信系统	1688
1.3	站内通信系统	1688
	合计	1688

4.5.3　典型方案电气设备材料表

典型方案更换 10Gbit/s 光传输设备（含 10G 光口 4 个、2.5G 光口 2 个、622M 光口 4 个，以太网光口 8 个，2M 口 63 个）电气设备材料表见表 4-5-5。

表 4-5-5　典型方案更换 10Gbit/s 光传输设备（含 10G 光口 4 个、2.5G 光口 2 个、
622M 光口 4 个，以太网光口 8 个，2M 口 63 个）电气设备材料表

序 / 编号	设备或材料名称	单位	数量	备注
八	通信及远动系统			
1	通信系统			
1.3	站内通信系统			
500155202	SDH 设备，10Gbit/s，1536×1536VC4，4，2，4，8，63，无	套	1	

4.5.4　典型方案工程量表

典型方案更换 10Gbit/s 光传输设备（含 10G 光口 4 个、2.5G 光口 2 个、622M 光口 4 个，以太网光口 8 个，2M 口 63 个）工程量见表 4-5-6。

表 4-5-6　典型方案更换 10Gbit/s 光传输设备（含 10G 光口 4 个、2.5G 光口 2 个、
622M 光口 4 个，以太网光口 8 个，2M 口 63 个）工程量表

序 / 编号	名称	单位	数量	备注
	建筑工程			
	安装工程			

续表

序 / 编号	名称	单位	数量	备注
八	通信及远动系统			
1	通信系统			
1.3	站内通信系统			
JYZ1-19	光纤数字传输设备安装调测 接口单元盘（SDH）2.5Gbit/s	块	1	
调 JYZ1-19R×0.4 C×0.4J×0.4	光纤数字传输设备安装调测 接口单元盘（SDH）2.5Gbit/s	块	1	
JYZ1-20	光纤数字传输设备安装调测 接口单元盘（SDH）622Mbit/s	块	1	
调 JYZ1-20R×0.4 C×0.4J×0.4	光纤数字传输设备安装调测 接口单元盘（SDH）622Mbit/s	块	1	
JYZ1-30	数字通信通道调测 数字线路段光端对测	方向·系统	2	
JYZ1-32	数字通信通道调测 保护倒换测试	环/系统	1	
JYZ1-58	光传输设备网管系统安装调测 网络管理系统 SDH	套	1	
JYZ15-9	业务接入、割接、改接调试 10Gbit/s 业务通道	条	2	
	拆除工程			
	安装工程			
八	通信及远动系统			
1	通信系统			
1.3	站内通信系统			
CYZ1-2	光传输设备拆除 光端机 SDH	套	1	

4.6　TG02-6更换10Gbit/s光传输设备（含10G光口2个、2.5G光口2个、622M光口4个，以太网光口8个，2M口63个）

4.6.1　典型方案主要技术条件

典型方案更换10Gbit/s光传输设备（含10G光口2个、2.5G光口2个、622M光口4个，以太网光口8个，2M口63个）主要技术条件见表4-6-1。

表4-6-1　典型方案更换10Gbit/s光传输设备（含10G光口2个、2.5G光口2个、622M光口4个，以太网光口8个，2M口63个）主要技术条件

方案名称	工程主要技术条件	
更换10Gbit/s光传输设备（含10G光口2个、2.5G光口2个、622M光口4个，以太网光口8个，2M口63个）	设备型号	SDH设备，10Gbit/s，768×768VC4，2，2，4，8，63，无
	设备型号	单口10G板卡2块，单口2.5G板卡2块，四口622M板卡1块
	是否停电	否
	工作范围	更换设备，光路开通，业务割接

4.6.2　典型方案概算书

概算投资为总投资，按照典型造价编制依据要求编制。典型方案更换10Gbit/s光传输设备（含10G光口2个、2.5G光口2个、622M光口4个，以太网光口8个，2M口63个）包括总概算汇总表、安装工程专业汇总表、拆除工程专业汇总表，分别见表4-6-2~表4-6-4。

表4-6-2　典型方案更换10Gbit/s光传输设备（含10G光口2个、2.5G光口2个、622M光口4个，以太网光口8个，2M口63个）总概算汇总表　金额单位：万元

序号	工程或费用名称	金额	占工程总投资的比例（%）
一	建筑工程费		
二	安装工程费	4.77	7.5
三	拆除工程费	0.17	0.27
四	设备购置费	58.65	92.23
五	小计	63.59	100
	其中：甲供设备材料费	58.65	92.23
六	其他费用		
七	基本预备费		
八	特殊项目		

续表

序号	工程或费用名称	金额	占工程总投资的比例（%）
九	工程静态投资合计	63.59	100
	其中：可抵扣增值税金额	7.15	

表 4-6-3　典型方案更换 10Gbit/s 光传输设备（含 10G 光口 2 个、2.5G 光口 2 个、
622M 光口 4 个，以太网光口 8 个，2M 口 63 个）安装工程专业汇总表　金额单位：元

序号	工程或费用名称	安装工程费			设备购置费	合计
		主要材料费	安装费	小计		
	安装工程		47673	47673	586498	634172
八	通信及远动系统		47673	47673	586498	634172
1	通信系统		47673	47673	586498	634172
1.3	站内通信系统		47673	47673	586498	634172
	合计		47673	47673	586498	634172

表 4-6-4　典型方案更换 10Gbit/s 光传输设备（含 10G 光口 2 个、2.5G 光口 2 个、
622M 光口 4 个，以太网光口 8 个，2M 口 63 个）拆除工程专业汇总表　金额单位：元

序号	工程或费用名称	拆除工程费
	拆除工程	1688
	安装工程	1688
八	通信及远动系统	1688
1	通信系统	1688
1.3	站内通信系统	1688
	合计	1688

4.6.3　典型方案电气设备材料表

典型方案更换 10Gbit/s 光传输设备（含 10G 光口 2 个、2.5G 光口 2 个、622M 光口
4 个，以太网光口 8 个，2M 口 63 个）电气设备材料表见表 4-6-5。

表 4-6-5　典型方案更换 10Gbit/s 光传输设备（含 10G 光口 2 个、2.5G 光口 2 个、622M 光口 4 个，以太网光口 8 个，2M 口 63 个）电气设备材料表

序 / 编号	设备或材料名称	单位	数量	备注
八	通信及远动系统			
1	通信系统			
1.3	站内通信系统			
500137900	SDH 设备，10Gbit/s，768×768VC4，2，2，4，8，63，无	套	1	

4.6.4　典型方案工程量表

典型方案更换 10Gbit/s 光传输设备（含 10G 光口 2 个、2.5G 光口 2 个、622M 光口 4 个，以太网光口 8 个，2M 口 63 个）工程量见表 4-6-6。

表 4-6-6　典型方案更换 10Gbit/s 光传输设备（含 10G 光口 2 个、2.5G 光口 2 个、622M 光口 4 个，以太网光口 8 个，2M 口 63 个）工程量表

序 / 编号	名称	单位	数量	备注
	建筑工程			
	安装工程			
八	通信及远动系统			
1	通信系统			
1.3	站内通信系统			
JYZ1-6	光纤数字传输设备安装调测　分插复用器（ADM）10Gbit/s	套	1	
JYZ1-16	光纤数字传输设备安装调测　基本子架及公共单元盘 2.5Gbit/s 以上	套	1	
JYZ1-19	光纤数字传输设备安装调测　接口单元盘（SDH）2.5Gbit/s	块	1	
JYZ1-20	光纤数字传输设备安装调测　接口单元盘（SDH）622Mbit/s	块	1	
JYZ1-30	数字通信通道调测　数字线路段光端对测	方向·系统	2	
JYZ1-32	数字通信通道调测　保护倒换测试	环 / 系统	1	
JYZ1-58	光传输设备网管系统安装调测　网络管理系统 SDH	套	1	

序 / 编号	名称	单位	数量	备注
JYZ15-9	业务接入、割接、改接调试　10Gbit/s 业务通道	条	2	
调 JYZ1-19R × 0.4 C × 0.4J × 0.4	光纤数字传输设备安装调测　接口单元盘（SDH）2.5Gbit/s	块	1	
	拆除工程			
	安装工程			
八	通信及远动系统			
1	通信系统			
1.3	站内通信系统			
CYZ1-2	光传输设备拆除　光端机 SDH	套	1	

第 5 章　更换高频开关电源

更换高频开关电源典型方案共 2 个，分别为更换高频开关电源 400A、更换高频开关电源屏 400A。

主要内容安装新上高频开关电源；动环接入；拆除旧设备。

具体施工工序流程为：制定负载割接方案→安装新上高频开关电源→布放交、直流进线电缆→负载割接→布放负载线缆→旧设备拆除→动环调试→质量验收。典型方案更换高频开关电源施工工序流程图见图 5-0-1。

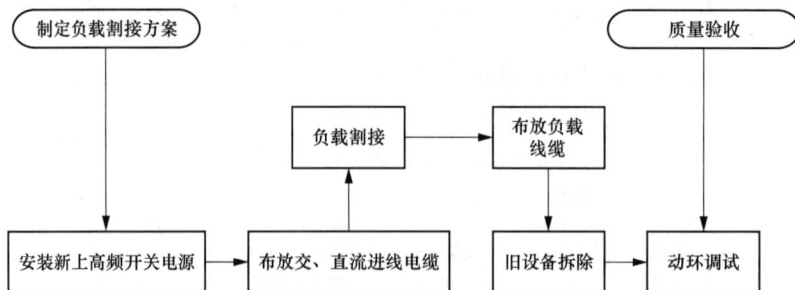

图 5-0-1　典型方案更换高频开关电源施工工序流程图

5.1　TG04-01 更换高频开关电源 400A

5.1.1　典型方案主要技术条件

典型方案更换高频开关电源 400A 主要技术条件见表 5-1-1。

表 5-1-1　　　　典型方案更换高频开关电源 400A 主要技术条件

方案名称	工程主要技术条件	
更换高频开关电源 400A	是否停电	是
	工作范围	更换高频开关电源，动环调试

5.1.2　典型方案概算书

概算投资为总投资，按照典型造价编制依据要求编制。典型方案更换高频开关电源 400A 包括总概算汇总表、安装工程专业汇总表、拆除工程专业汇总表，分别见表 5-1-2~表 5-1-4。

表 5-1-2　　　　典型方案更换高频开关电源 400A 总概算汇总表　　　金额单位：万元

序号	工程或费用名称	金额	占工程总投资的比例（%）
一	建筑工程费		
二	安装工程费	0.41	9.13
三	拆除工程费	0.08	1.78
四	设备购置费	4	89.09
五	小计	4.49	100
	其中：甲供设备材料费	4	89.09
六	其他费用		
七	基本预备费		
八	特殊项目		
九	工程静态投资合计	4.49	100
	其中：可抵扣增值税金额	0.5	

表 5-1-3　　　　典型方案更换高频开关电源 400A 安装工程专业汇总表　　　金额单位：元

序号	工程或费用名称	安装工程费			设备购置费	合计
		主要材料费	安装费	小计		
	安装工程		4075	4075	40000	44075
八	通信及远动系统		4075	4075	40000	44075

续表

序号	工程或费用名称	安装工程费			设备购置费	合计
		主要材料费	安装费	小计		
1	通信系统		4075	4075	40000	44075
1.3	站内通信系统		4075	4075	40000	44075
	合计		4075	4075	40000	44075

表 5-1-4　　　　典型方案更换高频开关电源 400A 拆除工程专业汇总表　　　金额单位：元

序号	工程或费用名称	拆除工程费
	拆除工程	755
	安装工程	755
八	通信及远动系统	755
1	通信系统	755
1.3	站内通信系统	755
	合计	755

5.1.3　典型方案设备材料表

典型方案更换高频开关电源屏 400A 电气设备材料表见表 5-1-5。

表 5-1-5　　　　典型方案更换高频开关电源屏 400A 电气设备材料表

序 / 编号	设备或材料名称	单位	数量	备注
八	通信及远动系统			
1	通信系统			
1.3	站内通信系统			
	高频开关整流模块	套	8	

5.1.4　典型方案工程量表

典型方案更换高频开关电源 400A 工程量见表 5-1-6。

表 5-1-6　　　　典型方案更换高频开关电源 400A 工程量表

序 / 编号	名称	单位	数量	备注
	建筑工程			
	安装工程			

序 / 编号	名称	单位	数量	备注
八	通信及远动系统			
1	通信系统			
1.3	站内通信系统			
JYZ3–14	高频开关电源安装调测　高频开关整流模块　50A 以上	块	8	
JYZ3–15	高频开关电源系统调测　开关电源系统调测	系统	1	
	拆除工程			
	安装工程			
八	通信及远动系统			
1	通信系统			
1.3	站内通信系统			
CYZ1–21	通信电源拆除　高频开关电源屏	面	1	

5.2　TG04-02 更换高频开关电源屏 400A

5.2.1　典型方案主要技术条件

典型方案更换高频开关电源屏 400A 主要技术条件见表 5-2-1。

表 5-2-1　　　　典型方案更换高频开关电源屏 400A 主要技术条件

方案名称	工程主要技术条件	
更换高频开关电源屏 400A	是否停电	是
	工作范围	更换高频开关电源，安装直流分配屏，动环调试

5.2.2　典型方案概算书

概算投资为总投资，按照典型造价编制依据要求编制。典型方案更换高频开关电源屏 400A 包括总概算汇总表、安装工程专业汇总表、拆除工程专业汇总表，分别见表 5-2-2~ 表 5-2-4。

表 5-2-2　　　　典型方案更换高频开关电源屏 400A 总概算汇总表　　　　金额单位：万元

序号	工程或费用名称	金额	占工程总投资的比例（%）
一	建筑工程费		
二	安装工程费	0.61	32.45

序号	工程或费用名称	金额	占工程总投资的比例（%）
三	拆除工程费	0.08	4.26
四	设备购置费	1.19	63.3
五	小计	1.88	100
	其中：甲供设备材料费	1.19	63.3
六	其他费用		
七	基本预备费		
八	特殊项目		
九	工程静态投资合计	1.88	100
	其中：可抵扣增值税金额	0.2	

表 5-2-3 典型方案更换高频开关电源屏 400A 安装工程专业汇总表 金额单位：元

序号	工程或费用名称	安装工程费			设备购置费	合计
		主要材料费	安装费	小计		
	安装工程		6135	6135	11875	18010
八	通信及远动系统		6135	6135	11875	18010
1	通信系统		6135	6135	11875	18010
1.3	站内通信系统		6135	6135	11875	18010
	合计		6135	6135	11875	18010

表 5-2-4 典型方案更换高频开关电源屏 400A 拆除工程专业汇总表 金额单位：元

序号	工程或费用名称	拆除工程费
	拆除工程	755
	安装工程	755
八	通信及远动系统	755
1	通信系统	755
1.3	站内通信系统	755
	合计	755

5.2.3　典型方案电气设备材料表

典型方案更换高频开关电源屏 400A 电气设备材料表见表 5-2-5。

表 5-2-5　　　　典型方案更换高频开关电源屏 400A 电气设备材料表

序 / 编号	设备或材料名称	单位	数量	备注
八	通信及远动系统			
1	通信系统			
1.3	站内通信系统			
	高频开关电源屏 400A	面	1	

5.2.4　典型方案工程量表

典型方案更换高频开关电源屏 400A 工程量见表 5-2-6。

表 5-2-6　　　　典型方案更换高频开关电源屏 400A 工程量表

序 / 编号	名称	单位	数量	备注
	建筑工程			
	安装工程			
八	通信及远动系统			
1	通信系统			
1.3	站内通信系统			
JYZ3-11	高频开关电源安装调测　高频开关电源屏 600A 以下	面	1	
JYZ3-14	高频开关电源安装调测　高频开关整流模块 50A 以上	块	8	
JYZ3-15	高频开关电源系统调测　开关电源系统调测	系统	1	
	拆除工程			
	安装工程			
八	通信及远动系统			
1	通信系统			
1.3	站内通信系统			
CYZ1-21	通信电源拆除　高频开关电源屏	面	1	

第 6 章 更换数字配线架

更换数字配线架典型方案共 2 个，分别为更换数字配线架（16 系统）、更换数字配线架（21 系统）。

主要内容：安装新上数字配线架；放 2M 线缆至 E1 出线板布，每路 2M 线长 20m；拆除原数字配线架及同轴电缆。

具体施工工序流程为：制定业务割接方案→安装新上配线架→布放线缆→旧配线架及线缆拆除→固定新布放线缆→质量验收。典型方案更换数字配线架施工工序流程图见图 6-0-1。

图 6-0-1 典型方案更换数字配线架施工工序流程图

6.1 TG05-01 更换数字配线架（16 系统）

6.1.1 典型方案主要技术条件

典型方案更换数字配线架（16 系统）主要技术条件见表 6-1-1。

表 6-1-1 典型方案更换数字配线架（16 系统）主要技术条件

方案名称	工程主要技术条件	
更换数字配线架（16 系统）	是否停电	否
	工作范围	更换设备，布放线缆

6.1.2 典型方案概算书

概算投资为总投资，按照典型造价编制依据要求编制。典型方案更换数字配线架（16 系统）包括总概算汇总表、安装工程专业汇总表、拆除工程专业汇总表，分别见表 6-1-2~ 表 6-1-4。

表 6-1-2　　　　　**典型方案更换数字配线架（16 系统）总概算汇总表**　　　　金额单位：万元

序号	工程或费用名称	金额	占工程总投资的比例（%）
一	建筑工程费		
二	安装工程费	0.08	12.7
三	拆除工程费	0.17	26.98
四	设备购置费	0.38	60.32
五	小计	0.63	100
	其中：甲供设备材料费	0.38	60.32
六	其他费用		
七	基本预备费		
八	特殊项目		
九	工程静态投资合计	0.63	100
	其中：可抵扣增值税金额	0.06	

表 6-1-3　　　　**典型方案更换数字配线架（16 系统）安装工程专业汇总表**　　　金额单位：元

序号	工程或费用名称	安装工程费			设备购置费	合计
		主要材料费	安装费	小计		
	安装工程	561	198	759	3762	4520
八	通信及远动系统	561	198	759	3762	4520
1	通信系统	561	198	759	3762	4520
1.3	站内通信系统	561	198	759	3762	4520
	合计	561	198	759	3762	4520

表 6-1-4　　　　**典型方案更换数字配线架（16 系统）拆除工程专业汇总表**　　　金额单位：元

序号	工程或费用名称	拆除工程费
	拆除工程	1747
	安装工程	1747
八	通信及远动系统	1747
1	通信系统	1747
1.3	站内通信系统	1747
	合计	1747

6.1.3　典型方案电气设备材料表

典型方案更换数字配线架（16系统）电气设备材料表见表6-1-5。

表 6-1-5　　　　　典型方案更换数字配线架（16系统）电气设备材料表

序 / 编号	设备或材料名称	单位	数量	备注
八	通信及远动系统			
1	通信系统			
1.3	站内通信系统			
L04040202	同轴射频电缆	km	0.32	
500009692	数字配线架（DDF），≤40系统	套	1	

6.1.4　典型方案工程量表

典型方案更换数字配线架（16系统）工程量见表6-1-6。

表 6-1-6　　　　　典型方案更换数字配线架（16系统）工程量表

序 / 编号	名称	单位	数量	备注
	建筑工程			
	安装工程			
八	通信及远动系统			
1	通信系统			
1.3	站内通信系统			
JYZ6-11	数字配线架安装　数字配线架　子架	个	1	
JYZ7-5	布放设备电缆　数字分配架布放跳线	100条	0.16	
	拆除工程			
	安装工程			
八	通信及远动系统			
1	通信系统			
1.3	站内通信系统			
CYZ1-35	辅助设备拆除　配线架	架	1	
CYZ1-40	辅助设备拆除　设备电缆	100m	3.2	

6.2　TG05-02 更换数字配线架（21 系统）

6.2.1　典型方案主要技术条件

典型方案更换数字配线架（21 系统）主要技术条件见表 6-2-1。

表 6-2-1　　　　典型方案更换数字配线架（21 系统）主要技术条件

方案名称	工程主要技术条件	
更换数字配线架 （21 系统）	是否停电	否
	工作范围	更换高频开关电源，安装直流分配屏，动环调试

6.2.2　典型方案概算书

概算投资为总投资，按照典型造价编制依据要求编制。典型方案更换数字配线架（21 系统）包括总概算汇总表、安装工程专业汇总表、拆除工程专业汇总表，分别见表 6-2-2~ 表 6-2-4。

表 6-2-2　　　　典型方案更换数字配线架（21 系统）总概算汇总表　　　金额单位：万元

序号	工程或费用名称	金额	占工程总投资的比例（%）
一	建筑工程费		
二	安装工程费	0.1	14.49
三	拆除工程费	0.21	30.43
四	设备购置费	0.38	55.07
五	小计	0.69	100
	其中：甲供设备材料费	0.38	55.07
六	其他费用		
七	基本预备费		
八	特殊项目		
九	工程静态投资合计	0.69	100
	其中：可抵扣增值税金额	0.07	

表 6-2-3　　　　典型方案更换数字配线架（21 系统）安装工程专业汇总表　　　金额单位：元

序号	工程或费用名称	安装工程费			设备购置费	合计
		主要材料费	安装费	小计		
	安装工程	736	243	979	3762	4741
八	通信及远动系统	736	243	979	3762	4741

序号	工程或费用名称	安装工程费			设备购置费	合计
		主要材料费	安装费	小计		
1	通信系统	736	243	979	3762	4741
1.3	站内通信系统	736	243	979	3762	4741
	合计	736	243	979	3762	4741

表 6-2-4　　　　典型方案更换数字配线架（21 系统）拆除工程专业汇总表　　　金额单位：元

序号	工程或费用名称	拆除工程费
	拆除工程	2097
	安装工程	2097
八	通信及远动系统	2097
1	通信系统	2097
1.3	站内通信系统	2097
	合计	2097

6.2.3　典型方案电气设备材料表

典型方案更换数字配线架（21 系统）电气设备材料表见表 6-2-5。

表 6-2-5　　　　　典型方案更换数字配线架（21 系统）电气设备材料表

序 / 编号	设备或材料名称	单位	数量	备注
八	通信及远动系统			
1	通信系统			
1.3	站内通信系统			
L04040202	同轴射频电缆	km	0.42	
500009692	数字配线架（DDF），≤ 40 系统	套	1	

6.2.4　典型方案工程量表

典型方案更换数字配线架（21 系统）工程量见表 6-2-6。

表 6-2-6　　　　　　　　　　典型方案更换数字配线架（21 系统）工程量表

序 / 编号	名称	单位	数量	备注
	建筑工程			
	安装工程			
八	通信及远动系统			
1	通信系统			
1.3	站内通信系统			
JYZ6-11	数字配线架安装　数字配线架　子架	个	1	
JYZ7-5	布放设备电缆　数字分配架布放跳线	100 条	0.21	
	拆除工程			
	安装工程			
八	通信及远动系统			
1	通信系统			
1.3	站内通信系统			
CYZ1-35	辅助设备拆除　配线架	架	1	
CYZ1-40	辅助设备拆除　设备电缆	100m	4.2	

第 7 章　更换音频配线架（VDF）

更换音频配线架（VDF）典型方案共 2 个，分别为更换音频配线架（VDF），100 回线、更换音频配线架（VDF），200 回线。

主要内容：安装新上 200 回音频配线架；拆除原网络配线架及线缆。

具体施工工序流程：制定业务割接方案→安装新上配线架→布放线缆→旧配线架及线缆拆除→固定新布放线缆→质量验收。典型方案更换音频配线架（VDF）施工工序流程图见图 7-0-1。

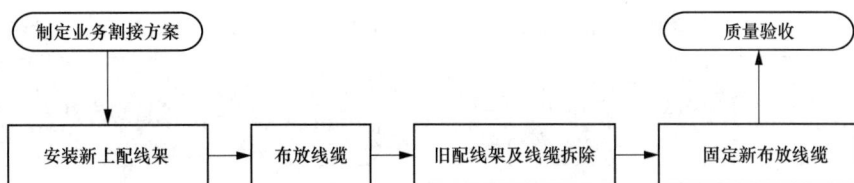

图 7-0-1　典型方案更换音频配线架（VDF）施工工序流程图

7.1　TG06-01更换音频配线架（VDF），100回线

7.1.1　典型方案主要技术条件

典型方案更换音频配线架（VDF），100回线主要技术条件见表7-1-1。

表7-1-1　　典型方案更换音频配线架（VDF），100回线主要技术条件

方案名称	工程主要技术条件	
更换音频配线架（VDF），100回线	是否停电	否
	工作范围	更换设备

7.1.2　典型方案概算书

概算投资为总投资，按照典型造价编制依据要求编制。典型方案更换音频配线架（VDF），100回线包括总概算汇总表、安装工程专业汇总表、拆除工程专业汇总表，分别见表7-1-2~表7-1-4。

表7-1-2　　典型方案更换音频配线架（VDF），100回线总概算汇总表　　金额单位：万元

序号	工程或费用名称	金额	占工程总投资的比例（%）
一	建筑工程费		
二	安装工程费	0.07	10.77
三	拆除工程费	0.06	9.23
四	设备购置费	0.52	80
五	小计	0.65	100
	其中：甲供设备材料费	0.52	80
六	其他费用		
七	基本预备费		
八	特殊项目		
九	工程静态投资合计	0.65	100
	其中：可抵扣增值税金额	0.08	

表7-1-3　　典型方案更换音频配线架（VDF），100回线安装工程专业汇总表　　金额单位：元

序号	工程或费用名称	安装工程费			设备购置费	合计
		主要材料费	安装费	小计		
	安装工程		682	682	5235	5917
八	通信及远动系统		682	682	5235	5917

续表

序号	工程或费用名称	安装工程费			设备购置费	合计
		主要材料费	安装费	小计		
1	通信系统		682	682	5235	5917
1.3	站内通信系统		682	682	5235	5917
	合计		682	682	5235	5917

表 7-1-4　　典型方案更换音频配线架（VDF），100 回线拆除工程专业汇总表　　金额单位：元

序号	工程或费用名称	拆除工程费
	拆除工程	625
	安装工程	625
八	通信及远动系统	625
1	通信系统	625
1.3	站内通信系统	625
	合计	625

7.1.3　典型方案电气设备材料表

典型方案更换音频配线架（VDF），100 回线电气设备材料表见表 7-1-5。

表 7-1-5　　典型方案更换音频配线架（VDF），100 回线电气设备材料表

序 / 编号	设备或材料名称	单位	数量	备注
八	通信及远动系统			
1	通信系统			
1.3	站内通信系统			
500009690	更换音频配线架（VDF），100 回线	套	1	

7.1.4　典型方案工程量表

典型方案更换音频配线架（VDF），100 回线工程量见表 7-1-6。

表 7-1-6　　典型方案更换音频配线架（VDF），100 回线工程量表

序 / 编号	名称	单位	数量	备注
	建筑工程			
	安装工程			

序 / 编号	名称	单位	数量	备注
八	通信及远动系统			
1	通信系统			
1.3	站内通信系统			
JYZ6-20	分线设备安装　保安单元　100 回线以下	个	1	
JYZ6-14	音频配线架安装　音频配线架　模块（100 回线）	个	1	
	拆除工程			
	安装工程			
八	通信及远动系统			
1	通信系统			
1.3	站内通信系统			
CYZ1-35	辅助设备拆除　配线架	架	1	

7.2　TG06-02 更换音频配线架（VDF），200 回线

7.2.1　典型方案主要技术条件

典型方案更换音频配线架（VDF），200 回线主要技术条件见表 7-2-1。

表 7-2-1　　　　典型方案更换音频配线架（VDF），200 回线主要技术条件

方案名称	工程主要技术条件	
更换音频配线架（VDF），200 回线	是否停电	否
	工作范围	更换设备

7.2.2　典型方案概算书

概算投资为总投资，按照典型造价编制依据要求编制。典型方案更换音频配线架（VDF），200 回线包括总概算汇总表、安装工程专业汇总表、拆除工程专业汇总表，分别见表 7-2-2~ 表 7-2-4。

表 7-2-2　　　　典型方案更换音频配线架（VDF），200 回线总概算汇总表　　　金额单位：万元

序号	工程或费用名称	金额	占工程总投资的比例（%）
一	建筑工程费		
二	安装工程费	0.27	31.76

续表

序号	工程或费用名称	金额	占工程总投资的比例（%）
三	拆除工程费	0.06	7.06
四	设备购置费	0.52	61.18
五	小计	0.85	100
	其中：甲供设备材料费	0.52	61.18
六	其他费用		
七	基本预备费		
八	特殊项目		
九	工程静态投资合计	0.85	100
	其中：可抵扣增值税金额	0.09	

表7-2-3　**典型方案更换音频配线架（VDF），200回线安装工程专业汇总表**　金额单位：元

序号	工程或费用名称	安装工程费			设备购置费	合计
		主要材料费	安装费	小计		
	安装工程		2733	2733	5235	7968
八	通信及远动系统		2733	2733	5235	7968
1	通信系统		2733	2733	5235	7968
1.3	站内通信系统		2733	2733	5235	7968
	合计		2733	2733	5235	7968

表7-2-4　**典型方案更换音频配线架（VDF），200回线拆除工程专业汇总表**　金额单位：元

序号	工程或费用名称	拆除工程费
	拆除工程	625
	安装工程	625
八	通信及远动系统	625
1	通信系统	625
1.3	站内通信系统	625
	合计	625

7.2.3　典型方案电气设备材料表

典型方案更换音频配线架（VDF），200 回线电气设备材料表见表 7-2-5。

表 7-2-5　　典型方案更换音频配线架（VDF），200 回线电气设备材料表

序 / 编号	设备或材料名称	单位	数量	备注
八	通信及远动系统			
1	通信系统			
1.3	站内通信系统			
500009689	更换音频配线架（VDF），200 回线	套	1	

7.2.4　典型方案工程量表

典型方案更换音频配线架（VDF），200 回线工程量见表 7-2-6。

表 7-2-6　　典型方案更换音频配线架（VDF），200 回线工程量表

序 / 编号	名称	单位	数量	备注
	建筑工程			
	安装工程			
八	通信及远动系统			
1	通信系统			
1.3	站内通信系统			
JYZ6-15	音频配线架安装　音频配线架　1000 回以下	架	1	
JYZ6-21	分线设备安装　保安单元　200 回线以下	个	1	
	拆除工程			
	安装工程			
八	通信及远动系统			
1	通信系统			
1.3	站内通信系统			
CYZ1-35	辅助设备拆除　配线架	架	1	

第8章 更换普通光缆

更换普通光缆典型方案共4个，分别为更换普通光缆（24芯）、更换普通光缆（36芯）、更换普通光缆（48芯）、更换普通光缆（72芯）。

主要内容：光缆单盘测试；普通光缆敷设1km（含保护套管）；普通光缆接续2处；原普通光缆拆除；防火封堵4处；光缆测试。

具体施工工序流程：施工准备→光缆更换施工作业→施工结束→质量验收。典型方案更换普通光缆施工工序流程图见图8-0-1。

图 8-0-1 典型方案更换普通光缆施工工序流程图

8.1 TG07-01更换普通光缆（24芯）

8.1.1 典型方案主要技术条件

典型方案更换普通光缆（24芯）主要技术条件见表8-1-1。

表 8-1-1　典型方案更换普通光缆（24芯）主要技术条件

方案名称	工程主要技术条件	
更换普通光缆（24芯）	是否停电	否
	工作范围	更换管道/普通光缆1km，光缆接续

8.1.2 典型方案概算书

概算投资为总投资，按照典型造价编制依据要求编制。典型方案更换普通光缆（24芯）包括总概算汇总表、安装工程专业汇总表、拆除工程专业汇总表，分别见表8-1-2~表8-1-4。

表 8-1-2　典型方案更换普通光缆（24芯）总概算汇总表　　金额单位：万元

序号	工程或费用名称	金额	占工程总投资的比例（%）
一	建筑工程费		
二	安装工程费	3.47	95.59
三	拆除工程费	0.16	4.41

续表

序号	工程或费用名称	金额	占工程总投资的比例（%）
四	设备购置费		
五	小计	3.63	100
	其中：甲供设备材料费	0.8	22.04
六	其他费用		
七	基本预备费		
八	特殊项目		
九	工程静态投资合计	3.63	100
	其中：可抵扣增值税金额	0.32	

表 8-1-3　　　　典型方案更换普通光缆（24芯）安装工程专业汇总表　　　　金额单位：元

序号	工程或费用名称	安装工程费			设备购置费	合计
		主要材料费	安装费	小计		
	安装工程	19950	14746	34696		34696
八	通信及远动系统	19950	14746	34696		34696
1	通信系统	19950	14746	34696		34696
1.3	站内通信系统	19950	14746	34696		34696
	合计	19950	14746	34696		34696

表 8-1-4　　　　典型方案更换普通光缆（24芯）拆除工程专业汇总表　　　　金额单位：元

序号	工程或费用名称	拆除工程费
	拆除工程	1585
	安装工程	1585
八	通信及远动系统	1585
1	通信系统	1585
1.3	站内通信系统	1585
	合计	1585

8.1.3　典型方案电气设备材料表

典型方案更换普通光缆（24芯）电气设备材料表见表 8-1-5。

表 8-1-5　　　　　　　　　典型方案更换普通光缆（24 芯）电气设备材料表

序 / 编号	设备或材料名称	单位	数量	备注
八	通信及远动系统			
1	通信系统			
1.3	站内通信系统			
500122972	普通光缆，24 芯，G.651，非金属防鼠咬光缆	km	1	
500021527	电缆保护管 CPVC，ϕ50	km	1	

8.1.4　典型方案工程量表

典型方案更换普通光缆（24 芯）工程量见表 8-1-6。

表 8-1-6　　　　　　　　　典型方案更换普通光缆（24 芯）工程量表

序 / 编号	名称	单位	数量	备注
	建筑工程			
	安装工程			
八	通信及远动系统			
1	通信系统			
1.3	站内通信系统			
JYZ17-14	管（沟）道光缆敷设　人工敷设穿子管光缆　36 芯以下	km	1	
JYZ17-34	光缆单盘测试　24 芯以下	盘	1	
JYZ17-50	用户光缆接续　24 芯以下	头	2	
JYZ17-64	光缆全程测试　用户光缆测试　24 芯以下	用户段	1	
JYZ17-78	保护管敷设及其他　子管敷设	km	1	
JYZ17-90	保护管敷设及其他　管道封堵	处	2	
	拆除工程			
	安装工程			
八	通信及远动系统			
1	通信系统			
1.3	站内通信系统			
CYZ3-4	通信线路拆除　管（沟）道光缆	km	1	

8.2　TG07-02 更换普通光缆（36芯）

8.2.1　典型方案主要技术条件

典型方案更换普通光缆（36芯）主要技术条件见表8-2-1。

表 8-2-1　　　　　　　典型方案更换普通光缆（36芯）主要技术条件

方案名称	工程主要技术条件	
更换普通光缆（36芯）	是否停电	否
	工作范围	更换管道/普通光缆1km，光缆接续

8.2.2　典型方案概算书

概算投资为总投资，按照典型造价编制依据要求编制。典型方案更换普通光缆（36芯）包括总概算汇总表、安装工程专业汇总表、拆除工程专业汇总表，分别见表8-2-2~表8-2-4。

表 8-2-2　　　　　典型方案更换普通光缆（36芯）总概算汇总表　　　　　金额单位：万元

序号	工程或费用名称	金额	占工程总投资的比例（%）
一	建筑工程费		
二	安装工程费	3.8	95.96
三	拆除工程费	0.16	4.04
四	设备购置费		
五	小计	3.96	100
	其中：甲供设备材料费	1	25.25
六	其他费用		
七	基本预备费		
八	特殊项目		
九	工程静态投资合计	3.96	100
	其中：可抵扣增值税金额	0.36	

表 8-2-3　　　　　典型方案更换普通光缆（36芯）安装工程专业汇总表　　　　　金额单位：元

序号	工程或费用名称	安装工程费			设备购置费	合计
		主要材料费	安装费	小计		
	安装工程	21950	16017	37967		37967
八	通信及远动系统	21950	16017	37967		37967

续表

序号	工程或费用名称	安装工程费			设备购置费	合计
		主要材料费	安装费	小计		
1	通信系统	21950	16017	37967		37967
1.3	站内通信系统	21950	16017	37967		37967
	合计	21950	16017	37967		37967

表 8-2-4　　　　典型方案更换普通光缆（36 芯）拆除工程专业汇总表　　　　金额单位：元

序号	工程或费用名称	拆除工程费
	拆除工程	1585
	安装工程	1585
八	通信及远动系统	1585
1	通信系统	1585
1.3	站内通信系统	1585
	合计	1585

8.2.3　典型方案电气设备材料表

典型方案更换普通光缆（36 芯）电气设备材料表见表 8-2-5。

表 8-2-5　　　　　　　典型方案更换普通光缆（36 芯）电气设备材料表

序/编号	设备或材料名称	单位	数量	备注
八	通信及远动系统			
1	通信系统			
1.3	站内通信系统			
500123095	普通光缆，36 芯，G.652，非金属防鼠咬光缆	km	1	
500021527	电缆保护管，CPVC，ϕ50	km	1	

8.2.4　典型方案工程量表

典型方案更换普通光缆（36 芯）工程量见表 8-2-6。

表 8-2-6　　　　　　　　　　典型方案更换普通光缆（36 芯）工程量表

序 / 编号	名称	单位	数量	备注
	建筑工程			
	安装工程			
八	通信及远动系统			
1	通信系统			
1.3	站内通信系统			
JYZ17–14	管（沟）道光缆敷设　人工敷设穿子管光缆　36 芯以下	km	1	
JYZ17–35	光缆单盘测试　36 芯以下	盘	1	
换 JYZ17–50	用户光缆接续　36 芯（JYZ17–50+6×JYZ17–51）	头	2	
换 JYZ17–64	用户光缆测试　36 芯（JYZ17–64+6×JYZ17–65）	用户段	1	
JYZ17–78	保护管敷设及其他　子管敷设	km	1	
JYZ17–90	保护管敷设及其他　管道封堵	处	2	
	拆除工程			
	安装工程			
八	通信及远动系统			
1	通信系统			
1.3	站内通信系统			
CYZ3–4	通信线路拆除　管（沟）道光缆	km	1	

8.3　TG07-03 更换普通光缆（48 芯）

8.3.1　典型方案主要技术条件

典型方案更换普通光缆（48 芯）主要技术条件见表 8-3-1。

表 8-3-1　　　　　　典型方案更换普通光缆（48 芯）主要技术条件

方案名称	工程主要技术条件	
更换普通光缆（48 芯）	是否停电	否
	工作范围	更换普通光缆 1km，光缆接续

8.3.2　典型方案概算书

概算投资为总投资，按照典型造价编制依据要求编制。典型方案更换普通光缆（48芯）包括总概算汇总表、安装工程专业汇总表、拆除工程专业汇总表，分别见表 8-3-2~表 8-3-4。

表 8-3-2　　　　　**典型方案更换普通光缆（48 芯）总概算汇总表**　　　　金额单位：万元

序号	工程或费用名称	金额	占工程总投资的比例（%）
一	建筑工程费		
二	安装工程费	4.11	96.25
三	拆除工程费	0.16	3.75
四	设备购置费		
五	小计	4.27	100
	其中：甲供设备材料费	1.1	25.76
六	其他费用		
七	基本预备费		
八	特殊项目		
九	工程静态投资合计	4.27	100
	其中：可抵扣增值税金额	0.39	

表 8-3-3　　　　**典型方案更换普通光缆（48 芯）架安装工程专业汇总表**　　　金额单位：元

序号	工程或费用名称	安装工程费			设备购置费	合计
		主要材料费	安装费	小计		
	安装工程	22950	18147	41097		41097
八	通信及远动系统	22950	18147	41097		41097
1	通信系统	22950	18147	41097		41097
1.3	站内通信系统	22950	18147	41097		41097
	合计	22950	18147	41097		41097

表 8-3-4　　　　**典型方案更换普通光缆（48 芯）拆除工程专业汇总表**　　　金额单位：元

序号	工程或费用名称	拆除工程费
	拆除工程	1585
	安装工程	1585

序号	工程或费用名称	拆除工程费
八	通信及远动系统	1585
1	通信系统	1585
1.3	站内通信系统	1585
	合计	1585

8.3.3 典型方案电气设备材料表

典型方案更换普通光缆（48 芯）电气设备材料表见表 8-3-5。

表 8-3-5　　　　　　典型方案更换普通光缆（48 芯）电气设备材料表

序 / 编号	设备或材料名称	单位	数量	备注
八	通信及远动系统			
1	通信系统			
1.3	站内通信系统			
500123117	普通光缆，48 芯，G.652，非金属防鼠咬光缆	km	1	
500021527	电缆保护管，CPVC，ϕ50	km	1	

8.3.4 典型方案工程量表

典型方案更换普通光缆（48 芯）工程量见表 8-3-6。

表 8-3-6　　　　　　　典型方案更换普通光缆（48 芯）工程量表

序 / 编号	名称	单位	数量	备注
	建筑工程			
	安装工程			
八	通信及远动系统			
1	通信系统			
1.3	站内通信系统			
JYZ17-15	管（沟）道光缆敷设　人工敷设穿子管光缆　72 芯以下	km	1	
JYZ17-36	光缆单盘测试　48 芯以下	盘	1	
换 JYZ17-50	用户光缆接续　48 芯（JYZ17-50+12×JYZ17-51）	头	2	

续表

序 / 编号	名称	单位	数量	备注
换 JYZ17-64	用户光缆测试　48 芯 （JYZ17-64+12×JYZ17-65）	用户段	1	
JYZ17-78	保护管敷设及其他　子管敷设	km	1	
JYZ17-90	保护管敷设及其他　管道封堵	处	2	
	拆除工程			
	安装工程			
八	通信及远动系统			
1	通信系统			
1.3	站内通信系统			
CYZ3-4	通信线路拆除　管（沟）道光缆	km	1	

8.4　TG07-04 更换普通光缆（72芯）

8.4.1　典型方案主要技术条件

典型方案更换普通光缆（72 芯）主要技术条件见表 8-4-1。

表 8-4-1　　　　典型方案更换普通光缆（72 芯）主要技术条件

方案名称	工程主要技术条件	
更换普通光缆（72 芯）	是否停电	否
	工作范围	更换管道 / 普通光缆 1km，光缆接续

8.4.2　典型方案概算书

概算投资为总投资，按照典型造价编制依据要求编制。典型方案更换普通光缆（72 芯）包括总概算汇总表、安装工程专业汇总表、拆除工程专业汇总表，分别见表 8-4-2~表 8-4-4。

表 8-4-2　　　　典型方案更换普通光缆（72 芯）总概算汇总表　　　　金额单位：万元

序号	工程或费用名称	金额	占工程总投资的比例（%）
一	建筑工程费		
二	安装工程费	4.55	96.6
三	拆除工程费	0.16	3.4

续表

序号	工程或费用名称	金额	占工程总投资的比例（%）
四	设备购置费		
五	小计	4.71	100
	其中：甲供设备材料费	1.3	27.6
六	其他费用		
七	基本预备费		
八	特殊项目		
九	工程静态投资合计	4.71	100
	其中：可抵扣增值税金额	0.43	

表 8-4-3　　　　　典型方案更换普通光缆（72芯）安装工程专业汇总表　　　　金额单位：元

序号	工程或费用名称	安装工程费			设备购置费	合计
		主要材料费	安装费	小计		
	安装工程	24950	20512	45462		45462
八	通信及远动系统	24950	20512	45462		45462
1	通信系统	24950	20512	45462		45462
1.3	站内通信系统	24950	20512	45462		45462
	合计	24950	20512	45462		45462

表 8-4-4　　　　　典型方案更换普通光缆（72芯）拆除工程专业汇总表　　　　金额单位：元

序号	工程或费用名称	拆除工程费
	拆除工程	1585
	安装工程	1585
八	通信及远动系统	1585
1	通信系统	1585
1.3	站内通信系统	1585
	合计	1585

8.4.3　典型方案电气设备材料表

典型方案更换普通光缆（72芯）电气设备材料表见表 8-4-5。

表 8-4-5　　　　　　　典型方案更换普通光缆（72 芯）电气设备材料表

序 / 编号	设备或材料名称	单位	数量	备注
八	通信及远动系统			
1	通信系统			
1.3	站内通信系统			
500123146	普通光缆，72 芯，G.652，非金属防鼠咬光缆	km	0.1	
500021527	电缆保护管，CPVC，ϕ50	km	2	

8.4.4　典型方案工程量表

典型方案更换普通光缆（72 芯）工程量见表 8-4-6。

表 8-4-6　　　　　　　典型方案更换普通光缆（72 芯）工程量表

序 / 编号	名称	单位	数量	备注
	建筑工程			
	安装工程			
八	通信及远动系统			
1	通信系统			
1.3	站内通信系统			
JYZ17-15	管（沟）道光缆敷设　人工敷设穿子管光缆　72 芯以下	km	1	
JYZ17-37	光缆单盘测试　72 芯以下	盘	1	
换 JYZ17-50	用户光缆接续　72 芯（JYZ17-50+24×JYZ17-51）	头	2	
换 JYZ17-64	用户光缆测试　72 芯（JYZ17-64+24×JYZ17-65）	用户段	1	
JYZ17-78	保护管敷设及其他　子管敷设	km	1	
JYZ17-90	保护管敷设及其他　管道封堵	处	2	
	拆除工程			
	安装工程			
八	通信及远动系统			
1	通信系统			
1.3	站内通信系统			
CYZ3-4	通信线路拆除　管（沟）道光缆	km	1	

第9章　更换 ADSS 光缆

更换 ADSS 光缆典型方案共 4 个，分别为更换 ADSS 光缆（24 芯）、更换 ADSS 光缆（36 芯）、更换 ADSS 光缆（48 芯）、更换 ADSS 光缆（72 芯）。

主要内容：ADSS 光缆单盘测试；ADSS 光缆更换 1km；ADSS 光缆接续 2 处；原 ADSS 光缆拆除；光缆测试。

具体施工工序流程：施工准备→光缆更换施工作业→施工结束→质量验收。典型方案更换 ADSS 光缆施工工序流程图见图 8-0-1。

9.1　TG08-01 更换 ADSS 光缆（24 芯）

9.1.1　典型方案主要技术条件

典型方案更换 ADSS 光缆（24 芯）主要技术条件见表 9-1-1。

表 9-1-1　　　　　　典型方案更换 ADSS 光缆（24 芯）主要技术条件

方案名称	工程主要技术条件	
更换 ADSS 光缆（24 芯）	是否停电	是
	工作范围	更换 24 芯 ADSS 光缆及配套金具 1km，光缆熔接

9.1.2　典型方案概算书

概算投资为总投资，按照典型造价编制依据要求编制。典型方案更换 ADSS 光缆（24 芯）包括总概算汇总表、安装工程专业汇总表、拆除工程专业汇总表，分别见表 9-1-2~ 表 9-1-4。

表 9-1-2　　　　典型方案更换 ADSS 光缆（24 芯）总概算汇总表　　　　金额单位：万元

序号	工程或费用名称	金额	占工程总投资的比例（%）
一	建筑工程费		
二	安装工程费	1.58	87.29
三	拆除工程费	0.23	12.71
四	设备购置费		
五	小计	1.81	100
	其中：甲供设备材料费	0.52	28.73

序号	工程或费用名称	金额	占工程总投资的比例（%）
六	其他费用		
七	基本预备费		
八	特殊项目		
九	工程静态投资合计	1.81	100
	其中：可抵扣增值税金额	0.17	

表 9-1-3　　　典型方案更换 ADSS 光缆（24 芯）安装工程专业汇总表　　金额单位：元

序号	工程或费用名称	安装工程费			设备购置费	合计
		主要材料费	安装费	小计		
	安装工程	5243	10521	15764		15764
八	通信及远动系统	5243	10521	15764		15764
1	通信系统	5243	10521	15764		15764
1.3	站内通信系统	5243	10521	15764		15764
	合计	5243	10521	15764		15764

表 9-1-4　　　典型方案更换 ADSS 光缆（24 芯）拆除工程专业汇总表　　金额单位：元

序号	工程或费用名称	拆除工程费
	拆除工程	2337
	安装工程	2337
八	通信及远动系统	2337
1	通信系统	2337
1.3	站内通信系统	2337
	合计	2337

9.1.3　典型方案电气设备材料表

典型方案更换 ADSS 光缆（24 芯）电气设备材料表见表 9-1-5。

表 9-1-5 　　　　　　　典型方案更换 ADSS 光缆（24 芯）电气设备材料表

序 / 编号	设备或材料名称	单位	数量	备注
八	通信及远动系统			
1	通信系统			
1.3	站内通信系统			
500015115	ADSS 光缆（全介质自承式），24 芯，G.652，AT	km	1	

9.1.4　典型方案工程量表

典型方案更换 ADSS 光缆（24 芯）工程量见表 9-1-6。

表 9-1-6 　　　　　　　典型方案更换 ADSS 光缆（24 芯）工程量表

序 / 编号	名称	单位	数量	备注
	建筑工程			
	安装工程			
八	通信及远动系统			
1	通信系统			
1.3	站内通信系统			
JYZ17-9	架空光缆架设　ADSS 自承式光缆　35kV 以上	km	1	
JYZ17-34	光缆单盘测试　24 芯以下	盘	1	
JYZ17-50	用户光缆接续　24 芯以下	头	2	
JYZ17-64	光缆全程测试　用户光缆测试　24 芯以下	用户段	1	
JYZ17-98	牵、张场场地建设　场地平整	处	1	
	拆除工程			
	安装工程			
八	通信及远动系统			
1	通信系统			
1.3	站内通信系统			
CYZ3-2	通信线路拆除　ADSS 自承式光缆	km	1	

9.2　TG08-02 更换 ADSS 光缆（36 芯）

9.2.1　典型方案主要技术条件

典型方案更换 ADSS 光缆（36 芯）主要技术条件见表 9-2-1。

表 9-2-1　　　　典型方案更换 ADSS 光缆（36 芯）主要技术条件

方案名称	工程主要技术条件	
更换 ADSS 光缆（36 芯）	是否停电	是
	工作范围	更换 36 芯 ADSS 光缆及配套金具 1km，光缆熔接

9.2.2　典型方案概算书

概算投资为总投资，按照典型造价编制依据要求编制。典型方案更换 ADSS 光缆（36 芯）包括总概算汇总表、安装工程专业汇总表、拆除工程专业汇总表，分别见表 9-2-2~ 表 9-2-4。

表 9-2-2　　　　典型方案更换 ADSS 光缆（36 芯）总概算汇总表　　　　金额单位：万元

序号	工程或费用名称	金额	占工程总投资的比例（%）
一	建筑工程费		
二	安装工程费	1.81	88.73
三	拆除工程费	0.23	11.27
四	设备购置费		
五	小计	2.04	100
	其中：甲供设备材料费	0.63	30.88
六	其他费用		
七	基本预备费		
八	特殊项目		
九	工程静态投资合计	2.04	100
	其中：可抵扣增值税金额	0.19	

表 9-2-3　　　　典型方案更换 ADSS 光缆（36 芯）安装工程专业汇总表　　　　金额单位：元

序号	工程或费用名称	安装工程费			设备购置费	合计
		主要材料费	安装费	小计		
	安装工程	6328	11792	18120		18120
八	通信及远动系统	6328	11792	18120		18120

续表

序号	工程或费用名称	安装工程费			设备购置费	合计
		主要材料费	安装费	小计		
1	通信系统	6328	11792	18120		18120
1.3	站内通信系统	6328	11792	18120		18120
	合计	6328	11792	18120		18120

表 9-2-4　　　　典型方案更换 ADSS 光缆（36 芯）拆除工程专业汇总表　　　金额单位：元

序号	工程或费用名称	拆除工程费
	拆除工程	2337
	安装工程	2337
八	通信及远动系统	2337
1	通信系统	2337
1.3	站内通信系统	2337
	合计	2337

9.2.3　典型方案电气设备材料表

典型方案更换 ADSS 光缆（36 芯）电气设备材料表见表 9-2-5。

表 9-2-5　　　　　典型方案更换 ADSS 光缆（36 芯）电气设备材料表

序 / 编号	设备或材料名称	单位	数量	备注
八	通信及远动系统			
1	通信系统			
1.3	站内通信系统			
500015116	ADSS 光缆（全介质自承式），36 芯，G.652，AT	km	1	

9.2.4　典型方案工程量表

典型方案更换 ADSS 光缆（36 芯）工程量见表 9-2-6。

表 9-2-6　　　　　典型方案更换 ADSS 光缆（36 芯）工程量表

序 / 编号	名称	单位	数量	备注
	建筑工程			
	安装工程			

序 / 编号	名称	单位	数量	备注
八	通信及远动系统			
1	通信系统			
1.3	站内通信系统			
JYZ17-9	架空光缆架设　ADSS 自承式光缆　35kV 以上	km	1	
JYZ17-35	光缆单盘测试　36 芯以下	盘	1	
换 JYZ17-50	用户光缆接续　36 芯（JYZ17-50+6×JYZ17-51）	头	2	
换 JYZ17-64	用户光缆测试　36 芯（JYZ17-64+6×JYZ17-65）	用户段	1	
JYZ17-98	牵、张场场地建设　场地平整	处	1	
	拆除工程			
	安装工程			
八	通信及远动系统			
1	通信系统			
1.3	站内通信系统			
CYZ3-2	通信线路拆除　ADSS 自承式光缆	km	1	

9.3　TG08-03 更换 ADSS 光缆（48 芯）

9.3.1　典型方案主要技术条件

典型方案更换 ADSS 光缆（48 芯）主要技术条件见表 9-3-1。

表 9-3-1　　　　典型方案更换 ADSS 光缆（48 芯）主要技术条件

方案名称	工程主要技术条件	
更换 ADSS 光缆（48 芯）	是否停电	是
	工作范围	更换 48 芯 ADSS 光缆及配套金具 1km，光缆熔接

9.3.2　典型方案概算书

概算投资为总投资，按照典型造价编制依据要求编制。典型方案更换 ADSS 光缆（48 芯）包括总概算汇总表、安装工程专业汇总表、拆除工程专业汇总表，分别见表 9-3-2~ 表 9-3-4。

表 9-3-2   **典型方案更换 ADSS 光缆（48 芯）总概算汇总表**   金额单位：万元

序号	工程或费用名称	金额	占工程总投资的比例（%）
一	建筑工程费		
二	安装工程费	2.19	90.5
三	拆除工程费	0.23	9.5
四	设备购置费		
五	小计	2.42	100
	其中：甲供设备材料费	0.88	36.36
六	其他费用		
七	基本预备费		
八	特殊项目		
九	工程静态投资合计	2.42	100
	其中：可抵扣增值税金额	0.23	

表 9-3-3   **典型方案更换 ADSS 光缆（48 芯）安装工程专业汇总表**   金额单位：元

序号	工程或费用名称	安装工程费			设备购置费	合计
		主要材料费	安装费	小计		
	安装工程	8825	13042	21868		21868
八	通信及远动系统	8825	13042	21868		21868
1	通信系统	8825	13042	21868		21868
1.3	站内通信系统	8825	13042	21868		21868
	合计	8825	13042	21868		21868

表 9-3-4   **典型方案更换 ADSS 光缆（48 芯）拆除工程专业汇总表**   金额单位：元

序号	工程或费用名称	拆除工程费
	拆除工程	2337
	安装拆除	2337
八	通信及远动系统	2337
1	通信系统	2337
1.3	站内通信系统	2337
	合计	2337

9.3.3　典型方案电气设备材料表

典型方案更换 ADSS 光缆（48 芯）电气设备材料表见表 9-3-5。

表 9-3-5　　　　典型方案更换 ADSS 光缆（48 芯）电气设备材料表

序 / 编号	设备或材料名称	单位	数量	备注
八	通信及远动系统			
1	通信系统			
1.3	站内通信系统			
500039142	ADSS 光缆（全介质自承式），48 芯，G.652，AT	km	1	

9.3.4　典型方案工程量表

典型方案更换 ADSS 光缆（48 芯）工程量见表 9-3-6。

表 9-3-6　　　　典型方案更换 ADSS 光缆（48 芯）工程量表

序 / 编号	名称	单位	数量	备注
	建筑工程			
	安装工程			
八	通信及远动系统			
1	通信系统			
1.3	站内通信系统			
JYZ17-9	架空光缆架设　ADSS 自承式光缆　35kV 以上	km	1	
JYZ17-36	光缆单盘测试　48 芯以下	盘	1	
换 JYZ17-50	用户光缆接续　48 芯（JYZ17-50+12×JYZ17-51）	头	2	
换 JYZ17-64	用户光缆测试　48 芯（JYZ17-64+12×JYZ17-65）	用户段	1	
JYZ17-98	牵、张场场地建设　场地平整	处	1	
	拆除工程			
	安装工程			
八	通信及远动系统			
1	通信系统			
1.3	站内通信系统			
CYZ3-2	通信线路拆除　ADSS 自承式光缆	km	1	

9.4　TG08-04 更换 ADSS 光缆（72 芯）

9.4.1　典型方案主要技术条件

典型方案更换 ADSS 光缆（72 芯）主要技术条件见表 9-4-1。

表 9-4-1　　　　典型方案更换 ADSS 光缆（72 芯）主要技术条件

方案名称	工程主要技术条件	
更换 ADSS 光缆（72 芯）	是否停电	是
	工作范围	更换 72 芯 ADSS 光缆及配套金具 1km，光缆熔接

9.4.2　典型方案概算书

概算投资为总投资，按照典型造价编制依据要求编制。典型方案更换 ADSS 光缆（72 芯）包括总概算汇总表、安装工程专业汇总表、拆除工程专业汇总表，分别见表 9-4-2～表 9-4-4。

表 9-4-2　　　　典型方案更换 ADSS 光缆（72 芯）总概算汇总表　　　金额单位：万元

序号	工程或费用名称	金额	占工程总投资的比例（%）
一	建筑工程费		
二	安装工程费	2.6	91.87
三	拆除工程费	0.23	8.13
四	设备购置费		
五	小计	2.83	100
	其中：甲供设备材料费	1.06	37.46
六	其他费用		
七	基本预备费		
八	特殊项目		
九	工程静态投资合计	2.83	100
	其中：可抵扣增值税金额	0.27	

表 9-4-3　　　　典型方案更换 ADSS 光缆（72 芯）安装工程专业汇总表　　　金额单位：元

序号	工程或费用名称	安装工程费			设备购置费	合计
		主要材料费	安装费	小计		
	安装工程	10599	15408	26007		26007
八	通信及远动系统	10599	15408	26007		26007
1	通信系统	10599	15408	26007		26007
1.3	站内通信系统	10599	15408	26007		26007
	合计	10599	15408	26007		26007

表 9-4-4　　　　典型方案更换 ADSS 光缆（72 芯）拆除工程专业汇总表　　　金额单位：元

序号	工程或费用名称	拆除工程费
	拆除工程	2337
	安装工程	2337
八	通信及远动系统	2337
1	通信系统	2337
1.3	站内通信系统	2337
	合计	2337

9.4.3　典型方案电气设备材料表

典型方案更换 ADSS 光缆（72 芯）电气设备材料表见表 9-4-5。

表 9-4-5　　　　典型方案更换 ADSS 光缆（72 芯）电气设备材料表

序 / 编号	设备或材料名称	单位	数量	备注
八	通信及远动系统			
1	通信系统			
1.3	站内通信系统			
500064140	ADSS 光缆（全介质自承式），72 芯，G.652，AT	km	1	

9.4.4　典型方案工程量表

典型方案更换 ADSS 光缆（72 芯）工程量见表 9-4-6。

表 9-4-6　　　　　　　　　　典型方案更换 ADSS 光缆（72 芯）工程量表

序 / 编号	名称	单位	数量	备注
	建筑工程			
	安装工程			
八	通信及远动系统			
1	通信系统			
1.3	站内通信系统			
JYZ17-9	架空光缆架设　ADSS 自承式光缆　35kV 以上	km	1	
JYZ17-37	光缆单盘测试　72 芯以下	盘	1	
换 JYZ17-50	用户光缆接续　72 芯 （JYZ17-50+24×JYZ17-51）	头	2	
换 JYZ17-64	用户光缆测试　72 芯 （JYZ17-64+24×JYZ17-65）	用户段	1	
JYZ17-98	牵、张场场地建设　场地平整	处	1	
	拆除工程			
	安装工程			
八	通信及远动系统			
1	通信系统			
1.3	站内通信系统			
CYZ3-2	通信线路拆除　ADSS 自承式光缆	km	1	

第 10 章　其　他

其他典型方案共 4 个，分别为更换 DC48V，500A·h 蓄电池组、更换 OLT、更换网络配线架、更换光纤配线架。

10.1　TG09-01 更换蓄电池组

主要内容：拆除原蓄电池组；安装新上蓄电池支架及蓄电池组；安装蓄电池巡检仪（含相关线缆）；布放直流线缆至高频开关电源；接入动环系统；拆除老旧设备。

具体施工工序流程：拆除原蓄电池组→安装新上蓄电池组、巡检仪→布放直流线缆至高频开关电源→动环调试→质量验收。典型方案更换 DC48V，500A · h 蓄电池组施工工序流程图见图 10-1-1。

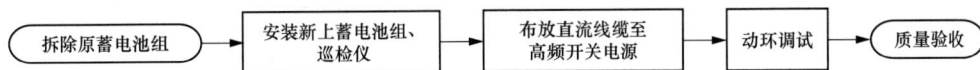

图 10-1-1　典型方案更换 DC48V,500A·h 蓄电池组施工工序流程图

10.1.1　典型方案主要技术条件

典型方案更换 DC48V，500A · h 蓄电池组主要技术条件见表 10-1-1。

表 10-1-1　　　　典型方案更换 DC48V，500A · h 蓄电池组主要技术条件

方案名称	工程主要技术条件	
更换 DC48V，500A · h 蓄电池组	是否停电	是
	工作范围	更换设备，布放线缆，动环调试

10.1.2　典型方案概算书

概算投资为总投资，按照典型造价编制依据要求编制。典型方案更换 DC48V，500A · h 蓄电池组包括总概算汇总表、安装工程专业汇总表、拆除工程专业汇总表，分别见表 10-1-2~ 表 10-1-4。

表 10-1-2　　　　典型方案更换 DC48V，500A · h 蓄电池组总概算汇总表　　　金额单位：万元

序号	工程或费用名称	金额	占工程总投资的比例（%）
一	建筑工程费		
二	安装工程费	0.75	12.67
三	拆除工程费	0.17	2.87
四	设备购置费	5	84.46
五	小计	5.92	100
	其中：甲供设备材料费	5	84.46
六	其他费用		
七	基本预备费		
八	特殊项目		
九	工程静态投资合计	5.92	100
	其中：可抵扣增值税金额	0.65	

表 10-1-3 典型方案更换 DC48V，500A·h 蓄电池组安装工程专业汇总表　金额单位：元

序号	工程或费用名称	安装工程费			设备购置费	合计
		主要材料费	安装费	小计		
	安装工程		7507	7507	50000	57507
八	通信及远动系统		7507	7507	50000	57507
1	通信系统		7507	7507	50000	57507
1.4	通信电源系统		7507	7507	50000	57507
	合计		7507	7507	50000	57507

表 10-1-4 典型方案更换 DC48V，500A·h 蓄电池组拆除工程专业汇总表　金额单位：元

序号	工程或费用名称	拆除工程费
	拆除工程	1736
	安装工程	1736
八	通信及远动系统	1736
1	通信系统	1736
1.3	站内通信系统	1736
	合计	1736

10.1.3 典型方案电气设备材料表

典型方案更换 DC48V，500A·h 蓄电池组电气设备材料表见表 10-1-5。

表 10-1-5 典型方案更换 DC48V，500A·h 蓄电池组电气设备材料表

序/编号	设备或材料名称	单位	数量	备注
八	通信及远动系统			
1	通信系统			
1.4	通信电源系统			
500085332	蓄电池组，DC48V，500A·h，阀控式密封	套	1	

10.1.4 典型方案工程量表

典型方案更换 DC48V，500A·h 蓄电池组工程量见表 10-1-6。

表 10-1-6　　　　　　典型方案更换 DC48V，500A·h 蓄电池组工程量表

序 / 编号	名称	单位	数量	备注
	建筑工程			
	安装工程			
八	通信及远动系统			
1	通信系统			
1.4	通信电源系统			
JYZ3-1	蓄电池安装调测　蓄电池柜	架	1	
JYZ3-3	蓄电池安装调测　48V 阀控式密封铅酸蓄电池　500Ah 以下	组	1	
JYZ3-5	蓄电池补充电及容量试验　阀控式密封铅酸蓄电池　补充电	组	1	
JYZ3-6	蓄电池补充电及容量试验　阀控式密封铅酸蓄电池　容量试验	组	1	
JYZ3-7	蓄电池在线监测设备安装调测　蓄电池在线监测设备	组	1	
JYZ3-18	配电设备安装调测　配电屏　直流	台	1	
	拆除工程			
	安装工程			
八	通信及远动系统			
1	通信系统			
1.3	站内通信系统			
CYZ1-18	通信电源拆除　48V 阀控式密封铅酸蓄电池　500A·h 以下	组	1	
CYZ1-20	通信电源拆除　蓄电池在线监测设备	架	1	
CYZ1-22	通信电源拆除　配电屏	面	1	

10.2　TG09-02 更换 OLT

主要内容：安装调测新上主子框 1 套（含交叉板、主控板、电源板等公共板卡，以及本期新上的其他业务板卡）；开通调试 8 路 PON 口；割接业务至新开光路承载；拆除老旧设备。

具体施工工序流程为：制定业务割接方案→安装新上设备→布放尾纤、尾缆→光路开通调试→业务割接→旧设备拆除→固定尾纤、尾缆→质量验收。典型方案更换 OLT 施工工序流程图见图 3-0-1。

10.2.1　典型方案主要技术条件

典型方案更换 OLT 主要技术条件见表 10-2-1。

表 10-2-1　　　　　　　　　典型方案更换 OLT 主要技术条件

方案名称	工程主要技术条件	
更换 OLT	是否停电	否
	工作范围	更换设备，业务割接

10.2.2　典型方案概算书

概算投资为总投资，按照典型造价编制依据要求编制。典型方案更换 OLT 包括总概算汇总表、安装工程专业汇总表、拆除工程专业汇总表，分别见表 10-2-2~表 10-2-4。

表 10-2-2　　　　　　　典型方案更换 OLT 总概算汇总表　　　　　　　金额单位：万元

序号	工程或费用名称	金额	占工程总投资的比例（%）
一	建筑工程费		
二	安装工程费	0.92	9.65
三	拆除工程费	0.07	0.73
四	设备购置费	8.54	89.61
五	小计	9.53	100
	其中：甲供设备材料费	8.54	89.61
六	其他费用		
七	基本预备费		
八	特殊项目		
九	工程静态投资合计	9.53	100
	其中：可抵扣增值税金额	1.07	

表 10-2-3　　　　　　　典型方案更换 OLT 安装工程专业汇总表　　　　　　　金额单位：元

序号	工程或费用名称	安装工程费			设备购置费	合计
		主要材料费	安装费	小计		
	安装工程		9227	9227	85355	94582
八	通信及远动系统		9227	9227	85355	94582
1	通信系统		9227	9227	85355	94582

续表

序号	工程或费用名称	安装工程费			设备购置费	合计
		主要材料费	安装费	小计		
1.3	站内通信系统		9227	9227	85355	94582
	合计		9227	9227	85355	94582

表 10-2-4　　　　　　典型方案更换 OLT 拆除工程专业汇总表　　　　金额单位：元

序号	工程或费用名称	拆除工程费
	拆除工程	675
	安装工程	675
八	通信及远动系统	675
1	通信系统	675
1.3	站内通信系统	675
	合计	675

10.2.3　典型方案电气设备材料表

典型方案更换 OLT 电气设备材料表见表 10-2-5。

表 10-2-5　　　　　　　典型方案更换 OLT 电气设备材料表

序 / 编号	设备或材料名称	单位	数量	备注
八	通信及远动系统			
1	通信系统			
1.3	站内通信系统			
500117701	光缆终端设备（OLT），双电源输入，不少于 40 口	台	1	

10.2.4　典型方案工程量表

典型方案更换 OLT 工程量见表 10-2-6。

表 10-2-6　　　　　　　　典型方案更换 OLT 工程量表

序 / 编号	名称	单位	数量	备注
	建筑工程			
	安装工程			
八	通信及远动系统			

序 / 编号	名称	单位	数量	备注
1	通信系统			
1.3	站内通信系统			
JYZ1-55	无源光网络设备安装调测 光线路终端（OLT）	套	1	
JYZ1-56	无源光网络设备安装调测 数字线路段光端对测	用户段	40	
JYZ1-57	无源光网络设备安装调测 系统联调	系统	1	
	拆除工程			
	安装工程			
八	通信及远动系统			
1	通信系统			
1.3	站内通信系统			
CYZ1-13	无源光网络设备拆除 光线路终端（OLT）	台	1	

10.3 TG09-03 更换网络配线架

主要内容：安装新上网络配线架；拆除原网络配线架及线缆。

具体施工工序流程：制定业务割接方案→安装新上配线架→布放线缆→业务割接→旧配线架及线缆拆除→固定新布放线缆→质量验收。典型方案更换网络 / 光纤配线架施工工序流程图见图 10-3-1。

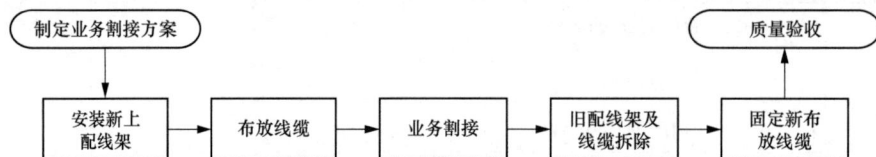

图 10-3-1 典型方案更换网络 / 光纤配线架施工工序流程图

10.3.1 典型方案主要技术条件

典型方案更换网络配线架主要技术条件见表 10-3-1。

表 10-3-1 典型方案更换网络配线架主要技术条件

方案名称	工程主要技术条件	
更换网络配线架	是否停电	否
	工作范围	更换设备

10.3.2　典型方案概算书

概算投资为总投资,按照典型造价编制依据要求编制。典型方案更换网络配线架包括总概算汇总表、安装工程专业汇总表、拆除工程专业汇总表,分别见表 10-3-2~ 表 10-3-4。

表 10-3-2　　　　　　　　典型方案更换网络配线架总概算汇总表　　　　　　金额单位:万元

序号	工程或费用名称	金额	占工程总投资的比例(%)
一	建筑工程费		
二	安装工程费	0.07	35
三	拆除工程费	0.06	30
四	设备购置费	0.07	35
五	小计	0.2	100
	其中:甲供设备材料费	0.07	35
六	其他费用		
七	基本预备费		
八	特殊项目		
九	工程静态投资合计	0.2	100
	其中:可抵扣增值税金额	0.03	

表 10-3-3　　　　　　　　典型方案更换网络配线架安装工程专业汇总表　　　　金额单位:元

序号	工程或费用名称	安装工程费			设备购置费	合计
		主要材料费	安装费	小计		
	安装工程		714	714	660	1374
八	通信及远动系统		714	714	660	1374
1	通信系统		714	714	660	1374
1.3	站内通信系统		714	714	660	1374
	合计		714	714	660	1374

表 10-3-4　　　　　　　　典型方案更换网络配线架拆除工程专业汇总表　　　　金额单位:元

序号	工程或费用名称	拆除工程费
	拆除工程	625
	安装工程	625
八	通信及远动系统	625
1	通信系统	625

序号	工程或费用名称	拆除工程费
1.3	站内通信系统	625
	合计	625

10.3.3 典型方案电气设备材料表

典型方案更换网络配线架电气设备材料表见表 10-3-5。

表 10-3-5 典型方案更换网络配线架电气设备材料表

序 / 编号	设备或材料名称	单位	数量	备注
八	通信及远动系统			
1	通信系统			
1.3	站内通信系统			
500071986	网络配线架，48 口	套	1	

10.3.4 典型方案工程量表

典型方案更换网络配线架工程量见表 10-3-6。

表 10-3-6 典型方案更换网络配线架工程量表

序 / 编号	名称	单位	数量	备注
	建筑工程			
	安装工程			
八	通信及远动系统			
1	通信系统			
1.3	站内通信系统			
JYZ6-12	网络配线架安装 网络配线架 整架	架	1	
	拆除工程			
	安装工程			
八	通信及远动系统			
1	通信系统			
1.3	站内通信系统			
CYZ1-35	辅助设备拆除 配线架	架	1	

10.4　TG09-04 更换光纤配线架

主要内容：安装新上光纤配线架；光缆熔接（48 芯）；拆除原光纤配线架及线缆。

具体施工工序流程：制定业务割接方案→安装新上配线架→布放线缆→旧配线架及线缆拆除→固定新布放线缆→质量验收。典型方案更换网络/光纤配线架施工工序流程图见图 10-4-1。

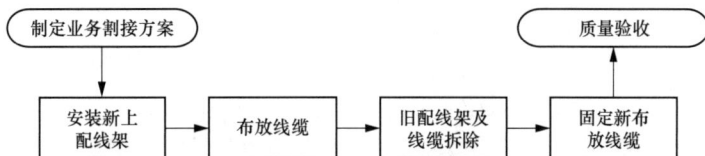

图 10-4-1　典型方案更换光纤配线架施工工序流程图

10.4.1　典型方案主要技术条件

典型方案更换光纤配线架主要技术条件见表 10-4-1。

表 10-4-1　　　　　　　**典型方案更换光纤配线架主要技术条件**

方案名称	工程主要技术条件	
更换光纤配线架	是否停电	否
	工作范围	更换设备，业务割接

10.4.2　典型方案概算书

概算投资为总投资，按照典型造价编制依据要求编制。典型方案更换光纤配线架包括总概算汇总表、安装工程专业汇总表、拆除工程专业汇总表，分别见表 10-4-2~ 表 10-4-4。

表 10-4-2　　　　　　　**典型方案更换光纤配线架总概算汇总表**　　　　　金额单位：万元

序号	工程或费用名称	金额	占工程总投资的比例（%）
一	建筑工程费		
二	安装工程费	0.07	11.67
三	拆除工程费	0.06	10
四	设备购置费	0.47	78.33
五	小计	0.6	100
	其中：甲供设备材料费	0.47	78.33
六	其他费用		

续表

序号	工程或费用名称	金额	占工程总投资的比例（%）
七	基本预备费		
八	特殊项目		
九	工程静态投资合计	0.6	100
	其中：可抵扣增值税金额	0.07	

表 10-4-3　　　　　典型方案更换光纤配线架安装工程专业汇总表　　　　金额单位：元

序号	工程或费用名称	安装工程费			设备购置费	合计
		主要材料费	安装费	小计		
	安装工程		746	746	4688	5434
八	通信及远动系统		746	746	4688	5434
1	通信系统		746	746	4688	5434
1.3	站内通信系统		746	746	4688	5434
	合计		746	746	4688	5434

表 10-4-4　　　　　典型方案更换光纤配线架拆除工程专业汇总表　　　　金额单位：元

序号	工程或费用名称	拆除工程费
	拆除工程	625
	安装工程	625
八	通信及远动系统	625
1	通信系统	625
1.3	站内通信系统	625
	合计	625

10.4.3　典型方案电气设备材料表

典型方案更换光纤配线架电气设备材料表见表 10-4-5。

表 10-4-5　　　　　典型方案更换光纤配线架电气设备材料表

序/编号	设备或材料名称	单位	数量	备注
八	通信及远动系统			
1	通信系统			

序／编号	设备或材料名称	单位	数量	备注
1.3	站内通信系统			
500009695	光纤配线架（ODF），≤ 72 芯	套	1	

10.4.4　典型方案工程量表

典型方案更换光纤配线架工程量见表 10-4-6。

表 10-4-6　　　　　　　　　典型方案更换光纤配线架工程量表

序／编号	名称	单位	数量	备注
	建筑工程			
	安装工程			
八	通信及远动系统			
1	通信系统			
1.3	站内通信系统			
JYZ6-7	光纤配线架安装　光纤配线架　整架	架	1	
	拆除工程			
	安装工程			
八	通信及远动系统			
1	通信系统			
1.3	站内通信系统			
CYZ1-35	辅助设备拆除　配线架	架	1	

第3篇

通信大修项目典型造价

第11章　ADSS 光缆及附件维修

　　ADSS 光缆及附件维修典型方案共 4 个，分别为 ADSS 光缆及附件维修（24 芯）、ADSS 光缆及附件维修（36 芯）、ADSS 光缆及附件维修（48 芯）、ADSS 光缆及附件维修（72 芯）。

　　主要内容：ADSS 光缆单盘测试；ADSS 光缆维修 1km；ADSS 光缆跨越 1 处；ADSS 光缆接续 2 处；原 ADSS 光缆拆除；光缆测试。

　　具体施工工序流程为：施工准备→光缆维修施工作业→施工结束→质量验收。典型方案 ADSS 光缆及附件维修施工工序流程图见图 11-0-1。

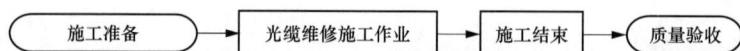

施工准备　→　光缆维修施工作业　→　施工结束　→　质量验收

图 11-0-1　典型方案 ADSS 光缆及附件维修施工工序流程图

11.1　TX01-01 ADSS 光缆及附件维修（24 芯）

11.1.1　典型方案主要技术条件

典型方案 ADSS 光缆及附件维修（24 芯）主要技术条件见表 11-1-1。

表 11-1-1　　　典型方案 ADSS 光缆及附件维修（24 芯）主要技术条件

方案名称	工程主要技术条件	
ADSS 光缆及附件维修 (24 芯)	设备型号	ADSS，AT 护套，24 芯，G.652
	是否停电	是
	工作范围	维修 24 芯 ADSS 光缆及配套金具 1km

11.1.2　典型方案概算书

　　概算投资为总投资，按照典型造价编制依据要求编制。典型方案 ADSS 光缆及附件维修（24 芯）包括总概算汇总表、设备检修工程专业汇总表，分别见表 11-1-2 和表 11-1-3。

表 11-1-2　　　典型方案 ADSS 光缆及附件维修（24 芯）总概算汇总表　　　金额单位：万元

序号	工程或费用名称	金额	占工程总投资的比例（%）
一	建筑修缮费		
二	设备检修费	2.05	100

续表

序号	工程或费用名称	金额	占工程总投资的比例（%）
三	配件购置费		
四	小计	2.05	100
	其中：甲供配件材料费	0.52	25.37
五	其他费用		
六	基本预备费		
七	工程总费用合计	2.05	100
	其中：可抵扣增值税金额	0.19	

表 11-1-3　典型方案 ADSS 光缆及附件维修（24 芯）设备检修工程专业汇总表　　金额单位：元

序号	工程或费用名称	设备检修费		配件购置费	合计
		检修费	未计价材料费		
	设备检修工程	15289	5243		20532
一	通信线路安装工程	15289	5243		20532
2	架空光缆 / 音频电缆线路	15289	5243		20532
	合计	15289	5243		20532

11.1.3　典型方案电气设备材料表

典型方案 ADSS 光缆及附件维修（24 芯）电气设备材料表见表 11-1-4。

表 11-1-4　典型方案 ADSS 光缆及附件维修（24 芯）电气设备材料表

序 / 编号	设备或材料名称	单位	数量	备注
一	通信线路安装工程			
2	架空光缆 / 音频电缆线路			
500015115	ADSS 光缆（全介质自承式），24 芯，G.652，AT	km	1	

11.1.4　典型方案工程量表

典型方案 ADSS 光缆及附件维修（24 芯）工程量见表 11-1-5。

表 11-1-5 典型方案 ADSS 光缆及附件维修（24 芯）工程量表

序 / 编号	名称	单位	数量	备注
	设备检修工程			
一	通信线路安装工程			
2	架空光缆 / 音频电缆线路			
XYZ14–35	光缆检修 ADSS 光缆	100m	10	
XYZ14–73	光缆单盘测试 24 芯以下	盘	1	
XYZ14–69	用户光缆接续 24 芯以下	头	2	
XYZ14–89	光缆全程测试 用户光缆测试 24 芯以下	用户段	1	
XYZ14–121	牵、张场场地建设 场地平整	处	1	

11.2 TX01-02 ADSS 光缆及附件维修（36 芯）

11.2.1 典型方案主要技术条件

典型方案 ADSS 光缆及附件维修（36 芯）主要技术条件见表 11-2-1。

表 11-2-1 典型方案 ADSS 光缆及附件维修（36 芯）主要技术条件

方案名称	工程主要技术条件	
ADSS 光缆及附件维修（36 芯）	设备型号	ADSS，AT 护套，36 芯，G.652
	是否停电	是
	工作范围	维修 36 芯 ADSS 光缆及配套金具 1km

11.2.2 典型方案概算书

概算投资为总投资，按照典型造价编制依据要求编制。典型方案 ADSS 光缆及附件维修（36 芯）包括总概算汇总表、设备检修工程专业汇总表分别见表 11-2-2 和表 11-2-3。

表 11-2-2 典型方案 ADSS 光缆及附件维修（36 芯）总概算汇总表 金额单位：万元

序号	工程或费用名称	金额	占工程总投资的比例（%）
一	建筑修缮费		
二	设备检修费	2.31	100
三	配件购置费		

续表

序号	工程或费用名称	金额	占工程总投资的比例（%）
四	小计	2.31	100
	其中：甲供配件材料费	0.63	27.27
五	其他费用		
六	基本预备费		
七	工程总费用合计	2.31	100
	其中：可抵扣增值税金额	0.21	

表 11-2-3　　典型方案 ADSS 光缆及附件维修（36 芯）设备检修工程专业汇总表　　金额单位：元

序号	工程或费用名称	设备检修费		配件购置费	合计
		检修费	未计价材料费		
	设备检修工程	16741	6328		23069
一	通信线路安装工程	16741	6328		23069
2	架空光缆 / 音频电缆线路	16741	6328		23069
	合计	16741	6328		23069

11.2.3　典型方案电气设备材料表

典型方案 ADSS 光缆及附件维修（36 芯）电气设备材料表见表 11-2-4。

表 11-2-4　　　　典型方案 ADSS 光缆及附件维修（36 芯）电气设备材料表

序 / 编号	设备或材料名称	单位	数量	备注
一	通信线路安装工程			
2	架空光缆 / 音频电缆线路			
500015115	ADSS 光缆（全介质自承式），36 芯，G.652，AT	km	1	

11.2.4　典型方案工程量表

典型方案 ADSS 光缆及附件维修（36 芯）工程量见表 11-2-5。

表 11-2-5　　　　　　典型方案 ADSS 光缆及附件维修（36 芯）工程量表

序 / 编号	名称	单位	数量	备注
	设备检修工程			
一	通信线路安装工程			
2	架空光缆 / 音频电缆线路			
XYZ14-35	光缆检修　ADSS 光缆	100m	10	
XYZ14-74	光缆单盘测试　36 芯以下	盘	1	
换 XYZ14-69	用户光缆接续　36 芯（XYZ14-69+6×XYZ14-70）	头	2	
换 XYZ14-89	用户光缆测试　36 芯（XYZ14-89+6×XYZ14-90）	用户段	1	
XYZ14-121	牵、张场场地建设　场地平整	处	1	

11.3　TX01-03 ADSS 光缆及附件维修（48 芯）

11.3.1　典型方案主要技术条件

典型方案 ADSS 光缆及附件维修（48 芯）主要技术条件见表 11-3-1。

表 11-3-1　　　　典型方案 ADSS 光缆及附件维修（48 芯）主要技术条件

方案名称	工程主要技术条件	
ADSS 光缆及附件维修（48 芯）	设备型号	ADSS，AT 护套，48 芯，G.652
	是否停电	是
	工作范围	维修 48 芯 ADSS 光缆及配套金具 1km

11.3.2　典型方案概算书

概算投资为总投资，按照典型造价编制要求编制。典型方案 ADSS 光缆及附件维修（48 芯）包括总概算汇总表、设备检修工程专业汇总表，分别见表 11-3-2 和表 11-3-3。

表 11-3-2　　　　典型方案 ADSS 光缆及附件维修（48 芯）总概算汇总表　　　金额单位：万元

序号	工程或费用名称	金额	占工程总投资的比例（%）
一	建筑修缮费		
二	设备检修费	2.7	100
三	配件购置费		

续表

序号	工程或费用名称	金额	占工程总投资的比例（%）
四	小计	2.7	100
	其中：甲供配件材料费	0.88	32.59
五	其他费用		
六	基本预备费		
七	工程总费用合计	2.7	100
	其中：可抵扣增值税金额	0.25	

表 11-3-3　典型方案 ADSS 光缆及附件维修（48 芯）设备检修工程专业汇总表　　金额单位：元

序号	工程或费用名称	设备检修费		配件购置费	合计
		检修费	未计价材料费		
	设备检修工程	18164	8825		26990
一	通信线路安装工程	18164	8825		26990
2	架空光缆／音频电缆线路	18164	8825		26990
	合计	18164	8825		26990

11.3.3　典型方案电气设备材料表

典型方案 ADSS 光缆及附件维修（48 芯）电气设备材料表见表 11-3-4。

表 11-3-4　　　典型方案 ADSS 光缆及附件维修（48 芯）电气设备材料表

序／编号	设备或材料名称	单位	数量	备注
一	通信线路安装工程			
2	架空光缆／音频电缆线路			
500039142	ADSS 光缆（全介质自承式），48 芯，G.652，AT	km	1	

11.3.4　典型方案工程量表

典型方案 ADSS 光缆及附件维修（48 芯）工程量见表 11-3-5。

表 11-3-5　　　　典型方案 ADSS 光缆及附件维修（48 芯）工程量表

序 / 编号	名称	单位	数量	备注
	设备检修工程			
一	通信线路安装工程			
2	架空光缆 / 音频电缆线路			
XYZ14-35	光缆检修　ADSS 光缆	100m	10	
XYZ14-75	光缆单盘测试　48 芯以下	盘	1	
换 XYZ14-69	用户光缆接续　48 芯（XYZ14-69+12×XYZ14-70）	头	2	
换 XYZ14-89	用户光缆测试　48 芯（XYZ14-89+12×XYZ14-90）	用户段	1	
XYZ14-121	牵、张场场地建设　场地平整	处	1	

11.4　TX01-04 ADSS 光缆及附件维修（72 芯）

11.4.1　典型方案主要技术条件

典型方案 ADSS 光缆及附件维修（72 芯）主要技术条件见表 11-4-1。

表 11-4-1　　　　典型方案 ADSS 光缆及附件维修（72 芯）主要技术条件

方案名称	工程主要技术条件	
ADSS 光缆及附件维修（72 芯）	设备型号	ADSS，AT 护套，72 芯，G.652
	是否停电	是
	工作范围	维修 72 芯 ADSS 光缆及配套金具 1km

11.4.2　典型方案概算书

概算投资为总投资，按照典型造价编制要求编制。典型方案 ADSS 光缆及附件维修（72 芯）包括总概算汇总表、设备检修工程专业汇总表，分别见表 11-4-2 和表 11-4-3。

表 11-4-2　　　　典型方案 ADSS 光缆及附件维修（72 芯）总概算汇总表　　　金额单位：万元

序号	工程或费用名称	金额	占工程总投资的比例（%）
一	建筑修缮费		
二	设备检修费	3.15	100
三	配件购置费		

续表

序号	工程或费用名称	金额	占工程总投资的比例（%）
四	小计	3.15	100
	其中：甲供配件材料费	1.06	33.65
五	其他费用		
六	基本预备费		
七	工程总费用合计	3.15	100
	其中：可抵扣增值税金额	0.29	

表 11-4-3　典型方案 ADSS 光缆及附件维修（72 芯）设备检修工程专业汇总表　金额单位：元

序号	工程或费用名称	设备检修费		配件购置费	合计
		检修费	未计价材料费		
	设备检修工程	20866	10599		31465
一	通信线路安装工程	20866	10599		31465
2	架空光缆/音频电缆线路	20866	10599		31465
	合计	20866	10599		31465

11.4.3　典型方案电气设备材料表

典型方案 ADSS 光缆及附件维修（72 芯）电气设备材料表见表 11-4-4。

表 11-4-4　　典型方案 ADSS 光缆及附件维修（72 芯）电气设备材料表

序/编号	设备或材料名称	单位	数量	备注
一	通信线路安装工程			
2	架空光缆/音频电缆线路			
500064140	ADSS 光缆（全介质自承式），72 芯，G.652，AT	km	1	

11.4.4　典型方案工程量表

典型方案 ADSS 光缆及附件维修（72 芯）工程量见表 11-4-5。

表 11-4-5　　　　典型方案 ADSS 光缆及附件维修（72 芯）工程量表

序 / 编号	名称	单位	数量	备注
	设备检修工程			
一	通信线路安装工程			
2	架空光缆 / 音频电缆线路			
XYZ14-35	光缆检修　ADSS 光缆	100m	10	
XYZ14-76	光缆单盘测试　72 芯以下	盘	1	
换 XYZ14-69	用户光缆接续　72 芯（XYZ14-69+24×XYZ14-70）	头	2	
换 XYZ14-89	用户光缆测试　72 芯（XYZ14-89+24×XYZ14-90）	用户段	1	
XYZ14-121	牵、张场场地建设　场地平整	处	1	

第 12 章　OPGW 光缆熔接

OPGW 光缆熔接典型方案共 4 个，分别为 OPGW 光缆熔接（24 芯）、OPGW 光缆熔接（36 芯）、OPGW 光缆熔接（48 芯）、OPGW 光缆熔接（72 芯）。

主要内容：光缆熔接 1 处；接头盒安装固定；光缆测试。

具体施工工序流程：施工准备→接头盒熔接施工作业→施工结束→质量验收。典型方案 OPGW 光缆熔接施工工序流程图见图 12-0-1。

图 12-0-1　典型方案 OPGW 光缆熔接施工工序流程图

12.1　TX02-01 OPGW 光缆熔接（24 芯）

12.1.1　典型方案主要技术条件

典型方案 OPGW 光缆熔接（24 芯）主要技术条件见表 12-1-1。

表 12-1-1　　　　典型方案 OPGW 光缆熔接（24 芯）主要技术条件

方案名称	工程主要技术条件	
OPGW 光缆熔接（24 芯）	设备型号	光缆接头盒，24 芯
	是否停电	是
	工作范围	OPGW 光缆熔接

12.1.2　典型方案概算书

概算投资为总投资，按照典型造价编制依据要求编制。典型方案 OPGW 光缆熔接（24 芯）包括总概算汇总表、设备检修工程专业汇总表，分别见表 12-1-2 和表 12-1-3。

表 12-1-2　　典型方案 OPGW 光缆熔接（24 芯）总概算汇总表　　金额单位：万元

序号	工程或费用名称	金额	占工程总投资的比例（%）
一	建筑修缮费		
二	设备检修费	0.71	100
三	配件购置费		
四	小计	0.71	100
	其中：甲供配件材料费	0.07	9.86
五	其他费用		
六	基本预备费		
七	工程总费用合计	0.71	100
	其中：可抵扣增值税金额	0.06	

表 12-1-3　　典型方案 OPGW 光缆熔接（24 芯）设备检修工程专业汇总表　　金额单位：元

序号	工程或费用名称	设备检修费		配件购置费	合计
		检修费	未计价材料费		
	设备检修工程	6393	684		7077
一	通信线路安装工程	6393	684		7077
2	架空光缆 / 音频电缆线路	6393	684		7077
	合计	6393	684		7077

12.1.3　典型方案电气设备材料表

典型方案 OPGW 光缆熔接（24 芯）电气设备材料表见表 12-1-4。

表 12-1-4　　典型方案 OPGW 光缆熔接（24 芯）电气设备材料表

序 / 编号	设备或材料名称	单位	数量	备注
一	通信线路安装工程			
2	架空光缆 / 音频电缆线路			
500022145	光缆接头盒	个	1	

12.1.4　典型方案工程量表

典型方案 OPGW 光缆熔接（24 芯）工程量见表 12-1-5。

表 12-1-5　　　　　典型方案 OPGW 光缆熔接（24 芯）工程量表

序 / 编号	名称	单位	数量	备注
	设备检修工程			
一	通信线路安装工程			
2	架空光缆 / 音频电缆线路			
XYZ14-22	金具检修、接头盒检查　OPGW 光缆接头盒	个	1	
XYZ14-59	OPGW 光缆接续　24 芯以下	头	1	
XYZ14-89	光缆全程测试　用户光缆测试　24 芯以下	用户段	1	

12.2　TX02-02 OPGW 光缆熔接（36 芯）

12.2.1　典型方案主要技术条件

典型方案 OPGW 光缆熔接（36 芯）主要技术条件见表 12-2-1。

表 12-2-1　　　　典型方案 OPGW 光缆熔接（36 芯）主要技术条件

方案名称	工程主要技术条件	
OPGW 光缆熔接（36 芯）	设备型号	光缆接头盒，36 芯
	是否停电	是
	工作范围	OPGW 光缆熔接

12.2.2　典型方案概算书

概算投资为总投资，按照典型造价编制依据要求编制。典型方案 OPGW 光缆熔接（36 芯）包括总概算汇总表、设备检修工程专业汇总表，分别见表 12-2-2 和表 12-2-3。

表 12-2-2　　　　典型方案 OPGW 光缆熔接（36 芯）总概算汇总表　　　　金额单位：万元

序号	工程或费用名称	金额	占工程总投资的比例（%）
一	建筑修缮费		
二	设备检修费	0.83	100
三	配件购置费		

续表

序号	工程或费用名称	金额	占工程总投资的比例（%）
四	小计	0.83	100
	其中：甲供配件材料费	0.05	6.02
五	其他费用		
六	基本预备费		
七	工程总费用合计	0.83	100
	其中：可抵扣增值税金额	0.07	

表 12-2-3　　典型方案 OPGW 光缆熔接（36 芯）设备检修工程专业汇总表　　金额单位：元

序号	工程或费用名称	设备检修费		配件购置费	合计
		检修费	未计价材料费		
	设备检修工程	7715	542		8257
一	通信线路安装工程	7715	542		8257
2	架空光缆 / 音频电缆线路	7715	542		8257
	合计	7715	542		8257

12.2.3　典型方案电气设备材料表

典型方案 OPGW 光缆熔接（36 芯）电气设备材料表见表 12-2-4。

表 12-2-4　　典型方案 OPGW 光缆熔接（36 芯）电气设备材料表

序 / 编号	设备或材料名称	单位	数量	备注
一	通信线路安装工程			
2	架空光缆 / 音频电缆线路			
500022147	光缆接头盒	个	1	

12.2.4　典型方案工程量表

典型方案 OPGW 光缆熔接（36 芯）工程量见表 12-2-5。

表 12-2-5　　　　　　　典型方案 OPGW 光缆熔接（36 芯）工程量表

序 / 编号	名称	单位	数量	备注
	设备检修工程			
一	通信线路安装工程			
2	架空光缆 / 音频电缆线路			
XYZ14-22	金具检修、接头盒检查　OPGW 光缆接头盒	个	1	
XYZ14-60	OPGW 光缆接续　36 芯以下	头	1	
换 XYZ14-89	用户光缆测试　36 芯（XYZ14-89+6× XYZ14-90）	用户段	1	

12.3　TX02-03 OPGW 光缆熔接（48 芯）

12.3.1　典型方案主要技术条件

典型方案 OPGW 光缆熔接（48 芯）主要技术条件见表 12-3-1。

表 12-3-1　　　　　　典型方案 OPGW 光缆熔接（48 芯）主要技术条件

方案名称	工程主要技术条件	
OPGW 光缆熔接（48 芯）	设备型号	光缆接头盒，48 芯
	是否停电	是
	工作范围	OPGW 光缆熔接

12.3.2　典型方案概算书

概算投资为总投资，按照典型造价编制依据要求编制。典型方案 OPGW 光缆熔接（48 芯）包括总概算汇总表、设备检修工程专业汇总表，分别见表 12-3-2 和表 12-3-3。

表 12-3-2　　　　　　典型方案 OPGW 光缆熔接（48 芯）总概算汇总表　　　　金额单位：万元

序号	工程或费用名称	金额	占工程总投资的比例（%）
一	建筑修缮费		
二	设备检修费	0.95	100
三	配件购置费		
四	小计	0.95	100
	其中：甲供配件材料费	0.05	5.26
五	其他费用		

序号	工程或费用名称	金额	占工程总投资的比例（%）
六	基本预备费		
七	工程总费用合计	0.95	100
	其中：可抵扣增值税金额	0.08	

表 12-3-3　　典型方案 OPGW 光缆熔接（48 芯）设备检修工程专业汇总表　　金额单位：元

序号	工程或费用名称	设备检修费		配件购置费	合计
		检修费	未计价材料费		
	设备检修工程	8921	542		9463
一	通信线路安装工程	8921	542		9463
2	架空光缆 / 音频电缆线路	8921	542		9463
	合计	8921	542		9463

12.3.3　典型方案电气设备材料表

典型方案 OPGW 光缆熔接（48 芯）电气设备材料表见表 12-3-4。

表 12-3-4　　　　　　OPGW 光缆熔接（48 芯）电气设备材料表

序 / 编号	设备或材料名称	单位	数量	备注
一	通信线路安装工程			
2	架空光缆 / 音频电缆线路			
500022148	光缆接头盒	个	1	

12.3.4　典型方案工程量表

典型方案 OPGW 光缆熔接（48 芯）工程量见表 12-3-5。

表 12-3-5　　　　　典型方案 OPGW 光缆熔接（48 芯）工程量表

序 / 编号	名称	单位	数量	备注
	设备检修工程			
一	通信线路安装工程			
2	架空光缆 / 音频电缆线路			
XYZ14–22	金具检修、接头盒检查　OPGW 光缆接头盒	个	1	

序 / 编号	名称	单位	数量	备注
XYZ14-61	OPGW 光缆接续　48 芯以下	头	1	
换 XYZ14-89	用户光缆测试　48 芯（XYZ14-89+12×XYZ14-90）	用户段	1	

12.4　TX02-04 OPGW 光缆熔接（72 芯）

12.4.1　典型方案主要技术条件

典型方案 OPGW 光缆熔接（72 芯）主要技术条件见表 12-4-1。

表 12-4-1　　　　　典型方案 OPGW 光缆熔接（72 芯）主要技术条件

方案名称	工程主要技术条件	
OPGW 光缆熔接（72 芯）	设备型号	光缆接头 72 芯
	是否停电	是
	工作范围	OPGW 光缆熔接

12.4.2　典型方案概算书

概算投资为总投资，按照典型造价编制依据要求编制。典型方案 OPGW 光缆熔接（72 芯）包括总概算汇总表、设备检修工程专业汇总表，分别见表 12-4-2 和表 12-4-3。

表 12-4-2　　　　　典型方案 OPGW 光缆熔接（72 芯）总概算汇总表　　　金额单位：万元

序号	工程或费用名称	金额	占工程总投资的比例（%）
一	建筑修缮费		
二	设备检修费	1.08	100
三	配件购置费		
四	小计	1.08	100
	其中：甲供配件材料费	0.05	4.63
五	其他费用		
六	基本预备费		
七	工程总费用合计	1.08	100
	其中：可抵扣增值税金额	0.09	

表 12-4-3　　　典型方案 OPGW 光缆熔接（72 芯）设备检修工程专业汇总表　　　金额单位：元

序号	工程或费用名称	设备检修费		配件购置费	合计
		检修费	未计价材料费		
	设备检修工程	10289	542		10831
一	通信线路安装工程	10289	542		10831
2	架空光缆 / 音频电缆线路	10289	542		10831
	合计	10289	542		10831

12.4.3　典型方案电气设备材料表

典型方案 OPGW 光缆熔接（72 芯）电气设备材料表见表 12-4-4。

表 12-4-4　　　　　典型方案 OPGW 光缆熔接（72 芯）电气设备材料表

序 / 编号	设备或材料名称	单位	数量	备注
一	通信线路安装工程			
2	架空光缆 / 音频电缆线路			
500022149	光缆接头盒	个	1	

12.4.4　典型方案工程量表

典型方案 OPGW 光缆熔接（72 芯）工程量见表 12-4-5。

表 12-4-5　　　　　典型方案 OPGW 光缆熔接（72 芯）工程量表

序 / 编号	名称	单位	数量	备注
	设备检修工程			
一	通信线路安装工程			
2	架空光缆 / 音频电缆线路			
XYZ14-22	金具检修、接头盒检查　OPGW 光缆接头盒	个	1	
XYZ14-62	OPGW 光缆接续　72 芯以下	头	1	
换 XYZ14-89	用户光缆测试　72 芯（XYZ14-89+24 × XYZ14-90）	用户段	1	

第13章　管道—普通光缆维修

管道—普通光缆维修典型方案共4个，分别为管道—普通光缆维修（24芯）、管道—普通光缆维修（36芯）、管道—普通光缆维修（48芯）、管道—普通光缆维修（72芯）。

主要内容：光缆单盘测试；光缆保护管敷设；管道—普通光缆维修1km；管道—普通光缆接续2处；原管道—普通光缆拆除；防火封堵4处；光缆测试。

具体施工工序流程：施工准备→光缆维修施工作业→施工结束→质量验收。典型方案管道—普通光缆维修施工工序流程图见图11-0-1。

13.1　TX03-01管道—普通光缆维修（24芯）

13.1.1　典型方案主要技术条件

典型方案管道—普通光缆维修（24芯）主要技术条件见表13-1-1。

表13-1-1　　　　典型方案管道—普通光缆维修（24芯）主要技术条件

方案名称	工程主要技术条件	
管道—普通光缆维修（24芯）	设备型号	管道—普通光缆，24芯，G.652
	是否停电	是
	工作范围	维修24芯管道—普通光缆及配套金具1km

13.1.2　典型方案概算书

概算投资为总投资，按照典型造价编制依据要求编制。典型方案管道—普通光缆维修（24芯）包括总概算汇总表、安装工程专业汇总表，分别见表13-1-2和表13-1-3。

表13-1-2　　　　典型方案管道—普通光缆维修（24芯）总概算汇总表　　　　金额单位：万元

序号	工程或费用名称	金额	占工程总投资的比例（%）
一	建筑修缮费		
二	设备检修费	3.85	100
三	配件购置费		
四	小计	3.85	100
	其中：甲供配件材料费	0.8	20.78
五	其他费用		

续表

序号	工程或费用名称	金额	占工程总投资的比例（%）
六	基本预备费		
七	工程总费用合计	3.85	100
	其中：可抵扣增值税金额	0.34	

表 13-1-3　　　　典型方案管道—普通光缆维修（24 芯）安装工程专业汇总表　　金额单位：元

序号	工程或费用名称	设备检修费		配件购置费	合计
		检修费	未计价材料费		
	设备检修工程	18563	19950		38513
八	通信及远动系统检修	18563	19950		38513
1	通信系统	18563	19950		38513
	合计	18563	19950		38513

13.1.3　典型方案电气设备材料表

典型方案管道—普通光缆维修（24 芯）电气设备材料表见表 13-1-4。

表 13-1-4　　　　典型方案管道—普通光缆维修（24 芯）电气设备材料表

序 / 编号	设备或材料名称	单位	数量	备注
八	通信及远动系统			
1	通信系统			
500122972	普通光缆，24 芯，G.651，非金属防鼠咬光缆	km	1	
500021527	电缆保护管，CPVC，$\phi 50$	km	1	

13.1.4　典型方案工程量表

典型方案管道—普通光缆维修（24 芯）工程量见表 13-1-5。

表 13-1-5　　　　典型方案管道—普通光缆维修（24 芯）工程量表

序 / 编号	名称	单位	数量	备注
	设备检修工程			
八	通信及远动系统检修			

续表

序 / 编号	名称	单位	数量	备注
1	通信系统			
XYZ14-46	管道光（电）缆检修 沟内人工敷设穿子管光缆 36 芯以下	100m	10	
XYZ14-69	用户光缆接续 24 芯以下	头	2	
XYZ14-73	光缆单盘测试 24 芯以下	盘	1	
XYZ14-89	光缆全程测试 用户光缆测试 24 芯以下	用户段	1	
XYZ14-102	光缆保护管及其他检修 子管更换	100m	10	
XYZ14-112	光缆保护管及其他检修 管孔封堵	处	4	

13.2 TX03-02管道—普通光缆维修（36芯）

13.2.1 典型方案主要技术条件

典型方案管道—普通光缆维修（36 芯）主要技术条件见表 13-2-1。

表 13-2-1　　　　典型方案管道—普通光缆维修（36 芯）主要技术条件

方案名称	工程主要技术条件	
管道—普通光缆维修（36 芯）	设备型号	管道—普通光缆，36 芯，G.652
	是否停电	是
	工作范围	维修 36 芯管道—普通光缆及配套金具 1km

13.2.2 典型方案概算书

概算投资为总投资，按照典型造价编制依据要求编制。典型方案管道—普通光缆维修（36 芯）包括总概算汇总表、设备检修工程专业汇总表，分别见表 13-2-2 和表 13-2-3。

表 13-2-2　　　　典型方案管道—普通光缆维修（36 芯）总概算汇总表　　　金额单位：万元

序号	工程或费用名称	金额	占工程总投资的比例（％）
一	建筑修缮费		
二	设备检修费	4.19	100
三	配件购置费		
四	小计	4.19	100
	其中：甲供配件材料费	1	23.87

序号	工程或费用名称	金额	占工程总投资的比例（%）
五	其他费用		
六	基本预备费		
七	工程总费用合计	4.19	100
	其中：可抵扣增值税金额	0.38	

表 13-2-3　　典型方案管道—普通光缆维修（36 芯）设备检修工程专业汇总表　　金额单位：元

序号	工程或费用名称	设备检修费		配件购置费	合计
		检修费	未计价材料费		
	设备检修工程	19957	21950		41907
八	通信及远动系统检修	19957	21950		41907
1	通信系统	19957	21950		41907
	合计	19957	21950		41907

13.2.3　典型方案电气设备材料表

典型方案管道—普通光缆维修（36 芯）电气设备材料表见表 13-2-4。

表 13-2-4　　　　典型方案管道—普通光缆维修（36 芯）电气设备材料表

序/编号	设备或材料名称	单位	数量	备注
八	通信及远动系统检修			
1	通信系统			
500123095	普通光缆，36 芯，G.652，非金属防鼠咬光缆	km	1	
500021527	电缆保护管，CPVC，ϕ50	km	1	

13.2.4　典型方案工程量表

典型方案管道—普通光缆维修（36 芯）工程量见表 13-2-5。

表 13-2-5　　　　典型方案管道—普通光缆维修（36 芯）工程量表

序/编号	名称	单位	数量	备注
	建筑修缮工程			
	设备检修工程			

序 / 编号	名称	单位	数量	备注
八	通信及远动系统检修			
1	通信系统			
XYZ14–46	管道光（电）缆检修　沟内人工敷设穿子管光缆　36 芯以下	100m	10	
换 XYZ14–69	用户光缆接续　36 芯（XYZ14–69+6×XYZ14–70）	头	2	
XYZ14–74	光缆单盘测试　36 芯以下	盘	1	
换 XYZ14–89	用户光缆测试　36 芯（XYZ14–89+6×XYZ14–90）	用户段	1	
XYZ14–102	光缆保护管及其他检修　子管更换	100m	10	
XYZ14–112	光缆保护管及其他检修　管孔封堵	处	4	

13.3　TX03-03 管道—普通光缆维修（48 芯）

13.3.1　典型方案主要技术条件

典型方案管道—普通光缆维修（48 芯）主要技术条件见表 13-3-1。

表 13-3-1　　　　典型方案管道—普通光缆维修（48 芯）主要技术条件

方案名称	工程主要技术条件	
管道—普通光缆维修（48 芯）	设备型号	管道 / 普通光缆，48 芯，G.652
	是否停电	是
	工作范围	维修 48 芯管道 / 普通光缆及配套金具 1km

13.3.2　典型方案概算书

概算投资为总投资，按照典型造价编制依据要求编制。典型方案管道—普通光缆维修（48 芯）包括总概算汇总表、设备检修工程专业汇总表，分别见表 13-3-2 和表 13-3-3。

表 13-3-2　　　　　典型方案管道—普通光缆维修（48 芯）总概算汇总表　　　金额单位：万元

序号	工程或费用名称	金额	占工程总投资的比例（%）
一	建筑修缮费		
二	设备检修费	4.55	100
三	配件购置费		
四	小计	4.55	100
	其中：甲供配件材料费	1.1	24.18
五	其他费用		
六	基本预备费		
七	工程总费用合计	4.55	100
	其中：可抵扣增值税金额	0.41	

表 13-3-3　　　典型方案管道—普通光缆维修（48 芯）设备检修工程专业汇总表　　金额单位：元

序号	工程或费用名称	设备检修费		配件购置费	合计
		检修费	未计价材料费		
	设备检修工程	22525	22950		45475
八	通信及远动系统检修	22525	22950		45475
1	通信系统	22525	22950		45475
	合计	22525	22950		45475

13.3.3　典型方案电气设备材料表

典型方案管道—普通光缆维修（48 芯）电气设备材料表见表 13-3-4。

表 13-3-4　　　　典型方案管道—普通光缆维修（48 芯）电气设备材料表

序 / 编号	设备或材料名称	单位	数量	备注
八	通信及远动系统检修			
1	通信系统			
500123117	普通光缆，48 芯，G.652，非金属防鼠咬光缆	km	1	
500021527	电缆保护管　CPVC，$\phi 50$	km	1	

13.3.4　典型方案工程量表

典型方案管道—普通光缆维修（48 芯）工程量见表 13-3-5。

表 13-3-5　　　　　典型方案管道—普通光缆维修（48 芯）工程量表

序 / 编号	名称	单位	数量	备注
	建筑修缮工程			
	设备检修工程			
八	通信及远动系统检修			
1	通信系统			
XYZ14-47	管道光（电）缆检修　沟内人工敷设穿子管光缆　72 芯以下	100m	10	
换 XYZ14-69	用户光缆接续　48 芯（XYZ14-69+12×XYZ14-70）	头	2	
XYZ14-75	光缆单盘测试　48 芯以下	盘	1	
换 XYZ14-89	用户光缆测试　48 芯（XYZ14-89+12×XYZ14-90）	用户段	1	
XYZ14-102	光缆保护管及其他检修　子管更换	100m	10	
XYZ14-112	光缆保护管及其他检修　管孔封堵	处	4	

13.4　TX03-04 管道—普通光缆维修（72 芯）

13.4.1　典型方案主要技术条件

典型方案管道—普通光缆维修（72 芯）主要技术条件见表 13-4-1。

表 13-4-1　　　　典型方案管道 — 普通光缆维修（72 芯）主要技术条件

方案名称	工程主要技术条件	
管道—普通光缆维修（72 芯）	设备型号	管道—普通光缆，72 芯，G.652
	是否停电	是
	工作范围	维修 72 芯管道—普通光缆及配套金具 1km

13.4.2　典型方案概算书

概算投资为总投资，按照典型造价编制依据要求编制。典型方案管道—普通光缆维修（72 芯）包括总概算汇总表、设备检修工程专业汇总表，分别见表 13-4-2 和表 13-4-3。

表 13-4-2　　　　　典型方案管道—普通光缆维修（72 芯）总概算汇总表　　　　金额单位：万元

序号	工程或费用名称	金额	占工程总投资的比例（%）
一	建筑修缮费		
二	设备检修费	5.01	100
三	配件购置费		
四	小计	5.01	100
	其中：甲供配件材料费	1.3	25.95
五	其他费用		
六	基本预备费		
七	工程总费用合计	5.01	100
	其中：可抵扣增值税金额	0.46	

表 13-4-3　　　典型方案管道—普通光缆维修（72 芯）设备检修工程专业汇总表　　　金额单位：元

序号	工程或费用名称	设备检修费		配件购置费	合计
		检修费	未计价材料费		
	设备检修工程	25121	24950		50071
八	通信及远动系统检修	25121	24950		50071
1	通信系统	25121	24950		50071
	合计	25121	24950		50071

13.4.3　典型方案电气设备材料表

典型方案管道—普通光缆维修（72 芯）电气设备材料表见表 13-4-4。

表 13-4-4　　　　典型方案管道—普通光缆维修（72 芯）电气设备材料表

序 / 编号	设备或材料名称	单位	数量	备注
八	通信及远动系统检修			
1	通信系统			
500123146	普通光缆，72 芯，G.652，非金属防鼠咬光缆	km	1	
500021527	电缆保护管 CPVC，ϕ50	km	1	

13.4.4 典型方案工程量表

典型方案管道—普通光缆维修（72芯）工程量见表13-4-5。

表 13-4-5 典型方案管道—普通光缆维修（72芯）工程量表

序/编号	名称	单位	数量	备注
	建筑修缮工程			
	设备检修工程			
八	通信及远动系统检修			
1	通信系统			
XYZ14-47	管道光（电）缆检修 沟内人工敷设穿子管光缆 72芯以下	100m	10	
换 XYZ14-69	用户光缆接续 72芯（XYZ14-69+24×XYZ14-70）	头	2	
XYZ14-76	光缆单盘测试 72芯以下	盘	1	
换 XYZ14-89	用户光缆测试 72芯（XYZ14-89+24×XYZ14-90）	用户段	1	
XYZ14-102	光缆保护管及其他检修 子管更换	100m	10	
XYZ14-112	光缆保护管及其他检修 管孔封堵	处	4	

第 4 篇

继保技改项目典型造价

第 14 章　更换线路保护

线路保护典型方案共 5 个，分别为更换 10kV 线路保护、更换 35kV 线路保护、更换 110kV 线路保护、更换 220kV 线路保护、更换 500kV 线路保护。

35kV 及以下的主要内容：旧设备拆除；二次接线拆除；新装置安装；二次接线；综自系统相关参数设置与修改；保护定值整定；装置调试；开关传动。

35kV 及以上的主要内容：旧屏柜和二次电缆拆除；新屏柜安装；屏柜接地；二次线缆（含低压电力电缆、控制电缆、通信线缆）敷设；二次接线；综自系统相关参数设置与修改；保护定值整定；装置调试；开关传动。

具体施工工序流程：旧设备拆除→新设备安装→二次接线→参数整定→装置调试。典型方案线路保护施工工序流程图见图 14-0-1。

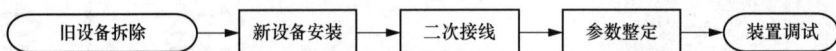

图 14-0-1　典型方案线路保护施工工序流程图

14.1　JG01-01 更换 10kV 线路保护

14.1.1　典型方案主要技术条件

典型方案更换 10kV 线路保护主要技术条件见表 14-1-1。

表 14-1-1　　　　　　　　典型方案更换 10kV 线路保护主要技术条件

方案名称	工程主要技术条件	
更换 10kV 线路保护	规格型号	单套配置
	组屏方式	就地布置
	是否停电	是

14.1.2　典型方案概算书

概算投资为总投资，按照典型造价编制依据要求编制。典型方案更换 10kV 线路保护总概算汇总表、安装工程专业汇总表、拆除工程专业汇总表，分别见表 14-1-2~表 14-1-4。

表 14-1-2　　　　　典型方案更换 10kV 线路保护总概算汇总表　　　　金额单位：万元

序号	工程或费用名称	金额	占工程总投资的比例（%）
一	建筑工程费		
二	安装工程费	1.4	36.12
三	拆除工程费	0.14	3.67
四	设备购置费	2.34	60.21
五	小计	3.88	100
	其中：甲供设备材料费	2.34	60.21
六	其他费用		
七	基本预备费		
八	特殊项目		
九	工程静态投资合计	3.88	100
	其中：可抵扣增值税金额	0.32	8.12

表 14-1-3　　　　　典型方案更换 10kV 线路保护安装工程专业汇总表　　　　金额单位：元

序号	工程或费用名称	安装工程费			设备购置费	合计
		主要材料费	安装费	小计		
	安装工程	9771	4247	14018	23362	37380
四	控制及直流系统	9771	4247	14018	23362	37380
2	继电保护装置	9771	4247	14018	23362	37380
	合计	9771	4247	14018	23362	37380

表 14-1-4　　　　　典型方案更换 10kV 线路保护拆除工程专业汇总表　　　　金额单位：元

序号	工程或费用名称	拆除工程费
	拆除工程	1424
	安装工程	1424
四	控制及直流系统	1424
2	继电保护装置	1424
	合计	1424

14.1.3　典型方案电气设备材料表

典型方案更换 10kV 线路保护电气设备材料表见表 14-1-5。

表 14-1-5　　　　　　典型方案更换 10kV 线路保护电气设备材料表

序 / 编号	设备或材料名称	单位	数量	备注
四	控制及直流系统			
2	继电保护装置			
500008683	线路保护，AC10kV	套	1	
100000010	35kV 变电站控制电缆	km	0.5	

14.1.4　典型方案工程量表

典型方案更换 10kV 线路保护工程量见表 14-1-6。

表 14-1-6　　　　　　典型方案更换 10kV 线路保护工程量表

序 / 编号	名称	单位	数量	备注
	建筑工程			
	安装工程			
四	控制及直流系统			
2	继电保护装置			
JYD4-1	控制保护屏柜、汇控柜、端子箱、屏边安装　保护二次屏柜安装	台	1	
JYD9-2	保护装置调试　送配电保护装置　10kV	间隔	1	
JYD7-36	电缆敷设及试验　截面（mm² 以内）10	100m	5	
	拆除工程			
	安装工程			
四	控制及直流系统			
2	继电保护装置			
CYD4-1	控制保护屏拆除　保护二次屏（柜）	台	1	
CYD7-3	全站电缆拆除　控制电缆	100m	0.5	

14.2　JG01-02 更换 35kV 线路保护

14.2.1　典型方案主要技术条件

典型方案更换 35kV 线路保护主要技术条件见表 14-2-1。

表 14-2-1　　　　　典型方案更换 35kV 线路保护主要技术条件

方案名称	工程主要技术条件	
更换 35kV 线路保护	规格型号	单套配置
	组屏方式	就地布置
	是否停电	是

14.2.2　典型方案概算书

概算投资为总投资，按照典型造价编制依据要求编制。典型方案更换 35kV 线路保护包括总概算汇总表、安装工程专业汇总表、拆除工程专业汇总表，分别见表 14-2-2~表 14-2-4。

表 14-2-2　　　　典型方案更换 35kV 线路保护总概算汇总表　　　　金额单位：万元

序号	工程或费用名称	金额	占工程总投资的比例（%）
一	建筑工程费		
二	安装工程费	1.64	37
三	拆除工程费	0.14	3.21
四	设备购置费	2.65	59.79
五	小计	4.43	100
	其中：甲供设备材料费	2.65	59.79
六	其他费用		
七	基本预备费		
八	特殊项目		
九	工程静态投资合计	4.43	100
	其中：可抵扣增值税金额	0.37	8.37

表 14-2-3　　　　典型方案更换 35kV 线路保护安装工程专业汇总表　　　　金额单位：元

序号	工程或费用名称	安装工程费			设备购置费	合计
		主要材料费	安装费	小计		
	安装工程	9771	6637	16407	26513	42920
四	控制及直流系统	9771	6637	16407	26513	42920
2	继电保护装置	9771	6637	16407	26513	42920
	合计	9771	6637	16407	26513	42920

表 14-2-4　　　　　典型方案更换 35kV 线路保护拆除工程专业汇总表　　　　　金额单位：元

序号	工程或费用名称	拆除工程费
	拆除工程	1424
	安装工程	1424
四	控制及直流系统	1424
2	继电保护装置	1424
	合计	1424

14.2.3　典型方案电气设备材料表

典型方案更换 35kV 线路保护电气设备材料表见表 14-2-5。

表 14-2-5　　　　　　　典型方案更换 35kV 线路保护电气设备材料表

序/编号	设备或材料名称	单位	数量	备注
四	控制及直流系统			
2	继电保护装置			
100000010	35kV 变电站控制电缆	km	0.5	
500008686	线路保护，AC35kV	套	1	

14.2.4　典型方案工程量表

典型方案更换 35kV 线路保护工程量见表 14-2-6。

表 14-2-6　　　　　　　典型方案更换 35kV 线路保护工程量表

序/编号	名称	单位	数量	备注
	建筑工程			
	安装工程			
四	控制及直流系统			
2	继电保护装置			
JYD4-1	控制保护屏柜、汇控柜、端子箱、屏边安装　保护二次屏柜安装	台	1	
JYD9-3	保护装置调试　送配电保护装置　35kV	间隔	1	

续表

序 / 编号	名称	单位	数量	备注
JYD7-36	电缆敷设及试验　截面（mm² 以内）10	100m	5	
	拆除工程			
	安装工程			
四	控制及直流系统			
2	继电保护装置			
CYD4-1	控制保护屏拆除　保护二次屏（柜）	台	1	
CYD7-3	全站电缆拆除　控制电缆	100m	0.5	

14.3　JG01-03 更换 110kV 线路保护

14.3.1　典型方案主要技术条件

典型方案更换 110kV 线路保护主要技术条件见表 14-3-1。

表 14-3-1　　　　　典型方案更换 110kV 线路保护主要技术条件

方案名称	工程主要技术条件	
更换 110kV 线路保护	规格型号	单套配置
	组屏方式	1 套装置组 1 面屏
	是否停电	是

14.3.2　典型方案概算书

概算投资为总投资，按照典型造价编制依据要求编制。典型方案更换 110kV 线路保护包括总概算汇总表、安装工程专业汇总表、拆除工程专业汇总表，分别见表 14-3-2~表 14-3-4。

表 14-3-2　　　　典型方案更换 110kV 线路保护总概算汇总表　　　　　金额单位：万元

序号	工程或费用名称	金额	占工程总投资的比例（%）
一	建筑工程费		
二	安装工程费	2.84	31.12
三	拆除工程费	0.16	1.79
四	设备购置费	6.12	67.09
五	小计	9.13	100

续表

序号	工程或费用名称	金额	占工程总投资的比例（%）
	其中：甲供设备材料费	6.12	67.09
六	其他费用		
七	基本预备费		
八	特殊项目		
九	工程静态投资合计	9.13	100
	其中：可抵扣增值税金额	0.82	8.98

表 14-3-3　　　　　　典型方案更换 110kV 线路保护安装工程专业汇总表　　　　金额单位：元

序号	工程或费用名称	安装工程费			设备购置费	合计
		主要材料费	安装费	小计		
	安装工程	15964	12435	28399	61220	89618
四	控制及直流系统	15964	12435	28399	61220	89618
2	继电保护装置	15964	12435	28399	61220	89618
	合计	15964	12435	28399	61220	89618

表 14-3-4　　　　　　典型方案更换 110kV 线路保护拆除工程专业汇总表　　　　金额单位：元

序号	工程或费用名称	拆除工程费
	拆除工程	1634
	安装工程	1634
四	控制及直流系统	1634
2	继电保护装置	1634
	合计	1634

14.3.3　典型方案电气设备材料表

典型方案更换 110kV 线路保护电气设备材料表见表 14-3-5。

表 14-3-5　　　　　　典型方案更换 110kV 线路保护电气设备材料表

序 / 编号	设备或材料名称	单位	数量	备注
四	控制及直流系统			
2	继电保护装置			

序 / 编号	设备或材料名称	单位	数量	备注
100000012	110kV 变电站控制电缆	km	1	
500008685	线路保护，AC110kV	套	1	

14.3.4　典型方案工程量表

典型方案更换 110kV 线路保护工程量见表 14-3-6。

表 14-3-6　　　　典型方案更换 110kV 线路保护工程量表

序 / 编号	名称	单位	数量	备注
	建筑工程			
	安装工程			
四	控制及直流系统			
2	继电保护装置			
JYD4-1	控制保护屏柜、汇控柜、端子箱、屏边安装　保护二次屏柜安装	台	1	
JYD9-4	保护装置调试　送配电保护装置　110kV	间隔	1	
JYD7-36	电缆敷设及试验　截面（mm² 以内）10	100m	10	
	拆除工程			
	安装工程			
四	控制及直流系统			
2	继电保护装置			
CYD4-1	控制保护屏拆除　保护二次屏（柜）	台	1	
CYD7-3	全站电缆拆除　控制电缆	100m	1	

14.4　JG01-04 更换 220kV 线路保护

14.4.1　典型方案主要技术条件

典型方案更换 220kV 线路保护主要技术条件见表 14-4-1。

表 14-4-1 典型方案更换 220kV 线路保护主要技术条件

方案名称	工程主要技术条件	
更换 220kV 线路保护	规格型号	双套配置
	组屏方式	1 套装置组 1 面屏
	是否停电	是

14.4.2　典型方案概算书

概算投资为总投资，按照典型造价编制依据要求编制。典型方案更换 220kV 线路保护包括总概算汇总表、安装工程专业汇总表、拆除工程专业汇总表，分别见表 14-4-2～表 14-4-4。

表 14-4-2 典型方案更换 220kV 线路保护总概算汇总表　　金额单位：万元

序号	工程或费用名称	金额	占工程总投资的比例（%）
一	建筑工程费		
二	安装工程费	5.81	19.03
三	拆除工程费	0.33	1.07
四	设备购置费	24.4	79.9
五	小计	30.54	100
	其中：甲供设备材料费	24.4	79.9
六	其他费用		
七	基本预备费		
八	特殊项目		
九	工程静态投资合计	30.54	100
	其中：可抵扣增值税金额	3.04	9.97

表 14-4-3 典型方案更换 220kV 线路保护安装工程专业汇总表　　金额单位：元

序号	工程或费用名称	安装工程费			设备购置费	合计
		主要材料费	安装费	小计		
	安装工程	31930	26191	58121	243968	302089
四	控制及直流系统	31930	26191	58121	243968	302089
2	继电保护装置	31930	26191	58121	243968	302089
	合计	31930	26191	58121	243968	302089

表 14-4-4　　　　　　典型方案更换 220kV 线路保护拆除工程专业汇总表　　　　金额单位：元

序号	工程或费用名称	拆除工程费
	拆除工程	3268
	安装工程	3268
四	控制及直流系统	3268
2	继电保护装置	3268
	合计	3268

14.4.3　典型方案电气设备材料表

典型方案更换 220kV 线路保护电气设备材料表见表 14-4-5。

表 14-4-5　　　　　　典型方案更换 220kV 线路保护电气设备材料表

序 / 编号	设备或材料名称	单位	数量	备注
四	控制及直流系统			
2	继电保护装置			
100000013	220kV 变电站控制电缆	km	2	
500008688	线路保护，AC220kV	套	2	

14.4.4　典型方案工程量表

典型方案更换 220kV 线路保护工程量见表 14-4-6。

表 14-4-6　　　　　　典型方案更换 220kV 线路保护工程量表

序 / 编号	名称	单位	数量	备注
	建筑工程			
	安装工程			
四	控制及直流系统			
2	继电保护装置			
JYD4-1	控制保护屏柜、汇控柜、端子箱、屏边安装　保护二次屏柜安装	台	2	
JYD9-5	保护装置调试　送配电保护装置　220kV	间隔	1	
JYD9-5×0.6	保护装置调试　送配电保护装置　220kV　双重化配置时，第 2 套保护　单价 ×0.6	间隔	1	

序 / 编号	名称	单位	数量	备注
JYD7-36	电缆敷设及试验 截面（mm² 以内） 10	100m	20	
	拆除工程			
	安装工程			
四	控制及直流系统			
2	继电保护装置			
CYD4-1	控制保护屏拆除 保护二次屏（柜）	台	2	
CYD7-3	全站电缆拆除 控制电缆	100m	2	

14.5 JG01-05 更换 500kV 线路保护

14.5.1 典型方案主要技术条件

典型方案更换 500kV 线路保护主要技术条件见表 14-5-1。

表 14-5-1　　　　典型方案更换 500kV 线路保护主要技术条件

方案名称	工程主要技术条件	
更换 500kV 线路保护	规格型号	双套配置
	组屏方式	1 套装置组 1 面屏
	是否停电	是

14.5.2 典型方案概算书

概算投资为总投资，按照典型造价编制依据要求编制。典型方案更换 500kV 线路保护包括总概算汇总表、安装工程专业汇总表、拆除工程专业汇总表，分别见表 14-5-2~表 14-5-4。

表 14-5-2　　　　典型方案更换 500kV 线路保护总概算汇总表　　　　金额单位：万元

序号	工程或费用名称	金额	占工程总投资的比例（%）
一	建筑工程费		
二	安装工程费	7.49	22.18
三	拆除工程费	0.37	1.09
四	设备购置费	25.92	76.73

续表

序号	工程或费用名称	金额	占工程总投资的比例（%）
五	小计	33.78	100
	其中：甲供设备材料费	25.92	76.73
六	其他费用		
七	基本预备费		
八	特殊项目		
九	工程静态投资合计	33.78	100
	其中：可抵扣增值税金额	3.38	10

表 14-5-3　　　典型方案更换 500kV 线路保护安装工程专业汇总表　　　金额单位：元

序号	工程或费用名称	安装工程费			设备购置费	合计
		主要材料费	安装费	小计		
	安装工程	30096	44814	74910	259216	334126
四	控制及直流系统	30096	44814	74910	259216	334126
2	继电保护装置	30096	44814	74910	259216	334126
	合计	30096	44814	74910	259216	334126

表 14-5-4　　　典型方案更换 500kV 线路保护拆除工程专业汇总表　　　金额单位：元

序号	工程或费用名称	拆除工程费
	拆除工程	3688
	安装工程	3688
四	控制及直流系统	3688
2	继电保护装置	3688
	合计	3688

14.5.3　典型方案电气设备材料表

典型方案更换 500kV 线路保护电气设备材料表见表 14-5-5。

表 14-5-5 典型方案更换 500kV 线路保护电气设备材料表

序 / 编号	设备或材料名称	单位	数量	备注
四	控制及直流系统			
2	继电保护装置			
100000015	500kV 变电站控制电缆	km	2	
500008689	线路保护，AC500kV	套	2	

14.5.4 典型方案工程量表

典型方案更换 500kV 线路保护工程量见表 14-5-6。

表 14-5-6 典型方案更换 500kV 线路保护工程量表

序 / 编号	名称	单位	数量	备注
	建筑工程			
	安装工程			
四	控制及直流系统			
2	继电保护装置			
JYD4-1	控制保护屏柜、汇控柜、端子箱、屏边安装 保护二次屏柜安装	台	2	
JYD9-7	送配电保护装置 500kV	间隔	1	
JYD9-7 × 0.6	送配电保护装置 500kV 双重化配置时，第 2 套保护 单价 × 0.6	间隔	1	
JYD7-36	电缆敷设及试验 截面（mm² 以内）10	100m	20	
	拆除工程			
	安装工程			
四	控制及直流系统			
2	继电保护装置			
CYD4-1	控制保护屏拆除 保护二次屏（柜）	台	2	
CYD7-3	全站电缆拆除 控制电缆	100m	3	

第 15 章　更换电容器及电抗器保护

更换电容器及电抗器保护典型方案共 3 个，分别为更换 10kV 电容器保护、更换 35kV 电容器保护、更换 35kV 电抗器保护。

主要内容：旧设备拆除；二次接线拆除；新装置安装；二次接线；综自系统相关参数设置与修改；保护定值整定；装置调试；开关传动。

具体施工工序流程：旧设备拆除→新设备安装→二次接线→参数整定→装置调试。典型方案电容器保护施工工序流程图见图 14-0-1。

15.1　JG02-01 更换 10kV 电容器保护

15.1.1　典型方案主要技术条件

典型方案更换 10kV 电容器保护主要技术条件见表 15-1-1。

表 15-1-1　　　　　　典型方案更换 10kV 电容器保护主要技术条件

方案名称	工程主要技术条件	
更换 10kV 电容器保护	规格型号	单套配置
	组屏方式	就地布置
	是否停电	是

15.1.2　典型方案概算书

概算投资为总投资，按照典型造价编制依据要求编制。典型方案更换 10kV 电容器保护总概算汇总表、安装工程专业汇总表、拆除工程专业汇总表，分别见表 15-1-2~ 表 15-1-4。

表 15-1-2　　　　　典型方案更换 10kV 电容器保护总概算汇总表　　　　　金额单位：万元

序号	工程或费用名称	金额	占工程总投资的比例（%）
一	建筑工程费		
二	安装工程费	1.4	45.01
三	拆除工程费	0.14	4.57
四	设备购置费	1.57	50.42
五	小计	3.11	100

续表

序号	工程或费用名称	金额	占工程总投资的比例（%）
	其中：甲供设备材料费	1.57	50.42
六	其他费用		
七	基本预备费		
八	特殊项目		
九	工程静态投资合计	3.11	100
	其中：可抵扣增值税金额	0.23	7.29

表 15-1-3　　　　典型方案更换 10kV 电容器保护安装工程专业汇总表　　　金额单位：元

序号	工程或费用名称	安装工程费			设备购置费	合计
		主要材料费	安装费	小计		
	安装工程	9771	4247	14018	15703	29721
四	控制及直流系统	9771	4247	14018	15703	29721
2	继电保护装置	9771	4247	14018	15703	29721
	合计	9771	4247	14018	15703	29721

表 15-1-4　　　　典型方案更换 10kV 电容器保护拆除工程专业汇总表　　　金额单位：元

序号	工程或费用名称	拆除工程费
	拆除工程	1424
	安装工程	1424
四	控制及直流系统	1424
2	继电保护装置	1424
	合计	1424

15.1.3　典型方案电气设备材料表

典型方案更换 10kV 电容器保护电气设备材料表见表 15-1-5。

表 15-1-5　　　　典型方案更换 10kV 电容器保护电气设备材料表

序/编号	设备或材料名称	单位	数量	备注
四	控制及直流系统			
2	继电保护装置			

续表

序 / 编号	设备或材料名称	单位	数量	备注
100000010	35kV 变电站控制电缆	km	0.5	
500008720	电容器保护，AC10kV	套	1	

15.1.4　典型方案工程量表

典型方案更换 10kV 电容器保护工程量见表 15-1-6。

表 15-1-6　　典型方案更换 10kV 电容器保护工程量表

序 / 编号	名称	单位	数量	备注
	建筑工程			
	安装工程			
四	控制及直流系统			
2	继电保护装置			
JYD4-1	控制保护屏柜、汇控柜、端子箱、屏边安装　保护二次屏柜安装	台	1	
JYD9-2	保护装置调试　送配电保护装置　10kV	间隔	1	
JYD7-36	电缆敷设及试验　截面（mm² 以内）10	100m	5	
	拆除工程			
	安装工程			
四	控制及直流系统			
2	继电保护装置			
CYD4-1	控制保护屏拆除　保护二次屏（柜）	台	1	
CYD7-3	全站电缆拆除　控制电缆	100m	0.5	

15.2　JG02-02 更换 35kV 电容器保护

15.2.1　典型方案主要技术条件

典型方案更换 35kV 电容器保护主要技术条件见表 15-2-1。

表 15-2-1　　　　　　　　典型方案更换 35kV 电容器保护主要技术条件

方案名称	工程主要技术条件	
更换 35kV 电容器保护	规格型号	单套配置
	组屏方式	就地布置
	是否停电	是

15.2.2　典型方案概算书

概算投资为总投资，按照典型造价编制依据要求编制。典型方案更换 35kV 电容器保护总概算汇总表、安装工程专业汇总表、拆除工程专业汇总表，分别见表 15-2-2~ 表 15-2-4。

表 15-2-2　　　　　　典型方案更换 35kV 电容器保护总概算汇总表　　　　　金额单位：万元

序号	工程或费用名称	金额	占工程总投资的比例（%）
一	建筑工程费		
二	安装工程费	1.64	43.73
三	拆除工程费	0.14	3.79
四	设备购置费	1.97	52.47
五	小计	3.75	100
	其中：甲供设备材料费	1.97	52.47
六	其他费用		
七	基本预备费		
八	特殊项目		
九	工程静态投资合计	3.75	100
	其中：可抵扣增值税金额	0.29	7.8

表 15-2-3　　　　　　典型方案更换 35kV 电容器保护安装工程专业汇总表　　　　　金额单位：元

序号	工程或费用名称	安装工程费			设备购置费	合计
		主要材料费	安装费	小计		
	安装工程	9771	6637	16407	19686	36093
四	控制及直流系统	9771	6637	16407	19686	36093
2	继电保护装置	9771	6637	16407	19686	36093
	合计	9771	6637	16407	19686	36093

表 15-2-4　　　　　典型方案更换 35kV 电容器保护拆除工程专业汇总表　　　　金额单位：元

序号	工程或费用名称	拆除工程费
	拆除工程	1424
	安装工程	1424
四	控制及直流系统	1424
2	继电保护装置	1424
	合计	1424

15.2.3　典型方案电气设备材料表

典型方案更换 35kV 电容器保护电气设备材料表见表 15-2-5。

表 15-2-5　　　　　　典型方案更换 35kV 电容器保护电气设备材料表

序 / 编号	设备或材料名称	单位	数量	备注
四	控制及直流系统			
2	继电保护装置			
100000010	35kV 变电站控制电缆	km	0.5	
500008719	电容器保护，AC35kV	套	1	

15.2.4　典型方案工程量表

典型方案更换 35kV 电容器保护工程量见表 15-2-6。

表 15-2-6　　　　　　　典型方案更换 35kV 电容器保护工程量表

序 / 编号	名称	单位	数量	备注
	建筑工程			
	安装工程			
四	控制及直流系统			
2	继电保护装置			
JYD4-1	控制保护屏柜、汇控柜、端子箱、屏边安装　保护二次屏柜安装	台	1	
JYD9-3	保护装置调试　送配电保护装置　35kV	间隔	1	
JYD7-36	电缆敷设及试验　截面（mm² 以内）10	100m	5	
	拆除工程			

续表

序 / 编号	名称	单位	数量	备注
	安装工程			
四	控制及直流系统			
2	继电保护装置			
CYD4–1	控制保护屏拆除　保护二次屏（柜）	台	1	
CYD7–3	全站电缆拆除　控制电缆	100m	0.5	

15.3　JG03–01 更换 35kV 电抗器保护

15.3.1　典型方案主要技术条件

典型方案更换 35kV 电抗器保护主要技术条件见表 15–3–1。

表 15–3–1　　　　典型方案更换 35kV 电抗器保护主要技术条件

方案名称	工程主要技术条件	
更换 35kV 电抗器保护	规格型号	单套配置
	组屏方式	就地布置
	是否停电	是

15.3.2　典型方案概算书

概算投资为总投资，按照典型造价编制依据要求编制。典型方案更换 35kV 电抗器保护总概算汇总表、安装工程专业汇总表、拆除工程专业汇总表，分别见表 15–3–2~ 表 15–3–4。

表 15–3–2　　　　典型方案更换 35kV 电抗器保护总概算汇总表　　　　金额单位：万元

序号	工程或费用名称	金额	占工程总投资的比例（%）
一	建筑工程费		
二	安装工程费	1.64	43.67
三	拆除工程费	0.14	3.79
四	设备购置费	1.97	52.54
五	小计	3.76	100
	其中：甲供设备材料费	1.97	52.54
六	其他费用		

续表

序号	工程或费用名称	金额	占工程总投资的比例（%）
七	基本预备费		
八	特殊项目		
九	工程静态投资合计	3.76	100
	其中：可抵扣增值税金额	0.29	7.8

表 15-3-3　　　　典型方案更换 35kV 电抗器保护安装工程专业汇总表　　　金额单位：元

序号	工程或费用名称	安装工程费			设备购置费	合计
		主要材料费	安装费	小计		
	安装工程	9771	6637	16407	19742	36149
四	控制及直流系统	9771	6637	16407	19742	36149
2	继电保护装置	9771	6637	16407	19742	36149
	合计	9771	6637	16407	19742	36149

表 15-3-4　　　　典型方案更换 35kV 电抗器保护拆除工程专业汇总表　　　金额单位：元

序号	工程或费用名称	拆除工程费
	拆除工程	1424
	安装工程	1424
四	控制及直流系统	1424
2	继电保护装置	1424
	合计	1424

15.3.3　典型方案电气设备材料表

典型方案更换 35kV 电抗器保护电气设备材料表见表 15-3-5。

表 15-3-5　　　　典型方案更换 35kV 电抗器保护电气设备材料表

序 / 编号	设备或材料名称	单位	数量	备注
四	控制及直流系统			
2	继电保护装置			
100000010	35kV 变电站控制电缆	km	0.5	
500008729	电抗器保护，AC35kV	套	1	

15.3.4 典型方案工程量表

典型方案更换 35kV 电抗器保护工程量见表 15-3-6。

表 15-3-6 典型方案更换 35kV 电抗器保护工程量表

序 / 编号	名称	单位	数量	备注
	建筑工程			
	安装工程			
四	控制及直流系统			
2	继电保护装置			
JYD4-1	控制保护屏柜、汇控柜、端子箱、屏边安装 保护二次屏柜安装	台	1	
JYD9-3	保护装置调试 送配电保护装置 35kV	间隔	1	
JYD7-36	电缆敷设及试验 截面（mm² 以内）10	100m	5	
	拆除工程			
	安装工程			
四	控制及直流系统			
2	继电保护装置			
CYD4-1	控制保护屏拆除 保护二次屏（柜）	台	1	
CYD7-3	全站电缆拆除 控制电缆	100m	0.5	

第 16 章 更换接地变压器保护

接地变压器保护典型方案共 2 个，分别为更换 10kV 接地变压器保护、更换 35kV 接地变压器保护。

主要内容：旧装置；二次接线拆除；新装置安装；二次接线；综自系统相关参数设置与修改；保护定值整定；装置调试；开关传动。

具体施工工序流程：旧设备拆除→新设备安装→二次接线→参数整定→装置调试。典型方案接地变压器保护施工工序流程图见图 14-0-1。

16.1 JG04-01 更换 10kV 接地变压器保护

16.1.1 典型方案主要技术条件

典型方案更换 10kV 接地变压器保护主要技术条件见表 16-1-1。

表 16-1-1　　　　典型方案更换 10kV 接地变压器保护主要技术条件

方案名称	工程主要技术条件	
更换 10kV 接地变压器保护	规格型号	单套配置
	组屏方式	就地布置
	是否停电	是

16.1.2　典型方案概算书

概算投资为总投资，按照典型造价编制依据要求编制。典型方案更换 10kV 接地变压器保护总概算汇总表、安装工程专业汇总表、拆除工程专业汇总表，分别见表 16-1-2~ 表 16-1-4。

表 16-1-2　　　　典型方案更换 10kV 接地变压器保护总概算汇总表　　　　金额单位：万元

序号	工程或费用名称	金额	占工程总投资的比例（%）
一	建筑工程费		
二	安装工程费	1.4	29.01
三	拆除工程费	0.14	2.95
四	设备购置费	3.29	68.05
五	小计	4.83	100
	其中：甲供设备材料费	3.29	68.05
六	其他费用		
七	基本预备费		
八	特殊项目		
九	工程静态投资合计	4.83	100
	其中：可抵扣增值税金额	0.42	8.78

表 16-1-3　　　　典型方案更换 10kV 接地变压器保护安装工程专业汇总表　　　　金额单位：元

序号	工程或费用名称	安装工程费			设备购置费	合计
		主要材料费	安装费	小计		
	安装工程	9771	4246	14017	32880	46897
四	控制及直流系统	9771	4246	14017	32880	46897
2	继电保护装置	9771	4246	14017	32880	46897
	合计	9771	4246	14017	32880	46897

表 16-1-4　　　　**典型方案更换 10kV 接地变压器保护拆除工程专业汇总表**　　　金额单位：元

序号	工程或费用名称	拆除工程费
	拆除工程	1424
	安装工程	1424
四	控制及直流系统	1424
2	继电保护装置	1424
	合计	1424

16.1.3　典型方案电气设备材料表

典型方案更换 10kV 接地变压器保护电气设备材料表见表 16-1-5。

表 16-1-5　　　　　　**典型方案更换 10kV 电容器保护电气设备材料表**

序 / 编号	设备或材料名称	单位	数量	备注
四	控制及直流系统			
2	继电保护装置			
100000010	35kV 变电站控制电缆	km	0.5	
500008765	接地变压器保护	套	1	

16.1.4　典型方案工程量表

典型方案更换 10kV 接地变压器保护工程量见表 16-1-6。

表 16-1-6　　　　　　**典型方案更换 10kV 接地变压器保护工程量表**

序 / 编号	名称	单位	数量	备注
	建筑工程			
	安装工程			
四	控制及直流系统			
2	继电保护装置			
JYD4-1	控制保护屏柜、汇控柜、端子箱、屏边安装　保护二次屏柜安装	台	1	
JYD9-14	保护装置调试　变压器保护装置　10kV	台 / 三相	1	
JYD7-36	电缆敷设及试验　截面（mm² 以内）10	100m	5	
	拆除工程			

续表

序 / 编号	名称	单位	数量	备注
	安装工程			
四	控制及直流系统			
2	继电保护装置			
CYD4-1	控制保护屏拆除　保护二次屏（柜）	台	1	
CYD7-3	全站电缆拆除　控制电缆	100m	0.5	

16.2　JG04-02 更换 35kV 接地变压器保护

16.2.1　典型方案主要技术条件

典型方案更换 35kV 接地变压器保护主要技术条件见表 16-2-1。

表 16-2-1　　　　典型方案更换 35kV 接地变压器保护主要技术条件

方案名称	工程主要技术条件	
更换 35kV 接地变压器保护	规格型号	单套配置
	组屏方式	就地布置
	是否停电	是

16.2.2　典型方案概算书

概算投资为总投资，按照典型造价编制依据要求编制。典型方案更换 35kV 接地变压器保护总概算汇总表、安装工程专业汇总表、拆除工程专业汇总表，分别见表 16-2-2~ 表 16-2-4。

表 16-2-2　　　　典型方案更换 35kV 接地变压器保护总概算汇总表　　　　金额单位：万元

序号	工程或费用名称	金额	占工程总投资的比例（%）
一	建筑工程费		
二	安装工程费	1.66	32.59
三	拆除工程费	0.14	2.8
四	设备购置费	3.29	64.61
五	小计	5.09	100
	其中：甲供设备材料费	3.29	64.61

续表

序号	工程或费用名称	金额	占工程总投资的比例（%）
六	其他费用		
七	基本预备费		
八	特殊项目		
九	工程静态投资合计	5.09	100
	其中：可抵扣增值税金额	0.45	8.76

表 16-2-3　　　　典型方案更换 35kV 接地变压器保护安装工程专业汇总表　　　金额单位：元

序号	工程或费用名称	安装工程费			设备购置费	合计
		主要材料费	安装费	小计		
	安装工程	9771	6816	16587	32880	49466
四	控制及直流系统	9771	6816	16587	32880	49466
2	继电保护装置	9771	6816	16587	32880	49466
	合计	9771	6816	16587	32880	49466

表 16-2-4　　　　典型方案更换 35kV 接地变压器保护拆除工程专业汇总表　　　金额单位：元

序号	工程或费用名称	拆除工程费
	拆除工程	1424
	安装工程	1424
四	控制及直流系统	1424
2	继电保护装置	1424
	合计	1424

16.2.3　典型方案电气设备材料表

典型方案更换 35kV 接地变压器保护电气设备材料表见表 16-2-5。

表 16-2-5　　　　典型方案更换 35kV 接地变压器保护电气设备材料表

序 / 编号	设备或材料名称	单位	数量	备注
四	控制及直流系统			
2	继电保护装置			
500008765	接地变压器保护	套	1	
100000010	35kV 变电站控制电缆	km	0.5	

16.2.4　典型方案工程量表

典型方案更换 35kV 接地变压器保护工程量见表 16-2-6。

表 16-2-6　　　　　　　　典型方案更换 35kV 接地变压器保护工程量表

序 / 编号	名称	单位	数量	备注
	建筑工程			
	安装工程			
四	控制及直流系统			
2	继电保护装置			
JYD4-1	控制保护屏柜、汇控柜、端子箱、屏边安装　保护二次屏柜安装	台	1	
JYD9-3	保护装置调试　送配电保护装置　35kV	间隔	1	
JYD7-36	电缆敷设及试验　截面（mm² 以内）10	100m	5	
	拆除工程			
	安装工程			
四	控制及直流系统			
2	继电保护装置			
CYD4-1	控制保护屏拆除　保护二次屏（柜）	台	1	
CYD7-3	全站电缆拆除　控制电缆	100m	0.5	

第 17 章　更换断路器及分段（母联）保护

　　断路器及分段（母联）保护典型方案共 5 个，分别为更换 10kV 分段（母联）保护、更换 35kV 分段（母联）保护、更换 110kV 分段（母联）保护、更换 220kV 分段（母联）保护、更换 500kV 断路器保护。

　　35kV 及以下的主要内容：旧设备拆除；二次接线拆除；新装置安装；二次接线；综自系统相关参数设置与修改；保护定值整定；装置调试；开关传动。

　　35kV 及以上的主要内容：旧屏柜和二次电缆拆除；新屏柜安装；屏柜接地；二次线缆（含低压电力电缆、控制电缆、通信线缆）敷设；二次接线；综自系统相关参数设置与修改；保护定值整定；装置调试；开关传动。

　　具体施工工序流程：旧设备拆除→新设备安装→二次接线→参数整定→装置调试。典型方案断路器及分段（母联）保护施工工序流程图见图 14-0-1。

17.1 JG05-01 更换 10kV 分段（母联）保护

17.1.1 典型方案主要技术条件

典型方案更换 10kV 分段（母联）保护主要技术条件见表 17-1-1。

表 17-1-1 典型方案更换 10kV 分段（母联）保护主要技术条件

方案名称	工程主要技术条件	
更换 10kV 分段（母联）保护	规格型号	单套配置
	组屏方式	就地布置
	是否停电	是

17.1.2 典型方案概算书

概算投资为总投资，按照典型造价编制依据要求编制。典型方案更换 35kV 分段（母联）保护总概算汇总表、安装工程专业汇总表、拆除工程专业汇总表，分别见表 17-1-2~ 表 17-1-4。

表 17-1-2 典型方案更换 10kV 分段（母联）保护总概算汇总表 金额单位：万元

序号	工程或费用名称	金额	占工程总投资的比例（%）
一	建筑工程费		
二	安装工程费	1.4	54.95
三	拆除工程费	0.14	5.58
四	设备购置费	1.01	39.47
五	小计	2.55	100
	其中：甲供设备材料费	1.01	39.47
六	其他费用		
七	基本预备费		
八	特殊项目		
九	工程静态投资合计	2.55	100
	其中：可抵扣增值税金额	0.16	6.37

表 17-1-3 典型方案更换 10kV 分段（母联）保护安装工程专业汇总表 金额单位：元

序号	工程或费用名称	安装工程费			设备购置费	合计
		主要材料费	安装费	小计		
	安装工程	9771	4247	14018	10070	24088

续表

序号	工程或费用名称	安装工程费			设备购置费	合计
		主要材料费	安装费	小计		
四	控制及直流系统	9771	4247	14018	10070	24088
2	继电保护装置	9771	4247	14018	10070	24088
	合计	9771	4247	14018	10070	24088

表 17-1-4　　典型方案更换 10kV 分段（母联）保护拆除工程专业汇总表　　金额单位：元

序号	工程或费用名称	拆除工程费
	拆除工程	1424
	安装工程	1424
四	控制及直流系统	1424
2	继电保护装置	1424
	合计	1424

17.1.3　典型方案电气设备材料表

典型方案更换 10kV 分段（母联）保护电气设备材料表见表 17-1-5。

表 17-1-5　　　典型方案更换 10kV 分段（母联）保护电气设备材料表

序 / 编号	设备或材料名称	单位	数量	备注
四	控制及直流系统			
2	继电保护装置			
100000010	35kV 变电站控制电缆	km	0.5	
500008718	10kV 分段（母联）保护	套	1	

17.1.4　典型方案工程量表

典型方案更换 10kV 分段（母联）保护工程量见表 17-1-6。

表 17-1-6　　　典型方案更换 10kV 分段（母联）保护工程量表

序 / 编号	名称	单位	数量	备注
	建筑工程			
	安装工程			

序 / 编号	名称	单位	数量	备注
四	控制及直流系统			
2	继电保护装置			
JYD4-1	控制保护屏柜、汇控柜、端子箱、屏边安装　保护二次屏柜安装	台	1	
JYD9-2	保护装置调试　送配电保护装置　10kV	间隔	1	
JYD7-36	电缆敷设及试验　截面（mm² 以内）10	100m	5	
	拆除工程			
	安装工程			
四	控制及直流系统			
2	继电保护装置			
CYD4-1	控制保护屏拆除　保护二次屏（柜）	台	1	
CYD7-3	全站电缆拆除　控制电缆	100m	0.5	

17.2　JG05-02 更换 35kV 分段（母联）保护

17.2.1　典型方案主要技术条件

典型方案更换 35kV 分段（母联）保护主要技术条件见表 17-2-1。

表 17-2-1　　　　典型方案更换 35kV 分段（母联）保护主要技术条件

方案名称	工程主要技术条件	
更换 35kV 分段（母联）保护	规格型号	单套配置
	组屏方式	就地布置
	是否停电	是

17.2.2　典型方案概算书

概算投资为总投资，按照典型造价编制依据要求编制。典型方案更换 35kV 分段（母联）保护包括总概算汇总表、安装工程专业汇总表、拆除工程专业汇总表，分别见表 17-2-2~ 表 17-2-4。

表 17-2-2　　　　　**典型方案更换 35kV 分段（母联）保护总概算汇总表**　　　金额单位：万元

序号	工程或费用名称	金额	占工程总投资的比例（%）
一	建筑工程费		
二	安装工程费	1.64	54.85
三	拆除工程费	0.14	4.76
四	设备购置费	1.21	40.39
五	小计	2.99	100
	其中：甲供设备材料费	1.21	40.39
六	其他费用		
七	基本预备费		
八	特殊项目		
九	工程静态投资合计	2.99	100
	其中：可抵扣增值税金额	0.21	6.86

表 17-2-3　　　　**典型方案更换 35kV 分段（母联）保护安装工程专业汇总表**　　金额单位：元

序号	工程或费用名称	安装工程费			设备购置费	合计
		主要材料费	安装费	小计		
	安装工程	9771	6637	16407	12084	28491
四	控制及直流系统	9771	6637	16407	12084	28491
2	继电保护装置	9771	6637	16407	12084	28491
	合计	9771	6637	16407	12084	28491

表 17-2-4　　　　**典型方案更换 35kV 分段（母联）保护拆除工程专业汇总表**　　金额单位：元

序号	工程或费用名称	拆除工程费
	拆除工程	1424
	安装工程	1424
四	控制及直流系统	1424
2	继电保护装置	1424
	合计	1424

17.2.3　典型方案电气设备材料表

典型方案更换 35kV 分段（母联）保护电气设备材料表见表 17-2-5。

表 17-2-5　　　　典型方案更换 35kV 分段（母联）保护电气设备材料表

序 / 编号	设备或材料名称	单位	数量	备注
四	控制及直流系统			
2	继电保护装置			
100000010	35kV 变电站控制电缆	km	0.5	
500037422	35kV 分段（母联）保护	套	1	

17.2.4　典型方案工程量表

典型方案更换 35kV 分段（母联）保护工程量见表 17-2-6。

表 17-2-6　　　　典型方案更换 35kV 分段（母联）保护工程量表

序 / 编号	名称	单位	数量	备注
	建筑工程			
	安装工程			
四	控制及直流系统			
2	继电保护装置			
JYD4–1	控制保护屏柜、汇控柜、端子箱、屏边安装　保护二次屏柜安装	台	1	
JYD9–3	保护装置调试　送配电保护装置　35kV	间隔	1	
JYD7–36	电缆敷设及试验　截面（mm² 以内）10	100m	5	
	拆除工程			
	安装工程			
四	控制及直流系统			
2	继电保护装置			
CYD4–1	控制保护屏拆除　保护二次屏（柜）	台	1	
CYD7–3	全站电缆拆除　控制电缆	100m	0.5	

17.3　JG05-03 更换 110kV 分段（母联）保护

17.3.1　典型方案主要技术条件

典型方案更换 110kV 分段（母联）保护主要技术条件见表 17-3-1。

表 17-3-1　　　　　典型方案更换 110kV 分段（母联）保护主要技术条件

方案名称	工程主要技术条件	
更换 110kV 分段（母联）保护	规格型号	单套配置
	组屏方式	单套组屏
	是否停电	是

17.3.2　典型方案概算书

概算投资为总投资，按照典型造价编制依据要求编制。典型方案更换 110kV 分段（母联）保护包括总概算汇总表、安装工程专业汇总表、拆除工程专业汇总表，分别见表 17-3-2~ 表 17-3-4。

表 17-3-2　　　　典型方案更换 110kV 分段（母联）保护总概算汇总表　　　　金额单位：万元

序号	工程或费用名称	金额	占工程总投资的比例（%）
一	建筑工程费		
二	安装工程费	2.84	47.54
三	拆除工程费	0.16	2.74
四	设备购置费	2.97	49.72
五	小计	5.97	100
	其中：甲供设备材料费	2.97	49.72
六	其他费用		
七	基本预备费		
八	特殊项目		
九	工程静态投资合计	5.97	100
	其中：可抵扣增值税金额	0.46	7.65

表 17-3-3　　　　典型方案更换 110kV 分段（母联）保护安装工程专业汇总表　　　　金额单位：元

序号	工程或费用名称	安装工程费			设备购置费	合计
		主要材料费	安装费	小计		
	安装工程	15964	12435	28399	29699	58098
四	控制及直流系统	15964	12435	28399	29699	58098
2	继电保护装置	15964	12435	28399	29699	58098
	合计	15964	12435	28399	29699	58098

表 17-3-4　　　　典型方案更换 110kV 分段（母联）保护拆除工程专业汇总表　　金额单位：元

序号	工程或费用名称	拆除工程费
	拆除工程	1634
	安装工程	1634
四	控制及直流系统	1634
2	继电保护装置	1634
	合计	1634

17.3.3　典型方案电气设备材料表

典型方案更换 110kV 分段（母联）保护电气设备材料表见表 17-3-5。

表 17-3-5　　　　典型方案更换 110kV 分段（母联）保护电气设备材料表

序 / 编号	设备或材料名称	单位	数量	备注
四	控制及直流系统			
2	继电保护装置			
100000012	110kV 变电站控制电缆	km	1	
500008714	110kV 分段（母联）保护	套	1	

17.3.4　典型方案工程量表

典型方案更换 110kV 分段（母联）保护工程量见表 17-3-6。

表 17-3-6　　　　典型方案更换 110kV 分段（母联）保护工程量表

序 / 编号	名称	单位	数量	备注
	建筑工程			
	安装工程			
四	控制及直流系统			
2	继电保护装置			
JYD4-1	控制保护屏柜、汇控柜、端子箱、屏边安装　保护二次屏柜安装	台	1	
JYD9-4	送配电保护装置　110kV	间隔	1	
JYD7-36	电缆敷设及试验　截面（mm^2 以内）10	100m	10	
	拆除工程			

续表

序 / 编号	名称	单位	数量	备注
	安装工程			
四	控制及直流系统			
2	继电保护装置			
CYD4-1	控制保护屏拆除　保护二次屏（柜）	台	1	
CYD7-3	全站电缆拆除　控制电缆	100m	1	

17.4　JG05-04 更换 220kV 分段（母联）保护

17.4.1　典型方案主要技术条件

典型方案更换 220kV 分段（母联）保护主要技术条件见表 17-4-1。

表 17-4-1　　典型方案更换 220kV 分段（母联）保护主要技术条件

方案名称	工程主要技术条件	
更换 220kV 分段（母联）保护	规格型号	双套配置
	组屏方式	2 套装置各组 1 面屏
	是否停电	是

17.4.2　典型方案概算书

概算投资为总投资，按照典型造价编制依据要求编制。典型方案更换 220kV 分段（母联）保护包括总概算汇总表、安装工程专业汇总表、拆除工程专业汇总表，分别见表 17-4-2~ 表 17-4-4。

表 17-4-2　　典型方案更换 220kV 分段（母联）保护总概算汇总表　　金额单位：万元

序号	工程或费用名称	金额	占工程总投资的比例（%）
一	建筑工程费		
二	安装工程费	5.81	28.01
三	拆除工程费	0.33	1.57
四	设备购置费	14.61	70.41
五	小计	20.75	100
	其中：甲供设备材料费	14.61	70.41
六	其他费用		

续表

序号	工程或费用名称	金额	占工程总投资的比例（%）
七	基本预备费		
八	特殊项目		
九	工程静态投资合计	20.75	100
	其中：可抵扣增值税金额	1.92	9.26

表 17-4-3　　典型方案更换 220kV 分段（母联）保护安装工程专业汇总表　　金额单位：元

序号	工程或费用名称	安装工程费			设备购置费	合计
		主要材料费	安装费	小计		
	安装工程	31930	26191	58121	146108	204229
四	控制及直流系统	31930	26191	58121	146108	204229
2	继电保护装置	31930	26191	58121	146108	204229
	合计	31930	26191	58121	146108	204229

表 17-4-4　　典型方案更换 220kV 分段（母联）保护拆除工程专业汇总表　　金额单位：元

序号	工程或费用名称	拆除工程费
	拆除工程	3268
	安装工程	3268
四	控制及直流系统	3268
2	继电保护装置	3268
	合计	3268

17.4.3　典型方案电气设备材料表

典型方案更换 220kV 分段（母联）保护电气设备材料表见表 17-4-5。

表 17-4-5　　典型方案更换 220kV 分段（母联）保护电气设备材料表

序 / 编号	设备或材料名称	单位	数量	备注
四	控制及直流系统			
2	继电保护装置			
100000013	220kV 变电站控制电缆	km	2	
500008716	220kV 分段（母联）保护	套	2	

17.4.4　典型方案工程量表

典型方案更换 220kV 分段（母联）保护工程量见表 17-4-6。

表 17-4-6　　　　　　典型方案更换 220kV 分段（母联）保护工程量表

序 / 编号	名称	单位	数量	备注
	建筑工程			
	安装工程			
四	控制及直流系统			
2	继电保护装置			
JYD4-1	控制保护屏柜、汇控柜、端子箱、屏边安装　保护二次屏柜安装	台	2	
JYD9-5×0.6	保护装置调试　送配电保护装置　220kV	间隔	1	
JYD9-5	保护装置调试　送配电保护装置　220kV	间隔	1	
JYD7-36	电缆敷设及试验　截面（mm² 以内）10	100m	20	
	拆除工程			
	安装工程			
四	控制及直流系统			
2	继电保护装置			
CYD4-1	控制保护屏拆除　保护二次屏（柜）	台	2	
CYD7-3	全站电缆拆除　控制电缆	100m	2	

17.5　JG05-05 更换 500kV 断路器保护

17.5.1　典型方案主要技术条件

典型方案更换 500kV 断路器保护主要技术条件见表 17-5-1。

表 17-5-1　　　　　　典型方案更换 500kV 断路器保护主要技术条件

方案名称	工程主要技术条件	
更换 500kV 断路器保护	电压等级 /kV	500
	规格型号	双套配置
	组屏方式	2 套装置各组 1 面屏
	是否停电	是

17.5.2 典型方案概算书

概算投资为总投资，按照典型造价编制依据要求编制。典型方案更换 500kV 断路器保护包括总概算汇总表、安装工程专业汇总表、拆除工程专业汇总表，分别见表 17-5-2~ 表 17-5-4。

表 17-5-2 典型方案更换 500kV 断路器保护总概算汇总表　　　　金额单位：万元

序号	工程或费用名称	金额	占工程总投资的比例（%）
一	建筑工程费		
二	安装工程费	6.57	33.32
三	拆除工程费	0.37	1.87
四	设备购置费	12.77	64.8
	其中：编制基准期价差	0.07	0.35
五	小计	19.7	100
	其中：甲供设备材料费	12.77	64.8
六	其他费用		
七	基本预备费		
八	特殊项目		
九	工程静态投资合计	19.7	100
	其中：可抵扣增值税金额	1.79	9.09
	其中：施工费	6.93	35.2

表 17-5-3 典型方案更换 500kV 断路器保护安装工程专业汇总表　　　　金额单位：元

序号	工程或费用名称	安装工程费			设备购置费	合计
		主要材料费	安装费	小计		
	安装工程	30096	35557	65653	127674	193326
四	控制及直流系统	30096	35557	65653	127674	193326
2	继电保护装置	30096	35557	65653	127674	193326
	合计	30096	35557	65653	127674	193326

表 17-5-4　　　　典型方案更换 500kV 断路器保护拆除工程专业汇总表　　　金额单位：元

序号	工程或费用名称	拆除工程费
	拆除工程	3688
	安装工程	3688
四	控制及直流系统	3688
2	继电保护装置	3688
	合计	3688

17.5.3　典型方案电气设备材料表

典型方案更换 500kV 断路器保护电气设备材料表见表 17-5-5。

表 17-5-5　　　　典型方案更换 500kV 断路器保护电气设备材料表

序 / 编号	设备或材料名称	单位	数量	备注
四	控制及直流系统			
2	继电保护装置			
100000015	500kV 变电站控制电缆	km	2	
500008715	断路器保护，AC500kV	套	1	

17.5.4　典型方案工程量表

典型方案更换 500kV 断路器保护工程量见表 17-5-6。

表 17-5-6　　　　典型方案更换 500kV 断路器保护工程量表

序 / 编号	名称	单位	数量	备注
	建筑工程			
	安装工程			
四	控制及直流系统			
2	继电保护装置			
JYD4-1	控制保护屏柜、汇控柜、端子箱、屏边安装　保护二次屏柜安装	台	1	
JYD9-11	保护装置调试　断路器保护装置　500kV	台 / 三相	1	
JYD9-11×0.6	保护装置调试　断路器保护装置　500kV	台 / 三相	1	
JYD7-36	电缆敷设及试验　截面（mm² 以内）10	100m	20	
	拆除工程			

序 / 编号	名称	单位	数量	备注
	安装工程			
四	控制及直流系统			
2	继电保护装置			
CYD4-1	控制保护屏拆除 保护二次屏（柜）	台	2	
CYD7-3	全站电缆拆除 控制电缆	100m	3	

第18章 更换主变压器保护

主变压器保护典型方案共4个，分别为更换35kV主变压器保护、更换110kV主变压器保护、更换220kV主变压器保护、更换500kV主变压器保护。

主要内容：旧屏柜和二次电缆拆除；新屏柜安装；屏柜接地；二次线缆（含低压电力电缆、控制电缆、通信线缆）敷设；二次接线；综自系统相关参数设置与修改；保护定值整定；装置调试；开关传动。

具体施工工序流程：旧设备拆除→新设备安装→二次接线→参数整定→装置调试。施工工序流程图见图14-0-1。

18.1 JG06-01更换35kV主变压器保护

18.1.1 典型方案主要技术条件

典型方案更换35kV主变压器保护主要技术条件见表18-1-1。

表18-1-1 典型方案更换35kV主变压器保护主要技术条件

方案名称	工程主要技术条件	
更换35kV主变压器保护	规格型号	主后一体双套配置
	组屏方式	2套装置组1面屏
	是否停电	是

18.1.2 典型方案概算书

概算投资为总投资，按照典型造价编制依据要求编制。典型方案更换35kV主变压器保护总概算汇总表、安装工程专业汇总表、拆除工程专业汇总表，分别见表18-1-2~表18-1-4。

表 18-1-2 典型方案更换 35kV 主变压器保护总概算汇总表 金额单位：万元

序号	工程或费用名称	金额	占工程总投资的比例（%）
一	建筑工程费		
二	安装工程费	3.09	31.85
三	拆除工程费	0.14	1.47
四	设备购置费	6.46	66.68
五	小计	9.69	100
	其中：甲供设备材料费	6.46	66.68
六	其他费用		
七	基本预备费		
八	特殊项目		
九	工程静态投资合计	9.69	100
	其中：可抵扣增值税金额	0.85	8.74

表 18-1-3 典型方案更换 35kV 主变压器保护安装工程专业汇总表 金额单位：元

序号	工程或费用名称	安装工程费			设备购置费	合计
		主要材料费	安装费	小计		
	安装工程	19541	11327	30868	64633	95501
四	控制及直流系统	19541	11327	30868	64633	95501
2	继电保护装置	19541	11327	30868	64633	95501
	合计	19541	11327	30868	64633	95501

表 18-1-4 典型方案更换 35kV 主变压器保护拆除工程专业汇总表 金额单位：元

序号	工程或费用名称	拆除工程费
	拆除工程	1424
	安装工程	1424
四	控制及直流系统	1424
2	继电保护装置	1424
	合计	1424

18.1.3 典型方案电气设备材料表

典型方案更换 35kV 主变压器保护电气设备材料表见表 18-1-5。

表 18-1-5　　　典型方案更换 35kV 主变压器保护电气设备材料表

序 / 编号	设备或材料名称	单位	数量	备注
四	控制及直流系统			
2	继电保护装置			
100000010	35kV 变电站控制电缆	km	1	
500008705	变压器保护，AC35kV	套	2	

18.1.4 典型方案工程量表

典型方案更换 35kV 主变压器保护工程量见表 18-1-6。

表 18-1-6　　　典型方案更换 35kV 主变压器保护工程量表

序 / 编号	名称	单位	数量	备注
	建筑工程			
	安装工程			
四	控制及直流系统			
2	继电保护装置			
JYD9–15	保护装置调试　变压器保护装置　35kV	台 / 三相	1	
JYD9–15×0.6	保护装置调试　变压器保护装置	台 / 三相	1	
JYD4–1	控制保护屏柜、汇控柜、端子箱、屏边安装　保护二次屏柜安装	台	1	
JYD7–36	电缆敷设及试验　截面（mm² 以内）10	100m	10	
	拆除工程			
	安装工程			
四	控制及直流系统			
2	继电保护装置			
CYD4–1	控制保护屏拆除　保护二次屏（柜）	台	1	
CYD7–3	全站电缆拆除　控制电缆	100m	0.5	

18.2　JG06-02 更换 110kV 主变压器保护

18.2.1　典型方案主要技术条件

典型方案更换 110kV 主变压器保护主要技术条件见表 18-2-1。

表 18-2-1　　　　典型方案更换 110kV 主变压器保护主要技术条件

方案名称	工程主要技术条件	
更换 110kV 主变压器保护	规格型号	主后一体双套配置
	组屏方式	2 套装置组 1 面屏
	是否停电	是

18.2.2　典型方案概算书

概算投资为总投资，按照典型造价编制依据要求编制。典型方案更换 110kV 主变压器保护总概算汇总表、安装工程专业汇总表、拆除工程专业汇总表，分别见表 18-2-2~表 18-2-4。

表 18-2-2　　　　典型方案更换 110kV 主变压器保护总概算汇总表　　　　金额单位：万元

序号	工程或费用名称	金额	占工程总投资的比例（%）
一	建筑工程费		
二	安装工程费	3.7	17.11
三	拆除工程费	0.16	0.75
四	设备购置费	17.77	82.13
五	小计	21.64	100
	其中：甲供设备材料费	17.77	82.13
六	其他费用		
七	基本预备费		
八	特殊项目		
九	工程静态投资合计	21.64	100
	其中：可抵扣增值税金额	2.23	10.3

表 18-2-3　　　　典型方案更换 110kV 主变压器保护安装工程专业汇总表　　　金额单位：元

序号	工程或费用名称	安装工程费			设备购置费	合计
		主要材料费	安装费	小计		
	安装工程	15964	21063	37027	177742	214768
四	控制及直流系统	15964	19651	35615	177742	213356
2	继电保护装置	15964	19651	35615	177742	213356
九	调试		1412	1412		1412
1	分系统调试		1412	1412		1412
	合计	15964	21063	37027	177742	214768

表 18-2-4　　　　典型方案更换 110kV 主变压器保护拆除工程专业汇总表　　　金额单位：元

序号	工程或费用名称	拆除工程费
	拆除工程	1634
	安装工程	1634
四	控制及直流系统	1634
2	继电保护装置	1634
	合计	1634

18.2.3　典型方案电气设备材料表

典型方案更换 110kV 主变压器保护电气设备材料表见表 18-2-5。

表 18-2-5　　　　典型方案更换 110kV 主变压器保护电气设备材料表

序 / 编号	设备或材料名称	单位	数量	备注
四	控制及直流系统			
2	继电保护装置			
100000012	110kV 变电站控制电缆	km	1	
500008704	变压器保护，AC110kV	套	2	

18.2.4　典型方案工程量表

典型方案更换 110kV 主变压器保护工程量见表 18-2-6。

表 18-2-6　　　　　　　　典型方案更换 110kV 主变压器保护工程量表

序 / 编号	名称	单位	数量	备注
	建筑工程			
	安装工程			
四	控制及直流系统			
2	继电保护装置			
JYD9-16	保护装置调试　变压器保护装置 110kV	台 / 三相	1	
JYD9-16 × 0.6	保护装置调试　变压器保护装置 110kV	台 / 三相	1	
JYD4-1	控制保护屏柜、汇控柜、端子箱、屏边安装　保护二次屏柜安装	台	1	
JYD7-36	电缆敷设及试验　截面（mm² 以内）10	100m	10	
九	调试			
1	分系统调试			
JYS1-135	保护故障信息子（分）站系统　35kV	套	1	
	拆除工程			
	安装工程			
四	控制及直流系统			
2	继电保护装置			
CYD4-1	控制保护屏拆除　保护二次屏（柜）	台	1	
CYD7-3	全站电缆拆除　控制电缆	100m	1	

18.3　JG06-03 更换 220kV 主变压器保护

18.3.1　典型方案主要技术条件

典型方案更换 220kV 主变压器保护主要技术条件见表 18-3-1。

表 18-3-1　　　　　典型方案更换 220kV 主变压器保护主要技术条件

方案名称	工程主要技术条件	
更换 220kV 主变压器保护	规格型号	主后一体双套配置
	组屏方式	电气量保护 2 套各组 1 面屏
	是否停电	是

18.3.2 典型方案概算书

概算投资为总投资，按照典型造价编制依据要求编制。典型方案更换 220kV 主变压器保护总概算汇总表、安装工程专业汇总表、拆除工程专业汇总表，分别见表 18-3-2~表 18-3-4。

表 18-3-2　　　典型方案更换 220kV 主变压器保护总概算汇总表　　　金额单位：万元

序号	工程或费用名称	金额	占工程总投资的比例（%）
一	建筑工程费		
二	安装工程费	6.78	18.36
三	拆除工程费	0.33	0.88
四	设备购置费	29.84	80.76
五	小计	36.95	100
	其中：甲供设备材料费	29.84	80.76
六	其他费用		
七	基本预备费		
八	特殊项目		
九	工程静态投资合计	36.95	100
	其中：可抵扣增值税金额	3.75	10.15

表 18-3-3　　　典型方案更换 220kV 主变压器保护安装工程专业汇总表　　　金额单位：元

序号	工程或费用名称	安装工程费			设备购置费	合计
		主要材料费	安装费	小计		
	安装工程	31930	35893	67823	298360	366183
四	控制及直流系统	31930	35893	67823	298360	366183
2	继电保护装置	31930	35893	67823	298360	366183
	合计	31930	35893	67823	298360	366183

表 18-3-4　　　典型方案更换 220kV 主变压器保护拆除工程专业汇总表　　　金额单位：元

序号	工程或费用名称	拆除工程费
	拆除工程	3268
	安装工程	3268
四	控制及直流系统	3268

序号	工程或费用名称	拆除工程费
2	继电保护装置	3268
	合计	3268

18.3.3　典型方案电气设备材料表

典型方案更换 220kV 主变压器保护电气设备材料表见表 18-3-5。

表 18-3-5　　　　典型方案更换 220kV 主变压器保护电气设备材料表

序 / 编号	设备或材料名称	单位	数量	备注
四	控制及直流系统			
2	继电保护装置			
100000013	220kV 变电站控制电缆	km	2	
500008707	变压器保护，AC220kV	套	2	

18.3.4　典型方案工程量表

典型方案更换 220kV 主变压器保护工程量见表 18-3-6。

表 18-3-6　　　　典型方案更换 220kV 主变压器保护工程量表

序 / 编号	名称	单位	数量	备注
	建筑工程			
	安装工程			
四	控制及直流系统			
2	继电保护装置			
JYD9–17 × 0.6	保护装置调试　变压器保护装置 220kV	台 / 三相	1	
JYD9–17	保护装置调试　变压器保护装置　220kV	台 / 三相	1	
JYD4–1	控制保护屏柜、汇控柜、端子箱、屏边安装　保护二次屏柜安装	台	2	
JYD7–36	电缆敷设及试验　截面（mm² 以内）10	100m	20	
	拆除工程			
	安装工程			
四	控制及直流系统			
2	继电保护装置			

续表

序 / 编号	名称	单位	数量	备注
CYD4-1	控制保护屏拆除　保护二次屏（柜）	台	2	
CYD7-3	全站电缆拆除　控制电缆	100m	2	

18.4 JG06-04 更换 500kV 主变压器保护

18.4.1 典型方案主要技术条件

典型方案更换 500kV 主变压器保护主要技术条件见表 18-4-1。

表 18-4-1　　　　典型方案更换 500kV 主变压器保护主要技术条件

方案名称	工程主要技术条件	
更换 500kV 主变压器保护	规格型号	主后一体双套配置
	组屏方式	常规站为电气量保护 2 套各组 1 面屏，非电量保护 1 套及操作箱、电压切换装置等组 1 面屏；智能站为电气量保护 2 套各组 1 面屏
	是否停电	是

18.4.2 典型方案概算书

概算投资为总投资，按照典型造价编制依据要求编制。典型方案更换 500kV 主变压器保护总概算汇总表、安装工程专业汇总表、拆除工程专业汇总表，分别见表 18-4-2~表 18-4-4。

表 18-4-2　　　　典型方案更换 500kV 主变压器保护总概算汇总表　　　　金额单位：万元

序号	工程或费用名称	金额	占工程总投资的比例（%）
一	建筑工程费		
二	安装工程费	7.92	11.1
三	拆除工程费	0.37	0.52
四	设备购置费	63.06	88.38
五	小计	71.35	100
	其中：甲供设备材料费	63.06	88.38
六	其他费用		
七	基本预备费		

续表

序号	工程或费用名称	金额	占工程总投资的比例（%）
八	特殊项目		
九	工程静态投资合计	71.35	100
	其中：可抵扣增值税金额	7.68	10.76

表 18-4-3　　　典型方案更换 500kV 主变压器保护安装工程专业汇总表　　　金额单位：元

序号	工程或费用名称	安装工程费			设备购置费	合计
		主要材料费	安装费	小计		
	安装工程	30096	49099	79195	630630	709825
四	控制及直流系统	30096	49099	79195	630630	709825
2	继电保护装置	30096	49099	79195	630630	709825
	合计	30096	49099	79195	630630	709825

表 18-4-4　　　典型方案更换 500kV 主变压器保护拆除工程专业汇总表　　　金额单位：元

序号	工程或费用名称	拆除工程费
	拆除工程	3688
	安装工程	3688
四	控制及直流系统	3688
2	继电保护装置	3688
	合计	3688

18.4.3　典型方案电气设备材料表

典型方案更换 500kV 主变压器保护电气设备材料表见表 18-4-5。

表 18-4-5　　　典型方案更换 500kV 主变压器保护电气设备材料表

序 / 编号	设备或材料名称	单位	数量	备注
四	控制及直流系统			
2	继电保护装置			
100000015	500kV 变电站控制电缆	km	2	
500008708	变压器保护，AC500kV	套	2	

18.4.4 典型方案工程量表

典型方案更换 500kV 主变压器保护工程量见表 18-4-6。

表 18-4-6 典型方案更换 500kV 主变压器保护工程量表

序 / 编号	名称	单位	数量	备注
	建筑工程			
	安装工程			
四	控制及直流系统			
2	继电保护装置			
JYD4-1	控制保护屏柜、汇控柜、端子箱、屏边安装 保护二次屏柜安装	台	2	
JYD9-19	保护装置调试 变压器保护装置 500kV	台 / 三相	1	
JYD9-19×0.6	保护装置调试 变压器保护装置 500kV	台 / 三相	1	
JYD7-36	电缆敷设及试验 截面（mm² 以内）10	100m	20	
	拆除工程			
	安装工程			
四	控制及直流系统			
2	继电保护装置			
CYD7-3	全站电缆拆除 控制电缆	100m	3	
CYD4-1	控制保护屏拆除 保护二次屏（柜）	台	2	

第 19 章 更换母差保护

母差保护典型方案共 5 个，分别为更换 10kV 母差保护、更换 35kV 母差保护、更换 110kV 母差保护、更换 220kV 母差保护、更换 500kV 母差保护。

主要内容：旧屏柜和二次电缆拆除；新屏柜安装；屏柜接地；二次线缆（含低压电力电缆、控制电缆、通信线缆）敷设；二次接线；综自系统相关参数设置与修改；保护定值整定；装置调试；开关传动。

具体施工工序流程：旧设备拆除→新设备安装→二次接线→参数整定→装置调试。典型方案母差保护施工工序流程图见图 14-0-1。

19.1 JG07-01 更换 10kV 母差保护

19.1.1 典型方案主要技术条件

典型方案更换 10kV 母差保护主要技术条件见表 19-1-1。

表 19-1-1　　　　　　典型方案更换 10kV 母差保护主要技术条件

方案名称	工程主要技术条件	
更换 10kV 母差保护	规格型号	单套配置
	组屏方式	1 套装置组 1 面屏
	是否停电	是

19.1.2　典型方案概算书

概算投资为总投资，按照典型造价编制依据要求编制。典型方案更换 10kV 母差保护总概算汇总表、安装工程专业汇总表、拆除工程专业汇总表，分别见表 19-1-2~ 表19-1-4。

表 19-1-2　　　　典型方案更换 10kV 母差保护总概算汇总表　　　　金额单位：万元

序号	工程或费用名称	金额	占工程总投资的比例（%）
一	建筑工程费		
二	安装工程费	2.6	19.62
三	拆除工程费	0.14	1.07
四	设备购置费	10.5	79.3
五	小计	13.24	100
	其中：甲供设备材料费	10.5	79.3
六	其他费用		
七	基本预备费		
八	特殊项目		
九	工程静态投资合计	13.24	100
	其中：可抵扣增值税金额	1.27	9.6

表 19-1-3　　　　典型方案更换 10kV 母差保护安装工程专业汇总表　　　　金额单位：元

序号	工程或费用名称	安装工程费			设备购置费	合计
		主要材料费	安装费	小计		
	安装工程	19541	6448	25989	105029	131018
四	控制及直流系统	19541	6448	25989	105029	131018
2	继电保护装置	19541	6448	25989	105029	131018
	合计	19541	6448	25989	105029	131018

表 19-1-4　　　　　　　典型方案更换 10kV 母差保护拆除工程专业汇总表　　　　　金额单位：元

序号	工程或费用名称	拆除工程费
	拆除工程	1424
	安装工程	1424
四	控制及直流系统	1424
2	继电保护装置	1424
	合计	1424

19.1.3　典型方案电气设备材料表

典型方案更换 10kV 母差保护电气设备材料表见表 19-1-5。

表 19-1-5　　　　　　　　典型方案更换 10kV 母差保护电气设备材料表

序 / 编号	设备或材料名称	单位	数量	备注
四	控制及直流系统			
2	继电保护装置			
100000010	35kV 变电站控制电缆	km	1	
500008701	10kV 母差保护	套	1	

19.1.4　典型方案工程量表

典型方案更换 10kV 母差保护工程量见表 19-1-6。

表 19-1-6　　　　　　　　　典型方案更换 10kV 母差保护工程量表

序 / 编号	名称	单位	数量	备注
	建筑工程			
	安装工程			
四	控制及直流系统			
2	继电保护装置			
JYD4-1	控制保护屏柜、汇控柜、端子箱、屏边安装　保护二次屏柜安装	台	1	
JYD9-23	保护装置调试　母线保护装置　10kV	套	1	
JYD7-36	电缆敷设及试验　截面（mm² 以内）10	100m	10	
	拆除工程			

续表

序 / 编号	名称	单位	数量	备注
	安装工程			
四	控制及直流系统			
2	继电保护装置			
CYD4-1	控制保护屏拆除　保护二次屏（柜）	台	1	
CYD7-3	全站电缆拆除　控制电缆	100m	0.5	

19.2　JG07-02 更换 35kV 母差保护

19.2.1　典型方案主要技术条件

典型方案更换 35kV 母差保护主要技术条件见表 19-2-1。

表 19-2-1　　　　　典型方案更换 35kV 母差保护主要技术条件

方案名称	工程主要技术条件	
更换 35kV 母差保护	规格型号	单套配置
	组屏方式	1 套装置组 1 面屏
	是否停电	是

19.2.2　典型方案概算书

概算投资为总投资，按照典型造价编制依据要求编制。典型方案更换 35kV 母差保护包括总概算汇总表、安装工程专业汇总表、拆除工程专业汇总表，分别见表 19-2-2~表 19-2-4。

表 19-2-2　　　　典型方案更换 35kV 母差保护总概算汇总表　　　　金额单位：万元

序号	工程或费用名称	金额	占工程总投资的比例（%）
一	建筑工程费		
二	安装工程费	2.9	21.21
三	拆除工程费	0.16	1.19
四	设备购置费	10.62	77.6
五	小计	13.68	100
	其中：甲供设备材料费	10.62	77.6
六	其他费用		

续表

序号	工程或费用名称	金额	占工程总投资的比例（%）
七	基本预备费		
八	特殊项目		
九	工程静态投资合计	13.68	100
	其中：可抵扣增值税金额	1.31	9.58

表 19-2-3　　　　典型方案更换 35kV 母差保护安装工程专业汇总表　　　金额单位：元

序号	工程或费用名称	安装工程费			设备购置费	合计
		主要材料费	安装费	小计		
	安装工程	19541	9477	29018	106167	135185
四	控制及直流系统	19541	9477	29018	106167	135185
2	继电保护装置	19541	9477	29018	106167	135185
	合计	19541	9477	29018	106167	135185

表 19-2-4　　　　典型方案更换 35kV 母差保护拆除工程专业汇总表　　　金额单位：元

序号	工程或费用名称	拆除工程费
	拆除工程	1634
	安装工程	1634
四	控制及直流系统	1634
2	继电保护装置	1634
	合计	1634

19.2.3　典型方案电气设备材料表

典型方案更换 35kV 母差保护电气设备材料表见表 19-2-5。

表 19-2-5　　　　典型方案更换 35kV 母差保护电气设备材料表

序 / 编号	设备或材料名称	单位	数量	备注
四	控制及直流系统			
2	继电保护装置			
100000010	35kV 变电站控制电缆	km	1	
500008695	母线保护，AC35kV	套	1	

19.2.4　典型方案工程量表

典型方案更换 35kV 母差保护工程量见表 19-2-6。

表 19-2-6　　　　　　　　　典型方案更换 35kV 母差保护工程量表

序 / 编号	名称	单位	数量	备注
	建筑工程			
	安装工程			
四	控制及直流系统			
2	继电保护装置			
JYD4-1	控制保护屏柜、汇控柜、端子箱、屏边安装　保护二次屏柜安装	台	1	
JYD9-24	保护装置调试　母线保护装置　35kV	套	1	
JYD7-36	电缆敷设及试验　截面（mm² 以内）10	100m	10	
	拆除工程			
	安装工程			
四	控制及直流系统			
2	继电保护装置			
CYD4-1	控制保护屏拆除　保护二次屏（柜）	台	1	
CYD7-3	全站电缆拆除　控制电缆	100m	1	

19.3　JG07-03 更换 110kV 母差保护

19.3.1　典型方案主要技术条件

典型方案更换 110kV 母差保护主要技术条件见表 19-3-1。

表 19-3-1　　　　　　　典型方案更换 110kV 母差保护主要技术条件

方案名称	工程主要技术条件	
更换 110kV 母差保护	规格型号	单套配置
	组屏方式	1 套装置组 1 面屏
	是否停电	是

19.3.2　典型方案概算书

概算投资为总投资，按照典型造价编制依据要求编制。典型方案更换 110kV 母差保

护包括总概算汇总表、安装工程专业汇总表、拆除工程专业汇总表，分别见表 19-3-2~
表 19-3-4。

表 19-3-2 典型方案更换 110kV 母差保护总概算汇总表 金额单位：万元

序号	工程或费用名称	金额	占工程总投资的比例（%）
一	建筑工程费		
二	安装工程费	2.82	20.81
三	拆除工程费	0.21	1.52
四	设备购置费	10.51	77.67
五	小计	13.54	100
	其中：甲供设备材料费	10.51	77.67
六	其他费用		
七	基本预备费		
八	特殊项目		
九	工程静态投资合计	13.54	100
	其中：可抵扣增值税金额	1.32	9.79

表 19-3-3 典型方案更换 110kV 母差保护安装工程专业汇总表 金额单位：元

序号	工程或费用名称	安装工程费			设备购置费	合计
		主要材料费	安装费	小计		
	安装工程	15964	12206	28170	105143	133313
四	控制及直流系统	15964	12206	28170	105143	133313
2	继电保护装置	15964	12206	28170	105143	133313
	合计	15964	12206	28170	105143	133313

表 19-3-4 典型方案更换 110kV 母差保护拆除工程专业汇总表 金额单位：元

序号	工程或费用名称	拆除工程费
	拆除工程	2054
	安装工程	2054
四	控制及直流系统	2054
2	继电保护装置	2054
	合计	2054

19.3.3 典型方案电气设备材料表

典型方案更换110kV母差保护电气设备材料表见表19-3-5。

表 19-3-5 　　　　　　典型方案更换110kV母差保护电气设备材料表

序/编号	设备或材料名称	单位	数量	备注
四	控制及直流系统			
2	继电保护装置			
100000012	110kV变电站控制电缆	km	1	
500008694	母线保护，AC110kV	套	1	

19.3.4 典型方案工程量表

典型方案更换110kV母差保护工程量见表19-3-6。

表 19-3-6 　　　　　　典型方案更换110kV母差保护工程量表

序/编号	名称	单位	数量	备注
	建筑工程			
	安装工程			
四	控制及直流系统			
2	继电保护装置			
JYD4-1	控制保护屏柜、汇控柜、端子箱、屏边安装　保护二次屏柜安装	台	1	
JYD9-25	保护装置调试　母线保护装置　110kV	套	1	
JYD7-36	电缆敷设及试验　截面（mm² 以内）10	100m	10	
	拆除工程			
	安装工程			
四	控制及直流系统			
2	继电保护装置			
CYD4-1	控制保护屏拆除　保护二次屏（柜）	台	1	
CYD7-3	全站电缆拆除　控制电缆	100m	2	

19.4　JG07-04 更换 220kV 母差保护

19.4.1　典型方案主要技术条件

典型方案更换 220kV 母差保护主要技术条件见表 19-4-1。

表 19-4-1　　　　　　典型方案更换 220kV 母差保护主要技术条件

方案名称	工程主要技术条件	
更换 220kV 母差保护	规格型号	双套配置
	组屏方式	2 套装置各组 1 面屏
	是否停电	是

19.4.2　典型方案概算书

概算投资为总投资，按照典型造价编制依据要求编制。典型方案更换 220kV 母差保护包括总概算汇总表、安装工程专业汇总表、拆除工程专业汇总表，分别见表 19-4-2~表 19-4-4。

表 19-4-2　　　　典型方案更换 220kV 母差保护总概算汇总表　　　　金额单位：万元

序号	工程或费用名称	金额	占工程总投资的比例（%）
一	建筑工程费		
二	安装工程费	8.28	21.91
三	拆除工程费	0.37	0.98
四	设备购置费	29.15	77.11
五	小计	37.81	100
	其中：甲供设备材料费	29.15	77.11
六	其他费用		
七	基本预备费		
八	特殊项目		
九	工程静态投资合计	37.81	100
	其中：可抵扣增值税金额	3.67	9.7

表 19-4-3　　　　典型方案更换 220kV 母差保护安装工程专业汇总表　　　　金额单位：元

序号	工程或费用名称	安装工程费			设备购置费	合计
		主要材料费	安装费	小计		
	安装工程	47895	34939	82834	291533	374366

续表

序号	工程或费用名称	安装工程费			设备购置费	合计
		主要材料费	安装费	小计		
四	控制及直流系统	47895	34939	82834	291533	374366
2	继电保护装置	47895	34939	82834	291533	374366
	合计	47895	34939	82834	291533	374366

表 19-4-4　　典型方案更换 220kV 母差保护拆除工程专业汇总表　　金额单位：元

序号	工程或费用名称	拆除工程费
	拆除工程	3688
	安装工程	3688
四	控制及直流系统	3688
2	继电保护装置	3688
	合计	3688

19.4.3　典型方案电气设备材料表

典型方案更换 220kV 母差保护电气设备材料表见表 19-4-5。

表 19-4-5　　　　典型方案更换 220kV 母差保护电气设备材料表

序 / 编号	设备或材料名称	单位	数量	备注
四	控制及直流系统			
2	继电保护装置			
100000013	220kV 变电站控制电缆	km	3	
500008696	母差保护，AC220kV	套	2	

19.4.4　典型方案工程量表

典型方案更换 220kV 母差保护工程量见表 19-4-6。

表 19-4-6　　　　典型方案更换 220kV 母差保护工程量表

序 / 编号	名称	单位	数量	备注
	建筑工程			
	安装工程			

序 / 编号	名称	单位	数量	备注
四	控制及直流系统			
2	继电保护装置			
JYD4-1	控制保护屏柜、汇控柜、端子箱、屏边安装　保护二次屏柜安装	台	2	
JYD9-26	保护装置调试　母线保护装置 220kV	套	1	
JYD9-26×0.6	保护装置调试　母线保护装置　220kV	套	1	
JYD7-36	电缆敷设及试验　截面（mm² 以内）10	100m	30	
	拆除工程			
	安装工程			
四	控制及直流系统			
2	继电保护装置			
CYD4-1	控制保护屏拆除　保护二次屏（柜）	台	2	
CYD7-3	全站电缆拆除　控制电缆	100m	3	

19.5　JG07-05 更换 500kV 母差保护

19.5.1　典型方案主要技术条件

典型方案更换 500kV 母差保护主要技术条件见表 19-5-1。

表 19-5-1　　　　　典型方案更换 500kV 母差保护主要技术条件

方案名称	工程主要技术条件	
更换 500kV 母差保护	规格型号	双套配置
	组屏方式	2 套装置各组 1 面屏
	是否停电	是

19.5.2　典型方案概算书

概算投资为总投资，按照典型造价编制依据要求编制。典型方案更换 500kV 母差保护包括总概算汇总表、安装工程专业汇总表、拆除工程专业汇总表，分别见表 19-5-2~表 19-5-4。

表 19-5-2 典型方案更换 500kV 母差保护总概算汇总表 金额单位：万元

序号	工程或费用名称	金额	占工程总投资的比例（％）
一	建筑工程费		
二	安装工程费	6.68	15.61
三	拆除工程费	0.28	0.67
四	设备购置费	35.84	83.73
五	小计	42.81	100
	其中：甲供设备材料费	35.84	83.73
六	其他费用		
七	基本预备费		
八	特殊项目		
九	工程静态投资合计	42.81	100
	其中：可抵扣增值税金额	4.44	10.38

表 19-5-3 典型方案更换 500kV 母差保护安装工程专业汇总表 金额单位：元

序号	工程或费用名称	安装工程费			设备购置费	合计
		主要材料费	安装费	小计		
	安装工程	30096	36725	66821	358442	425263
四	控制及直流系统	30096	36725	66821	358442	425263
2	继电保护装置	30096	36725	66821	358442	425263
	合计	30096	36725	66821	358442	425263

表 19-5-4 典型方案更换 500kV 母差保护拆除工程专业汇总表 金额单位：元

序号	工程或费用名称	拆除工程费
	拆除工程	2847
	安装工程	2847
四	控制及直流系统	2847
2	继电保护装置	2847
	合计	2847

19.5.3 典型方案电气设备材料表

典型方案更换 500kV 母差保护电气设备材料表见表 19-5-5。

表 19-5-5　　　　　　　　典型方案更换 500kV 母差保护电气设备材料表

序 / 编号	设备或材料名称	单位	数量	备注
四	控制及直流系统			
2	继电保护装置			
100000015	500kV 变电站控制电缆	km	2	
500008697	母差保护，AC500kV	套	2	

19.5.4　典型方案工程量表

典型方案更换 500kV 母差保护工程量见表 19-5-6。

表 19-5-6　　　　　　　典型方案更换 500kV 母差保护工程量表

序 / 编号	名称	单位	数量	备注
	建筑工程			
	安装工程			
四	控制及直流系统			
2	继电保护装置			
JYD4-1	控制保护屏柜、汇控柜、端子箱、屏边安装　保护二次屏柜安装	台	2	
JYD9-28	母线保护装置 500kV	套	1	
JYD9-28×0.6	母线保护装置　500kV	套	1	
JYD7-36	电缆敷设及试验　截面（mm² 以内）10	100m	20	
	拆除工程			
	安装工程			
四	控制及直流系统			
2	继电保护装置			
CYD4-1	控制保护屏拆除　保护二次屏（柜）	台	2	
CYD7-3	全站电缆拆除　控制电缆	100m	1	

第 20 章　更换合并单元

合并单元典型方案共 5 个,分别为更换 10kV 合并单元、更换 35kV 合并单元、更换 110kV 合并单元、更换 220kV 合并单元、更换 500kV 合并单元。

主要内容:旧设备拆除;二次接线拆除;新装置安装;二次接线;综自系统相关参数设置与修改;保护定值整定;装置调试;开关传动。

具体施工工序流程:旧设备拆除→新设备安装→二次接线→参数整定→装置调试。典型方案合并单元施工工序流程图见图 14-0-1。

20.1　JG08-01 更换 10kV 合并单元

20.1.1　典型方案主要技术条件

典型方案更换 10kV 合并单元主要技术条件见表 20-1-1。

表 20-1-1　　　　典型方案更换 10kV 合并单元主要技术条件

方案名称	工程主要技术条件	
更换 10kV 合并单元	规格型号	单套配置
	组屏方式	就地布置
	是否停电	是

20.1.2　典型方案概算书

概算投资为总投资,按照典型造价编制依据要求编制。典型方案更换 10kV 合并单元总概算汇总表、安装工程专业汇总表、拆除工程专业汇总表,分别见表 20-1-2~ 表 20-1-4。

表 20-1-2　　　　典型方案更换 10kV 合并单元总概算汇总表　　　　金额单位:万元

序号	工程或费用名称	金额	占工程总投资的比例（%）
一	建筑工程费		
二	安装工程费	1.54	42.88
三	拆除工程费	0.04	0.98
四	设备购置费	2.01	56.14
五	小计	3.59	100

续表

序号	工程或费用名称	金额	占工程总投资的比例（％）
	其中：甲供设备材料费	2.01	56.14
六	其他费用		
七	基本预备费		
八	特殊项目		
九	工程静态投资合计	3.59	100
	其中：可抵扣增值税金额	0.28	7.82

表 20-1-3　　　　典型方案更换 10kV 合并单元安装工程专业汇总表　　　金额单位：元

序号	工程或费用名称	安装工程费			设备购置费	合计
		主要材料费	安装费	小计		
	安装工程	9771	5611	15382	20140	35522
四	控制及直流系统	9771	5611	15382	20140	35522
2	继电保护装置	9771	5611	15382	20140	35522
	合计	9771	5611	15382	20140	35522

表 20-1-4　　　　典型方案更换 10kV 合并单元拆除工程专业汇总表　　　金额单位：元

序号	工程或费用名称	拆除工程费
	拆除工程	353
	安装工程	353
四	控制及直流系统	353
2	继电保护装置	353
	合计	353

20.1.3　典型方案电气设备材料表

典型方案更换 10kV 合并单元电气设备材料表见表 20-1-5。

表 20-1-5　　　　典型方案更换 10kV 合并单元电气设备材料表

序 / 编号	设备或材料名称	单位	数量	备注
四	控制及直流系统			
2	继电保护装置			

序 / 编号	设备或材料名称	单位	数量	备注
100000010	35kV 变电站控制电缆	km	0.5	
500142257	10kV 合并单元	套	1	

20.1.4　典型方案工程量表

典型方案更换 10kV 合并单元工程量见表 20-1-6。

表 20-1-6　　典型方案更换 10kV 合并单元工程量表

序 / 编号	名称	单位	数量	备注
	建筑工程			
	安装工程			
四	控制及直流系统			
2	继电保护装置			
JYD4-12	成套装置安装　合并单元	个	1	
JYD9-127	智能变电站自动化系统设备调试　合并单元　10kV	套	1	
JYD7-36	电缆敷设及试验　截面（mm² 以内）10	100m	5	
	拆除工程			
	安装工程			
四	控制及直流系统			
2	继电保护装置			
CYD4-12	数字化变电站二次设备拆除　合并单元	个	1	
CYD7-3	全站电缆拆除　控制电缆	100m	0.5	

20.2　JG08-02 更换 35kV 合并单元

20.2.1　典型方案主要技术条件

典型方案更换 35kV 合并单元主要技术条件见表 20-2-1。

表 20-2-1 典型方案更换 35kV 合并单元主要技术条件

方案名称	工程主要技术条件	
更换 35kV 合并单元	规格型号	单套配置
	组屏方式	就地布置
	是否停电	是

20.2.2 典型方案概算书

概算投资为总投资，按照典型造价编制依据要求编制。典型方案更换 35kV 合并单元包括总概算汇总表、安装工程专业汇总表、拆除工程专业汇总表，分别见表 20-2-2~表 20-2-4。

表 20-2-2 典型方案更换 35kV 合并单元总概算汇总表 金额单位：万元

序号	工程或费用名称	金额	占工程总投资的比例（%）
一	建筑工程费		
二	安装工程费	1.6	43.92
三	拆除工程费	0.03	0.77
四	设备购置费	2.01	55.31
五	小计	3.64	100
	其中：甲供设备材料费	2.01	55.31
六	其他费用		
七	基本预备费		
八	特殊项目		
九	工程静态投资合计	3.64	100
	其中：可抵扣增值税金额	0.28	7.83

表 20-2-3 典型方案更换 35kV 合并单元安装工程专业汇总表 金额单位：元

序号	工程或费用名称	安装工程费			设备购置费	合计
		主要材料费	安装费	小计		
	安装工程	9771	6224	15995	20140	36135
四	控制及直流系统	9771	6224	15995	20140	36135
2	继电保护装置	9771	6224	15995	20140	36135
	合计	9771	6224	15995	20140	36135

表 20-2-4　　　　典型方案更换 35kV 合并单元拆除工程专业汇总表　　　　金额单位：元

序号	工程或费用名称	拆除工程费
	拆除工程	280
	安装工程	280
四	控制及直流系统	280
2	继电保护装置	280
	合计	280

20.2.3　典型方案电气设备材料表

典型方案更换 35kV 合并单元电气设备材料表见表 20-2-5。

表 20-2-5　　　　典型方案更换 35kV 合并单元电气设备材料表

序 / 编号	设备或材料名称	单位	数量	备注
四	控制及直流系统			
2	继电保护装置			
100000010	35kV 变电站控制电缆	km	0.5	
500142257	35kV 合并单元	套	1	

20.2.4　典型方案工程量表

典型方案更换 35kV 合并单元工程量见表 20-2-6。

表 20-2-6　　　　典型方案更换 35kV 合并单元工程量表

序 / 编号	名称	单位	数量	备注
	建筑工程			
	安装工程			
四	控制及直流系统			
2	继电保护装置			
JYD4-12	成套装置安装　合并单元	个	1	
JYD9-128	智能变电站自动化系统设备调试　合并单元　35kV	套	1	
JYD7-36	电缆敷设及试验　截面（mm² 以内）10	100m	5	
	拆除工程			
	安装工程			

续表

序/编号	名称	单位	数量	备注
四	控制及直流系统			
2	继电保护装置			
CYD4-12	数字化变电站二次设备拆除　合并单元	个	1	
CYD7-3	全站电缆拆除　控制电缆	100m	0.5	

20.3　JG08-03 更换 110kV 合并单元

20.3.1　典型方案主要技术条件

典型方案更换 110kV 合并单元主要技术条件见表 20-3-1。

表 20-3-1　　　　　典型方案更换 110kV 合并单元主要技术条件

方案名称	工程主要技术条件	
更换 110kV 合并单元	规格型号	单套配置
	组屏方式	就地布置
	是否停电	是

20.3.2　典型方案概算书

概算投资为总投资，按照典型造价编制依据要求编制。典型方案更换 110kV 合并单元包括总概算汇总表、安装工程专业汇总表、拆除工程专业汇总表，分别见表 20-3-2~表 20-3-4。

表 20-3-2　　　　典型方案更换 110kV 合并单元总概算汇总表　　　　　金额单位：万元

序号	工程或费用名称	金额	占工程总投资的比例（%）
一	建筑工程费		
二	安装工程费	2.53	55.23
三	拆除工程费	0.04	0.77
四	设备购置费	2.01	44
五	小计	4.58	100
	其中：甲供设备材料费	2.01	44
六	其他费用		

续表

序号	工程或费用名称	金额	占工程总投资的比例（%）
七	基本预备费		
八	特殊项目		
九	工程静态投资合计	4.58	100
	其中：可抵扣增值税金额	0.31	6.8

表 20-3-3　　　　典型方案更换 110kV 合并单元安装工程专业汇总表　　　金额单位：元

序号	工程或费用名称	安装工程费			设备购置费	合计
		主要材料费	安装费	小计		
	安装工程	15964	9314	25278	20140	45418
四	控制及直流系统	15964	9314	25278	20140	45418
2	继电保护装置	15964	9314	25278	20140	45418
	合计	15964	9314	25278	20140	45418

表 20-3-4　　　　典型方案更换 110kV 合并单元拆除工程专业汇总表　　　金额单位：元

序号	工程或费用名称	拆除工程费
	拆除工程	353
	安装工程	353
四	控制及直流系统	353
2	继电保护装置	353
	合计	353

20.3.3　典型方案电气设备材料表

典型方案更换 110kV 合并单元电气设备材料表见表 20-3-5。

表 20-3-5　　　　典型方案更换 110kV 合并单元电气设备材料表

序 / 编号	设备或材料名称	单位	数量	备注
四	控制及直流系统			
2	继电保护装置			
500142257	110kV 合并单元	套	1	
100000012	110kV 变电站控制电缆	km	1	

20.3.4 典型方案工程量表

典型方案更换 110kV 合并单元工程量见表 20-3-6。

表 20-3-6 典型方案更换 110kV 合并单元工程量表

序 / 编号	名称	单位	数量	备注
	建筑工程			
	安装工程			
四	控制及直流系统			
2	继电保护装置			
JYD4-12	成套装置安装 合并单元	个	1	
JYD9-129	智能变电站自动化系统设备调试 合并单元 110kV	套	1	
JYD7-36	电缆敷设及试验 截面（mm² 以内）10	100m	10	
	拆除工程			
	安装工程			
四	控制及直流系统			
2	继电保护装置			
CYD4-12	数字化变电站二次设备拆除 合并单元	个	1	
CYD7-3	全站电缆拆除 控制电缆	100m	0.5	

20.4 JG08-04 更换 220kV 合并单元

20.4.1 典型方案主要技术条件

典型方案更换 220kV 合并单元主要技术条件见表 20-4-1。

表 20-4-1 典型方案更换 220kV 合并单元主要技术条件

方案名称	工程主要技术条件	
更换 220kV 合并单元	规格型号	双套配置
	组屏方式	就地布置
	是否停电	是

20.4.2 典型方案概算书

概算投资为总投资，按照典型造价编制依据要求编制。典型方案更换 220kV 合并单

元包括总概算汇总表、安装工程专业汇总表、拆除工程专业汇总表，分别见表 20-4-2~
表 20-4-4。

表 20-4-2　　　　　　典型方案更换 220kV 合并单元总概算汇总表　　　　金额单位：万元

序号	工程或费用名称	金额	占工程总投资的比例（%）
一	建筑工程费		
二	安装工程费	3.18	34.07
三	拆除工程费	0.11	1.21
四	设备购置费	6.04	64.73
五	小计	9.33	100
	其中：甲供设备材料费	6.04	64.73
六	其他费用		
七	基本预备费		
八	特殊项目		
九	工程静态投资合计	9.33	100
	其中：可抵扣增值税金额	0.83	8.93

表 20-4-3　　　　　　典型方案更换 220kV 合并单元安装工程专业汇总表　　　　金额单位：元

序号	工程或费用名称	安装工程费			设备购置费	合计
		主要材料费	安装费	小计		
	安装工程	15965	15836	31801	60420	92221
四	控制及直流系统	15965	15836	31801	60420	92221
2	继电保护装置	15965	15836	31801	60420	92221
	合计	15965	15836	31801	60420	92221

表 20-4-4　　　　　　典型方案更换 220kV 合并单元拆除工程专业汇总表　　　　金额单位：元

序号	工程或费用名称	拆除工程费
	拆除工程	1127
	安装工程	1127
四	控制及直流系统	1127
2	继电保护装置	1127
	合计	1127

20.4.3 典型方案电气设备材料表

典型方案更换 220kV 合并单元电气设备材料表见表 20-4-5。

表 20-4-5 典型方案更换 220kV 合并单元电气设备材料表

序 / 编号	设备或材料名称	单位	数量	备注
四	控制及直流系统			
2	继电保护装置			
500142257	220kV 合并单元	套	2	
100000013	220kV 变电站控制电缆	km	1	

20.4.4 典型方案工程量表

典型方案更换 220kV 合并单元工程量见表 20-4-6。

表 20-4-6 典型方案更换 220kV 合并单元工程量表

序 / 编号	名称	单位	数量	备注
	建筑工程			
	安装工程			
四	控制及直流系统			
2	继电保护装置			
JYD4-12	成套装置安装 合并单元	个	2	
JYD9-130	智能变电站自动化系统设备调试 合并单元 220kV	套	2	
JYD7-36	电缆敷设及试验 截面（mm² 以内）10	100m	10	
	拆除工程			
	安装工程			
四	控制及直流系统			
2	继电保护装置			
CYD4-12	数字化变电站二次设备拆除 合并单元	个	2	
CYD7-3	全站电缆拆除 控制电缆	100m	2	

20.5　JG08-05 更换 500kV 合并单元

20.5.1　典型方案主要技术条件

典型方案更换 500kV 合并单元主要技术条件见表 20-5-1。

表 20-5-1　　　　　典型方案更换 500kV 合并单元主要技术条件

方案名称	工程主要技术条件	
更换 500kV 合并单元	规格型号	双套配置
	组屏方式	就地布置
	是否停电	是

20.5.2　典型方案概算书

概算投资为总投资，按照典型造价编制依据要求编制。典型方案更换 500kV 合并单元包括总概算汇总表、安装工程专业汇总表、拆除工程专业汇总表，分别见表 20-5-2~表 20-5-4。

表 20-5-2　　　　　典型方案更换 500kV 合并单元总概算汇总表　　　　　金额单位：万元

序号	工程或费用名称	金额	占工程总投资的比例（%）
一	建筑工程费		
二	安装工程费	11.09	99.37
三	拆除工程费	0.07	0.63
四	设备购置费		
五	小计	11.16	100
	其中：甲供设备材料费		
六	其他费用		
七	基本预备费		
八	特殊项目		
九	工程静态投资合计	11.16	100
	其中：可抵扣增值税金额	0.67	6.03

表 20-5-3　　　　　　典型方案更换 500kV 合并单元安装工程专业汇总表　　　　金额单位：元

序号	工程或费用名称	安装工程费			设备购置费	合计
		主要材料费	安装费	小计		
	安装工程	30096	80830	110926		110926
四	控制及直流系统	30096	80830	110926		110926
2	继电保护装置	30096	80830	110926		110926
	合计	30096	80830	110926		110926

表 20-5-4　　　　　　典型方案更换 500kV 合并单元拆除工程专业汇总表　　　　金额单位：元

序号	工程或费用名称	拆除工程费
	拆除工程	707
	安装工程	707
四	控制及直流系统	707
2	继电保护装置	707
	合计	707

20.5.3　典型方案电气设备材料表

典型方案更换 500kV 合并单元电气设备材料表见表 20-5-5。

表 20-5-5　　　　　　典型方案更换 500kV 合并单元电气设备材料表

序 / 编号	设备或材料名称	单位	数量	备注
四	控制及直流系统			
2	继电保护装置			
100000015	500kV 变电站控制电缆	km	2	
500142257	500kV 合并单元	套	2	

20.5.4　典型方案工程量表

典型方案更换 500kV 合并单元工程量见表 20-5-6。

表 20-5-6　　　　　　典型方案更换 500kV 合并单元工程量表

序 / 编号	名称	单位	数量	备注
	建筑工程			
	安装工程			

序号	名称	单位	数量	备注
四	控制及直流系统			
2	继电保护装置			
JYD4-12	成套装置安装　合并单元	个	2	
JYD9-132	智能变电站自动化系统设备调试　合并单元 500kV	套	2	
JYD7-36	电缆敷设及试验　截面（mm² 以内）10	100m	20	
	拆除工程			
	安装工程			
四	控制及直流系统			
2	继电保护装置			
CYD4-12	数字化变电站二次设备拆除　合并单元	个	2	
CYD7-3	全站电缆拆除　控制电缆	100m	1	

第 21 章　更换智能终端

智能终端典型方案共 5 个，分别为更换 10kV 智能终端、更换 35kV 智能终端、更换 110kV 智能终端、更换 220kV 智能终端、更换 500kV 智能终端。

主要内容：旧装置；二次接线拆除；新装置安装；二次接线；综自系统相关参数设置与修改；保护定值整定；装置调试；开关传动。

具体施工工序流程：旧设备拆除→新设备安装→二次接线→参数整定→装置调试。典型方案智能终端施工工序流程图见图 14-0-1。

21.1　JG09-01 更换 10kV 智能终端

21.1.1　典型方案主要技术条件

典型方案更换 10kV 智能终端主要技术条件见表 21-1-1。

表 21-1-1 典型方案更换 10kV 智能终端主要技术条件

方案名称	工程主要技术条件	
更换 10kV 智能终端	规格型号	单套配置
	组屏方式	就地布置
	是否停电	是

21.1.2 典型方案概算书

概算投资为总投资，按照典型造价编制依据要求编制。典型方案更换 10kV 智能终端总概算汇总表、安装工程专业汇总表、拆除工程专业汇总表，分别见表 21-1-2~ 表 21-1-4。

表 21-1-2 典型方案更换 10kV 智能终端总概算汇总表 金额单位：万元

序号	工程或费用名称	金额	占工程总投资的比例（%）
一	建筑工程费		
二	安装工程费	1.46	41.34
三	拆除工程费	0.05	1.45
四	设备购置费	2.01	57.21
五	小计	3.52	100
	其中：甲供设备材料费	2.01	57.22
六	其他费用		
七	基本预备费		
八	特殊项目		
九	工程静态投资合计	3.52	100
	其中：可抵扣增值税金额	0.27	7.81

表 21-1-3 典型方案更换 10kV 智能终端安装工程专业汇总表 金额单位：元

序号	工程或费用名称	安装工程费			设备购置费	合计
		主要材料费	安装费	小计		
	安装工程	9771	4780	14551	20140	34691
四	控制及直流系统	9771	4780	14551	20140	34691
2	继电保护装置	9771	4780	14551	20140	34691
	合计	9771	4780	14551	20140	34691

表 21-1-4　　　　　典型方案更换 10kV 智能终端拆除工程专业汇总表　　　　　金额单位：元

序号	工程或费用名称	拆除工程费
	拆除工程	510
	安装工程	510
四	控制及直流系统	510
2	继电保护装置	510
	合计	510

21.1.3　典型方案电气设备材料表

典型方案更换 10kV 智能终端电气设备材料表见表 21-1-5。

表 21-1-5　　　　　　典型方案更换 10kV 智能终端电气设备材料表

序 / 编号	设备或材料名称	单位	数量	备注
四	控制及直流系统			
2	继电保护装置			
100000010	35kV 变电站控制电缆	km	0.5	
500142256	10kV 智能终端	套	1	

21.1.4　典型方案工程量表

典型方案更换 10kV 智能终端工程量见表 21-1-6。

表 21-1-6　　　　　　　典型方案更换 10kV 智能终端工程量表

序 / 编号	名称	单位	数量	备注
	建筑工程			
	安装工程			
四	控制及直流系统			
2	继电保护装置			
JYD4-11	成套装置安装　数字化智能终端	个	1	
JYD9-120	智能变电站自动化系统设备调试　智能终端　10kV	套	1	
JYD7-36	电缆敷设及试验　截面（mm² 以内）10	100m	5	
	拆除工程			

续表

序号	名称	单位	数量	备注
	安装工程			
四	控制及直流系统			
2	继电保护装置			
CYD4–11	数字化变电站二次设备拆除 数字化智能终端	台	1	
CYD7–3	全站电缆拆除 控制电缆	100m	0.5	

21.2 JG09-02 更换 35kV 智能终端

21.2.1 典型方案主要技术条件

典型方案更换 35kV 智能终端主要技术条件见表 21-2-1。

表 21-2-1　　　　　　典型方案更换 35kV 智能终端主要技术条件

方案名称	工程主要技术条件	
更换 35kV 智能终端	规格型号	单套配置
	组屏方式	就地布置
	是否停电	是

21.2.2 典型方案概算书

概算投资为总投资，按照典型造价编制依据要求编制。典型方案更换 35kV 智能终端包括总概算汇总表、安装工程专业汇总表、拆除工程专业汇总表，分别见表 21-2-2~表 21-2-4。

表 21-2-2　　　　　典型方案更换 35kV 智能终端总概算汇总表　　　　　金额单位：万元

序号	工程或费用名称	金额	占工程总投资的比例（%）
一	建筑工程费		
二	安装工程费	1.48	41.58
三	拆除工程费	0.06	1.82
四	设备购置费	2.01	56.60
五	小计	3.56	100
	其中：甲供设备材料费	2.01	56.61

续表

序号	工程或费用名称	金额	占工程总投资的比例（%）
六	其他费用		
七	基本预备费		
八	特殊项目		
九	工程静态投资合计	3.56	100
	其中：可抵扣增值税金额	0.28	7.81

表 21-2-3　　　　　典型方案更换 35kV 智能终端安装工程专业汇总表　　　　金额单位：元

序号	工程或费用名称	安装工程费			设备购置费	合计
		主要材料费	安装费	小计		
	安装工程	9771	5022	14793	20140	34933
四	控制及直流系统	9771	5022	14793	20140	34933
2	继电保护装置	9771	5022	14793	20140	34933
	合计	9771	5022	14793	20140	34933

表 21-2-4　　　　　典型方案更换 35kV 智能终端拆除工程专业汇总表　　　　金额单位：元

序号	工程或费用名称	拆除工程费
	拆除工程	646
	安装工程	646
四	控制及直流系统	646
2	继电保护装置	646
	合计	646

21.2.3　典型方案电气设备材料表

典型方案更换 35kV 智能终端电气设备材料表见表 21-2-5。

表 21-2-5　　　　　典型方案更换 35kV 智能终端电气设备材料表

序 / 编号	设备或材料名称	单位	数量	备注
四	控制及直流系统			
2	继电保护装置			

续表

序 / 编号	设备或材料名称	单位	数量	备注
100000010	35kV 变电站控制电缆	km	0.5	
500142256	35kV 智能终端	套	1	

21.2.4 典型方案工程量表

典型方案更换 35kV 智能终端工程量见表 21-2-6。

表 21-2-6 　　　　　　　　　典型方案更换 35kV 智能终端工程量表

序 / 编号	名称	单位	数量	备注
	建筑工程			
	安装工程			
四	控制及直流系统			
2	继电保护装置			
JYD4–11	成套装置安装 数字化智能终端	个	1	
JYD9–121	智能变电站自动化系统设备调试 智能终端 35kV	套	1	
JYD7–36	电缆敷设及试验 截面（mm² 以内）10	100m	5	
	拆除工程			
	安装工程			
四	控制及直流系统			
2	继电保护装置			
CYD4–11	数字化变电站二次设备拆除 数字化智能终端	台	1	
CYD7–3	全站电缆拆除 控制电缆	100m	0.5	

21.3 JG09–03 更换 110kV 智能终端

21.3.1 典型方案主要技术条件

典型方案更换 110kV 智能终端主要技术条件见表 21-3-1。

表 21-3-1　　　　典型方案更换 110kV 智能终端主要技术条件

方案名称	工程主要技术条件	
更换 110kV 智能终端	规格型号	单套配置
	组屏方式	就地布置
	是否停电	是

21.3.2　典型方案概算书

概算投资为总投资，按照典型造价编制依据要求编制。典型方案更换 110kV 智能终端包括总概算汇总表、安装工程专业汇总表、拆除工程专业汇总表，分别见表 21-3-2~表 21-3-4。

表 21-3-2　　　　典型方案更换 110kV 智能终端总概算汇总表　　　　金额单位：万元

序号	工程或费用名称	金额	占工程总投资的比例（%）
一	建筑工程费		
二	安装工程费	2.38	53.4
三	拆除工程费	0.06	1.45
四	设备购置费	2.01	45.15
五	小计	4.46	100
	其中：甲供设备材料费	2.01	45.15
六	其他费用		
七	基本预备费		
八	特殊项目		
九	工程静态投资合计	4.46	100
	其中：可抵扣增值税金额	0.3	6.76

表 21-3-3　　　　典型方案更换 110kV 智能终端安装工程专业汇总表　　　　金额单位：元

序号	工程或费用名称	安装工程费			设备购置费	合计
		主要材料费	安装费	小计		
	安装工程	15964	7856	23820	20140	43960
四	控制及直流系统	15964	7856	23820	20140	43960
2	继电保护装置	15964	7856	23820	20140	43960
	合计	15964	7856	23820	20140	43960

表 21-3-4　　　　典型方案更换 110kV 智能终端拆除工程专业汇总表　　　金额单位：元

序号	工程或费用名称	拆除工程费
	拆除工程	646
	安装工程	646
四	控制及直流系统	646
2	继电保护装置	646
	合计	646

21.3.3　典型方案电气设备材料表

典型方案更换 110kV 智能终端电气设备材料表见表 21-3-5。

表 21-3-5　　　　典型方案更换 110kV 智能终端电气设备材料表

序 / 编号	设备或材料名称	单位	数量	备注
四	控制及直流系统			
2	继电保护装置			
100000012	110kV 变电站控制电缆	km	1	
500142256	110kV 智能终端	套	1	

21.3.4　典型方案工程量表

典型方案更换 110kV 智能终端工程量见表 21-3-6。

表 21-3-6　　　　典型方案更换 110kV 智能终端工程量表

序 / 编号	名称	单位	数量	备注
	建筑工程			
	安装工程			
四	控制及直流系统			
2	继电保护装置			
JYD4-11	成套装置安装　数字化智能终端	个	1	
JYD9-122	智能变电站自动化系统设备调试　智能终端　110kV	套	1	
JYD7-36	电缆敷设及试验　截面（mm² 以内）10	100m	10	
	拆除工程			

续表

序 / 编号	名称	单位	数量	备注
	安装工程			
四	控制及直流系统			
2	继电保护装置			
CYD4–11	数字化变电站二次设备拆除　数字化智能终端	台	1	
CYD7–3	全站电缆拆除　控制电缆	100m	0.5	

21.4　JG09-04 更换 220kV 智能终端

21.4.1　典型方案主要技术条件

典型方案更换 220kV 智能终端主要技术条件见表 21-4-1。

表 21-4-1　　　　　典型方案更换 220kV 智能终端主要技术条件

方案名称	工程主要技术条件	
更换 220kV 智能终端	规格型号	双套配置
	组屏方式	就地布置
	是否停电	是

21.4.2　典型方案概算书

概算投资为总投资，按照典型造价编制依据要求编制。典型方案更换 220kV 智能终端包括总概算汇总表、安装工程专业汇总表、拆除工程专业汇总表，分别见表 21-4-2~表 21-4-4。

表 21-4-2　　　　　典型方案更换 220kV 智能终端总概算汇总表　　　　金额单位：万元

序号	工程或费用名称	金额	占工程总投资的比例（％）
一	建筑工程费		
二	安装工程费	2.88	31.7
三	拆除工程费	0.17	1.88
四	设备购置费	6.04	66.42
五	小计	9.1	100
	其中：甲供设备材料费	6.04	66.42

续表

序号	工程或费用名称	金额	占工程总投资的比例（%）
六	其他费用		
七	基本预备费		
八	特殊项目		
九	工程静态投资合计	9.1	100
	其中：可抵扣增值税金额	0.81	8.95

表 21-4-3　　　　　典型方案更换 220kV 智能终端安装工程专业汇总表　　　　金额单位：元

序号	工程或费用名称	安装工程费			设备购置费	合计
		主要材料费	安装费	小计		
	安装工程	15965	12876	28841	60420	89261
四	控制及直流系统	15965	12876	28841	60420	89261
2	继电保护装置	15965	12876	28841	60420	89261
	合计	15965	12876	28841	60420	89261

表 21-4-4　　　　　典型方案更换 220kV 智能终端拆除工程专业汇总表　　　　金额单位：元

序号	工程或费用名称	拆除工程费
	拆除工程	1712
	安装工程	1712
四	控制及直流系统	1712
2	继电保护装置	1712
	合计	1712

21.4.3　典型方案电气设备材料表

典型方案更换 220kV 智能终端电气设备材料表见表 21-4-5。

表 21-4-5　　　　　典型方案更换 220kV 智能终端电气设备材料表

序 / 编号	设备或材料名称	单位	数量	备注
四	控制及直流系统			
2	继电保护装置			
100000013	220kV 变电站控制电缆	km	1	
500142256	220kV 智能终端	套	2	

21.4.4 典型方案工程量表

典型方案更换 220kV 智能终端工程量见表 21-4-6。

表 21-4-6　　　　　　　　　典型方案更换 220kV 智能终端工程量表

序 / 编号	名称	单位	数量	备注
	建筑工程			
	安装工程			
四	控制及直流系统			
2	继电保护装置			
JYD4–11	成套装置安装　数字化智能终端	个	2	
JYD9–123	智能变电站自动化系统设备调试 智能终端　220kV	套	2	
JYD7–36	电缆敷设及试验　截面（mm² 以内）10	100m	10	
	拆除工程			
	安装工程			
四	控制及直流系统			
2	继电保护装置			
CYD4–11	数字化变电站二次设备拆除　数字化智能终端	台	2	
CYD7–3	全站电缆拆除　控制电缆	100m	2	

21.5　JG09-05 更换 500kV 智能终端

21.5.1　典型方案主要技术条件

典型方案更换 500kV 智能终端主要技术条件见表 21-5-1。

表 21-5-1　　　　　　　　　典型方案更换 500kV 智能终端主要技术条件

方案名称	工程主要技术条件	
更换 500kV 智能终端	规格型号	双套配置
	组屏方式	就地布置
	是否停电	是

21.5.2 典型方案概算书

概算投资为总投资，按照典型造价编制依据要求编制。典型方案更换 500kV 智能终端包括总概算汇总表、安装工程专业汇总表、拆除工程专业汇总表，分别见表 21-5-2~表 21-5-4。

表 21-5-2　　　　　典型方案更换 500kV 智能终端总概算汇总表　　　　金额单位：万元

序号	工程或费用名称	金额	占工程总投资的比例（%）
一	建筑工程费		
二	安装工程费	4.99	44.94
三	拆除工程费	0.07	0.64
四	设备购置费	6.04	54.42
五	小计	11.1	100
	其中：甲供设备材料费	6.04	54.43
六	其他费用		
七	基本预备费		
八	特殊项目		
九	工程静态投资合计	11.1	100
	其中：可抵扣增值税金额	0.86	7.77

表 21-5-3　　　　　典型方案更换 500kV 智能终端安装工程专业汇总表　　　　金额单位：元

序号	工程或费用名称	安装工程费			设备购置费	合计
		主要材料费	安装费	小计		
	安装工程	30096	19788	49884	60420	110304
四	控制及直流系统	30096	19788	49884	60420	110304
2	继电保护装置	30096	19788	49884	60420	110304
	合计	30096	19788	49884	60420	110304

表 21-5-4　　　　　典型方案更换 500kV 智能终端拆除工程专业汇总表　　　　金额单位：元

序号	工程或费用名称	拆除工程费
	拆除工程	707
	安装工程	707
四	控制及直流系统	707
2	继电保护装置	707
	合计	707

21.5.3　典型方案电气设备材料表

典型方案更换 500kV 智能终端电气设备材料表见表 21-5-5。

表 21-5-5　　　　　　　　典型方案更换 500kV 智能终端电气设备材料表

序 / 编号	设备或材料名称	单位	数量	备注
四	控制及直流系统			
2	继电保护装置			
500142256	500kV 智能终端	套	2	
100000015	500kV 变电站控制电缆	km	2	

21.5.4　典型方案工程量表

典型方案更换 500kV 智能终端工程量见表 21-5-6。

表 21-5-6　　　　　　　　典型方案更换 500kV 智能终端工程量表

序 / 编号	名称	单位	数量	备注
	建筑工程			
	安装工程			
四	控制及直流系统			
2	继电保护装置			
JYD4-11	成套装置安装　数字化智能终端	个	2	
JYD9-125	智能变电站自动化系统设备调试　智能终端　500kV	套	2	
JYD7-36	电缆敷设及试验　截面（mm² 以内）10	100m	20	
	拆除工程			
	安装工程			
四	控制及直流系统			
2	继电保护装置			
CYD4-12	数字化变电站二次设备拆除　合并单元	个	2	
CYD7-3	全站电缆拆除　控制电缆	100m	1	

第22章 更换备用电源自动投入装置

备用电源自动投入装置典型方案共4个，分别为更换10kV备用电源自动投入装置、更换35kV备用电源自动投入装置、更换110kV备用电源自动投入装置、更换220kV备用电源自动投入装置。

主要内容：旧设备拆除；二次接线拆除；新装置安装；二次接线；综自系统相关参数设置与修改；保护定值整定；装置调试；开关传动。

具体施工工序流程：旧设备拆除→新设备安装→二次接线→参数整定→装置调试。典型方案备用电源自动投入装置施工工序流程图见图14-0-1。

22.1 JG10-01更换10kV备用电源自动投入装置

22.1.1 典型方案主要技术条件

典型方案更换10kV备用电源自动投入装置主要技术条件见表22-1-1。

表22-1-1　　　典型方案更换10kV备用电源自动投入装置主要技术条件

方案名称	工程主要技术条件	
更换10kV备用电源自动投入装置	规格型号	单套配置
	组屏方式	就地布置
	是否停电	是

22.1.2 典型方案概算书

概算投资为总投资，按照典型造价编制依据要求编制。典型方案更换10kV备用电源自动投入装置总概算汇总表、安装工程专业汇总表、拆除工程专业汇总表，分别见表22-1-2~表22-1-4。

表22-1-2　　　典型方案更换10kV备用电源自动投入装置总概算汇总表　　　金额单位：万元

序号	工程或费用名称	金额	占工程总投资的比例（%）
一	建筑工程费		
二	安装工程费	0.45	25.22
三	拆除工程费	0.02	1.39
四	设备购置费	1.31	73.39

序号	工程或费用名称	金额	占工程总投资的比例（%）
五	小计	1.78	100
	其中：甲供设备材料费	1.31	73.39
六	其他费用		
七	基本预备费		
八	特殊项目		
九	工程静态投资合计	1.78	100
	其中：可抵扣增值税金额	0.17	9.72

表 22-1-3　典型方案更换 10kV 备用电源自动投入装置安装工程专业汇总表　　金额单位：元

序号	工程或费用名称	安装工程费			设备购置费	合计
		主要材料费	安装费	小计		
	安装工程	1954	2544	4498	13086	17584
四	控制及直流系统	1954	2544	4498	13086	17584
1	监控或监测系统	1954	2544	4498	13086	17584
1.3	调试	1954	2544	4498	13086	17584
	分系统调试	1954	2544	4498	13086	17584
	合计	1954	2544	4498	13086	17584

表 22-1-4　典型方案更换 10kV 备用电源自动投入装置拆除工程专业汇总表　　金额单位：元

序号	工程或费用名称	拆除工程费
	拆除工程	248
	安装工程	248
四	控制及直流系统	248
2	继电保护装置	248
	合计	248

22.1.3　典型方案电气设备材料表

典型方案更换 10kV 备用电源自动投入装置电气设备材料表见表 22-1-5。

表 22-1-5　　　　典型方案更换 10kV 备用电源自动投入装置电气设备材料表

序/编号	设备或材料名称	单位	数量	备注
四	控制及直流系统			
1	监控或监测系统			
1.3	调试			
	分系统调试			
100000010	35kV 变电站控制电缆	km	0.1	
500008776	备用设备及备用电源自动投入装置，AC10kV	套	1	

22.1.4　典型方案工程量表

典型方案更换 10kV 备用电源自动投入装置工程量见表 22-1-6。

表 22-1-6　　　　典型方案更换 10kV 备用电源自动投入装置工程量表

序/编号	名称	单位	数量	备注
	建筑工程			
	安装工程			
四	控制及直流系统			
1	监控或监测系统			
1.3	调试			
	分系统调试			
JYD9-54	自动装置调试　备用电源自动投入装置　10kV	套	1	
JYD4-14	成套装置安装　保护测控装置	套	1	
JYD7-36	电缆敷设及试验　截面（mm² 以内）10	100m	1	
	拆除工程			
	安装工程			
四	控制及直流系统			
2	继电保护装置			
CYD10-40	盘柜装置、插件、附件及二次配线拆除　保护测控装置	套	1	
CYD7-3	全站电缆拆除　控制电缆	100m	0.5	

22.2　JG10-02 更换 35kV 备用电源自动投入装置

22.2.1　典型方案主要技术条件

典型方案更换 35kV 备用电源自动投入装置主要技术条件见表 22-2-1。

表 22-2-1　　典型方案更换 35kV 备用电源自动投入装置主要技术条件

方案名称	工程主要技术条件	
更换 35kV 备用电源自动投入装置	规格型号	单套配置
	组屏方式	就地布置
	是否停电	是

22.2.2　典型方案概算书

概算投资为总投资，按照典型造价编制依据要求编制。典型方案更换 35kV 备用电源自动投入装置包括总概算汇总表、安装工程专业汇总表、拆除工程专业汇总表，分别见表 22-2-2~ 表 22-2-4。

表 22-2-2　　典型方案更换 35kV 备用电源自动投入装置总概算汇总表　　金额单位：万元

序号	工程或费用名称	金额	占工程总投资的比例（%）
一	建筑工程费		
二	安装工程费	0.53	21.93
三	拆除工程费	0.02	1.03
四	设备购置费	1.85	77.04
五	小计	2.4	100
	其中：甲供设备材料费	1.85	77.04
六	其他费用		
七	基本预备费		
八	特殊项目		
九	工程静态投资合计	2.4	100
	其中：可抵扣增值税金额	0.24	10.07

表 22-2-3　　　　典型方案更换 35kV 备用电源自动投入装置安装工程专业汇总表　　　金额单位：元

序号	工程或费用名称	安装工程费			设备购置费	合计
		主要材料费	安装费	小计		
	安装工程	1954	3317	5271	18516	23787
四	控制及直流系统	1954	3317	5271	18516	23787
1	监控或监测系统	1954	3317	5271	18516	23787
1.2	35kV 备用电源自动投切装置 1 台	1954	3317	5271	18516	23787
	合计	1954	3317	5271	18516	23787

表 22-2-4　　　　典型方案更换 35kV 备用电源自动投入装置拆除工程专业汇总表　　　金额单位：元

序号	工程或费用名称	拆除工程费
	拆除工程	248
	安装工程	248
四	控制及直流系统	248
2	继电保护装置	248
	合计	248

22.2.3　典型方案电气设备材料表

典型方案更换 35kV 备用电源自动投入装置电气设备材料表见表 22-2-5。

表 22-2-5　　　　典型方案更换 35kV 备用电源自动投入装置电气设备材料表

序 / 编号	设备或材料名称	单位	数量	备注
四	控制及直流系统			
1	监控或监测系统			
1.2	35kV 备用电源自动投切装置 1 台			
100000010	35kV 变电站控制电缆	km	0.1	
500008777	备用设备及备用电源自动投入装置，AC35kV	套	1	

22.2.4　典型方案工程量表

典型方案更换 35kV 备用电源自动投入装置工程量见表 22-2-6。

表 22-2-6　　　　典型方案更换 35kV 备用电源自动投入装置工程量表

序 / 编号	名称	单位	数量	备注
	建筑工程			
	安装工程			
四	控制及直流系统			
1	监控或监测系统			
1.2	35kV 备用电源自动投切装置 1 台			
JYD9-55	自动装置调试　备用电源自动投入装置　35kV	套	1	
JYD4-14	成套装置安装　保护测控装置	套	1	
JYD7-36	电缆敷设及试验　截面（mm² 以内）10	100m	1	
	拆除工程			
	安装工程			
四	控制及直流系统			
2	继电保护装置			
CYD10-40	盘柜装置、插件、附件及二次配线拆除　保护测控装置	套	1	
CYD7-3	全站电缆拆除　控制电缆	100m	0.5	

22.3　JG10-03 更换 110kV 备用电源自动投入装置

22.3.1　典型方案主要技术条件

典型方案更换 110kV 备用电源自动投入装置主要技术条件见表 22-3-1。

表 22-3-1　　　　典型方案更换 110kV 备用电源自动投入装置主要技术条件

方案名称	工程主要技术条件	
更换 110kV 备用电源自动投入装置	规格型号	单套配置
	组屏方式	单套组屏
	是否停电	是

22.3.2　典型方案概算书

概算投资为总投资，按照典型造价编制依据要求编制。典型方案更换 110kV 备用电源自动投入装置包括总概算汇总表、安装工程专业汇总表、拆除工程专业汇总表，分别见表 22-3-2~ 表 22-3-4。

表 22-3-2 典型方案更换 110kV 备用电源自动投入装置总概算汇总表 金额单位：万元

序号	工程或费用名称	金额	占工程总投资的比例（%）
一	建筑工程费		
二	安装工程费	0.73	20.96
三	拆除工程费	0.02	0.71
四	设备购置费	2.72	78.33
五	小计	3.47	100
	其中：甲供设备材料费	2.72	78.33
六	其他费用		
七	基本预备费		
八	特殊项目		
九	工程静态投资合计	3.47	100
	其中：可抵扣增值税金额	0.36	10.4

表 22-3-3 典型方案更换 110kV 备用电源自动投入装置安装工程专业汇总表 金额单位：元

序号	工程或费用名称	安装工程费			设备购置费	合计
		主要材料费	安装费	小计		
	安装工程	1596	5680	7277	27196	34473
四	控制及直流系统	1596	5680	7277	27196	34473
1	监控或监测系统	1596	5680	7277	27196	34473
1.2	110kV 备用电源自动投切装置 1 台	1596	5680	7277	27196	34473
	合计	1596	5680	7277	27196	34473

表 22-3-4 典型方案更换 110kV 备用电源自动投入装置拆除工程专业汇总表 金额单位：元

序号	工程或费用名称	拆除工程费
	拆除工程	248
	安装工程	248
四	控制及直流系统	248
2	继电保护装置	248
	合计	248

22.3.3 典型方案电气设备材料表

典型方案更换 110kV 备用电源自动投入装置电气设备材料表见表 22-3-5。

表 22-3-5　　典型方案更换 110kV 备用电源自动投入装置电气设备材料表

序 / 编号	设备或材料名称	单位	数量	备注
四	控制及直流系统			
1	监控或监测系统			
1.2	110kV 备用电源自动投切装置 1 台			
100000012	110kV 变电站控制电缆	km	0.1	
500008775	备用设备及备用电源自动投入，AC110kV	套	1	

22.3.4 典型方案工程量表

典型方案更换 110kV 备用电源自动投入装置工程量见表 22-3-6。

表 22-3-6　　典型方案更换 110kV 备用电源自动投入装置工程量表

序 / 编号	名称	单位	数量	备注
	建筑工程			
	安装工程			
四	控制及直流系统			
1	监控或监测系统			
1.2	110kV 备用电源自动投切装置 1 台			
JYD9-56	自动装置调试　备用电源自动投入装置　110kV	套	1	
JYD4-14	成套装置安装　保护测控装置	套	1	
JYD7-36	电缆敷设及试验　截面（mm^2 以内）10	100m	1	
	拆除工程			
	安装工程			
四	控制及直流系统			
2	继电保护装置			
CYD10-40	盘柜装置、插件、附件及二次配线拆除　保护测控装置	套	1	
CYD7-3	全站电缆拆除　控制电缆	100m	0.5	

22.4 JG10-04 更换 220kV 备用电源自动投入装置

22.4.1 典型方案主要技术条件

典型方案更换 220kV 备用电源自动投入装置主要技术条件见表 22-4-1。

表 22-4-1　　　　典型方案更换 220kV 备用电源自动投入装置主要技术条件

方案名称	工程主要技术条件	
更换 220kV 备用电源自动投入装置	规格型号	单套配置
	组屏方式	单套组屏
	是否停电	是

22.4.2 典型方案概算书

概算投资为总投资，按照典型造价编制依据要求编制。典型方案更换 220kV 备用电源自动投入装置包括总概算汇总表、安装工程专业汇总表、拆除工程专业汇总表，分别见表 22-4-2~ 表 22-4-4。

表 22-4-2　　　　典型方案更换 220kV 备用电源自动投入装置总概算汇总表　　　金额单位：万元

序号	工程或费用名称	金额	占工程总投资的比例（%）
一	建筑工程费		
二	安装工程费	1.06	15.68
三	拆除工程费	0.05	0.68
四	设备购置费	5.65	83.64
五	小计	6.76	100
	其中：甲供设备材料费	5.65	83.65
六	其他费用		
七	基本预备费		
八	特殊项目		
九	工程静态投资合计	6.76	100
	其中：可抵扣增值税金额	0.71	10.56

表 22-4-3　　典型方案更换 220kV 备用电源自动投入装置安装工程专业汇总表　　金额单位：元

序号	工程或费用名称	安装工程费			设备购置费	合计
		主要材料费	安装费	小计		
	安装工程	3193	7398	10591	56517	67108
四	控制及直流系统	3193	7398	10591	56517	67108
1	监控或监测系统	3193	7398	10591	56517	67108
1.2	220kV 备用电源自动投切装置 1 台	3193	7398	10591	56517	67108
	合计	3193	7398	10591	56517	67108

表 22-4-4　　典型方案更换 220kV 备用电源自动投入装置拆除工程专业汇总表　　金额单位：元

序号	工程或费用名称	拆除工程费
	拆除工程	458
	安装工程	458
四	控制及直流系统	458
2	继电保护装置	458
	合计	458

22.4.3　典型方案电气设备材料表

典型方案更换 220kV 备用电源自动投入装置电气设备材料表见表 22-4-5。

表 22-4-5　　典型方案更换 220kV 备用电源自动投入装置电气设备材料表

序 / 编号	设备或材料名称	单位	数量	备注
四	控制及直流系统			
1	监控或监测系统			
1.2	220kV 备用电源自动投切装置 1 台			
100000013	220kV 变电站控制电缆	km	0.2	
500008779	备用设备及备用电源自动投入，AC220kV	套	1	

22.4.4　典型方案工程量表

典型方案更换 220kV 备用电源自动投入装置工程量见表 22-4-6。

表 22-4-6   典型方案更换 220kV 备用电源自动投入装置工程量表

序 / 编号	名称	单位	数量	备注
	建筑工程			
	安装工程			
四	控制及直流系统			
1	监控或监测系统			
1.2	220kV 备用电源自动投切装置 1 台			
JYD9-57	自动装置调试 备用电源自动投入装置 220kV	套	1	
JYD4-14	成套装置安装 保护测控装置	套	1	
JYD7-36	电缆敷设及试验 截面（mm² 以内）10	100m	2	
	拆除工程			
	安装工程			
四	控制及直流系统			
2	继电保护装置			
CYD10-40	盘柜装置、插件、附件及二次配线拆除 保护测控装置	套	1	
CYD7-3	全站电缆拆除 控制电缆	100m	1	

第 23 章 其 他

其他典型方案共 5 个，分别为更换故障录波、更换行波测距、更换精准切负荷系统、更换稳控系统、更换低频低压减载。

主要内容：旧屏柜和二次电缆拆除；新屏柜安装；屏柜接地；二次线缆（含低压电力电缆、控制电缆、通信线缆）敷设；二次接线；综自系统相关参数设置与修改；保护定值整定；装置调试；开关传动。

具体施工工序流程：旧设备拆除→新设备安装→二次接线→参数整定→装置调试。典型方案其他施工工序流程图见图 14-0-1。

23.1 JG11-01 更换故障录波

23.1.1 典型方案主要技术条件

典型方案更换故障录波主要技术条件见表 23-1-1。

表 23-1-1　　　　　　典型方案更换故障录波主要技术条件

方案名称	工程主要技术条件	
更换故障录波	规格型号	常规站单套配置、智能站双套配置
	组屏方式	1 套装置组 1 面屏
	是否停电	否

23.1.2　典型方案概算书

概算投资为总投资，按照典型造价编制依据要求编制。典型方案更换故障录波总概算汇总表、安装工程专业汇总表、拆除工程专业汇总表，分别见表 23-1-2~ 表 23-1-4。

表 23-1-2　　　　　　典型方案更换故障录波总概算汇总表　　　　金额单位：万元

序号	工程或费用名称	金额	占工程总投资的比例（%）
一	建筑工程费		
二	安装工程费	1.7	31.66
三	拆除工程费	0.14	2.65
四	设备购置费	3.52	65.69
五	小计	5.37	100
	其中：甲供设备材料费	3.52	65.69
六	其他费用		
七	基本预备费		
八	特殊项目		
九	工程静态投资合计	5.37	100
	其中：可抵扣增值税金额	0.48	8.87

表 23-1-3　　　　　　典型方案更换故障录波安装工程专业汇总表　　　　金额单位：元

序号	工程或费用名称	安装工程费			设备购置费	合计
		主要材料费	安装费	小计		
	安装工程	9771	7218	16988	35245	52233
四	控制及直流系统	9771	7218	16988	35245	52233
2	继电保护装置	9771	7218	16988	35245	52233
	合计	9771	7218	16988	35245	52233

表 23-1-4　　　　　典型方案更换故障录波拆除工程专业汇总表　　　　　金额单位：元

序号	工程或费用名称	拆除工程费
	拆除工程	1424
	安装工程	1424
四	控制及直流系统	1424
2	继电保护装置	1424
	合计	1424

23.1.3　典型方案电气设备材料表

典型方案更换故障录波电气设备材料表见表 23-1-5。

表 23-1-5　　　　　典型方案更换故障录波电气设备材料表

序 / 编号	设备或材料名称	单位	数量	备注
四	控制及直流系统			
2	继电保护装置			
500008802	故障录波装置，AC10kV	套	1	
100000010	35kV 变电站控制电缆	km	0.5	

23.1.4　典型方案工程量表

典型方案更换故障录波工程量见表 23-1-6。

表 23-1-6　　　　　　典型方案更换故障录波工程量表

序 / 编号	名称	单位	数量	备注
	建筑工程			
	安装工程			
四	控制及直流系统			
2	继电保护装置			
JYD4-1	控制保护屏柜、汇控柜、端子箱、屏边安装　保护二次屏柜安装	台	1	
JYD9-39	自动装置调试　故障录波器	套	1	
JYD7-36	电缆敷设及试验　截面（mm² 以内）10	100m	5	
	拆除工程			

续表

序 / 编号	名称	单位	数量	备注
	安装工程			
四	控制及直流系统			
2	继电保护装置			
CYD4–1	控制保护屏拆除　保护二次屏（柜）	台	1	
CYD7–3	全站电缆拆除　控制电缆	100m	0.5	

23.2　JG11-02 更换行波测距

23.2.1　典型方案主要技术条件

典型方案更换行波测距主要技术条件见表 23–2–1。

表 23-2-1　　　　　　　典型方案更换行波测距主要技术条件

方案名称	工程主要技术条件	
更换行波测距	规格型号	配备独立对时，采样和处理单元、联网设备单套配置
	组屏方式	1 套装置组 1 面屏，采样装置扩展时需单独组屏
	是否停电	否

23.2.2　典型方案概算书

概算投资为总投资，按照典型造价编制依据要求编制。典型方案更换行波测距包括总概算汇总表、安装工程专业汇总表、拆除工程专业汇总表，分别见表 23–2–2~ 表 23–2–4。

表 23-2-2　　　　　　　典型方案更换行波测距总概算汇总表　　　　　　　金额单位：万元

序号	工程或费用名称	金额	占工程总投资的比例（％）
一	建筑工程费		
二	安装工程费	1.18	7.17
三	拆除工程费	0.16	0.99
四	设备购置费	15.11	91.84
五	小计	16.45	100
	其中：甲供设备材料费	15.42	93.78
六	其他费用		

续表

序号	工程或费用名称	金额	占工程总投资的比例（%）
七	基本预备费		
八	特殊项目		
九	工程静态投资合计	16.45	100
	其中：可抵扣增值税金额	1.82	11.06

表 23-2-3　　　　　　　　典型方案更换行波测距安装工程专业汇总表　　　　　金额单位：元

序号	工程或费用名称	安装工程费			设备购置费	合计
		主要材料费	安装费	小计		
	安装工程	3193	8602	11795	151050	162845
四	控制及直流系统	3193	8602	11795	151050	162845
2	继电保护装置	3193	8602	11795	151050	162845
	合计	3193	8602	11795	151050	162845

表 23-2-4　　　　　　　　典型方案更换行波测距拆除工程专业汇总表　　　　　金额单位：元

序号	工程或费用名称	拆除工程费
	拆除工程	1634
	安装工程	1634
四	控制及直流系统	1634
2	继电保护装置	1634
	合计	1634

23.2.3　典型方案电气设备材料表

典型方案更换行波测距电气设备材料表见表 23-2-5。

表 23-2-5　　　　　　　　典型方案更换行波测距电气设备材料表

序/编号	设备或材料名称	单位	数量	备注
四	控制及直流系统			
2	继电保护装置			
000000001	行波测距	套	1	
100000014	500kV 变电站控制电缆	km	0.2	

23.2.4　典型方案工程量表

典型方案更换行波测距工程量见表 23-2-6。

表 23-2-6　　　　　　　　典型方案更换行波测距工程量表

序 / 编号	名称	单位	数量	备注
	建筑工程			
	安装工程			
四	控制及直流系统			
2	继电保护装置			
JYD4-1	控制保护屏柜、汇控柜、端子箱、屏边安装　保护二次屏柜安装	台	1	
JYS1-218	分系统调试　行波测距系统　500kV 以下	套	1	
JYD7-36	电缆敷设及试验　截面（mm² 以内）10	100m	2	
	拆除工程			
	安装工程			
四	控制及直流系统			
2	继电保护装置			
CYD4-1	控制保护屏拆除　保护二次屏（柜）	台	1	
CYD7-3	全站电缆拆除　控制电缆	100m	1	

23.3　JG11-03 更换精准切负荷系统

23.3.1　典型方案主要技术条件

典型方案更换精准切负荷系统主要技术条件见表 23-3-1。

表 23-3-1　　　　　　典型方案更换精准切负荷系统主要技术条件

方案名称	工程主要技术条件	
更换精准切负荷系统	规格型号	双套配置
	组屏方式	每套装置各组 1 面屏
	是否停电	是

23.3.2　典型方案概算书

概算投资为总投资，按照典型造价编制依据要求编制。典型方案更换精准切负荷系统包括总概算汇总表、安装工程专业汇总表、拆除工程专业汇总表，分别见表23-3-2~表23-3-4。

表 23-3-2　　　　　典型方案更换精准切负荷系统总概算汇总表　　　　金额单位：万元

序号	工程或费用名称	金额	占工程总投资的比例（%）
一	建筑工程费		
二	安装工程费	1.62	7.37
三	拆除工程费	0.26	1.2
四	设备购置费	20.14	91.43
五	小计	22.03	100
	其中：甲供设备材料费	20.14	91.43
六	其他费用		
七	基本预备费		
八	特殊项目		
九	工程静态投资合计	22.03	100
	其中：可抵扣增值税金额	2.39	10.84

表 23-3-3　　　　典型方案更换精准切负荷系统安装工程专业汇总表　　　　金额单位：元

序号	工程或费用名称	安装工程费			设备购置费	合计
		主要材料费	安装费	小计		
	安装工程	9771	6470	16240	201400	217640
四	控制及直流系统	9771	6470	16240	201400	217640
2	继电保护装置	9771	6470	16240	201400	217640
	合计	9771	6470	16240	201400	217640

表 23-3-4　　　　典型方案更换精准切负荷系统拆除工程专业汇总表　　　　金额单位：元

序号	工程或费用名称	拆除工程费
	拆除工程	2637
	安装工程	2637
四	控制及直流系统	2637
2	继电保护装置	2637
	合计	2637

23.3.3　典型方案电气设备材料表

典型方案更换精准切负荷系统电气设备材料表见表 23-3-5。

表 23-3-5　　　　　　　典型方案更换精准切负荷系统电气设备材料表

序 / 编号	设备或材料名称	单位	数量	备注
四	控制及直流系统			
2	继电保护装置			
100000010	35kV 变电站控制电缆	km	0.5	
000000002	精准切负荷系统	套	2	

23.3.4　典型方案工程量表

典型方案更换精准切负荷系统工程量见表 23-3-6。

表 23-3-6　　　　　　　典型方案更换精准切负荷系统工程量表

序 / 编号	名称	单位	数量	备注
	建筑工程			
	安装工程			
四	控制及直流系统			
2	继电保护装置			
JYD4-1	控制保护屏柜、汇控柜、端子箱、屏边安装　保护二次屏柜安装	台	2	
JYD9-47	自动装置调试　低频减负荷装置	套	2	
JYD7-36	电缆敷设及试验　截面（mm² 以内）10	100m	5	
	拆除工程			
	安装工程			
四	控制及直流系统			
2	继电保护装置			
CYD4-1	控制保护屏拆除　保护二次屏（柜）	台	2	
CYD7-3	全站电缆拆除　控制电缆	100m	0.5	

23.4　JG11-04 更换稳控系统

23.4.1　典型方案主要技术条件

典型方案更换稳控系统主要技术条件见表 23-4-1。

表 23-4-1　　　　　　典型方案更换稳控系统主要技术条件

方案名称	工程主要技术条件	
更换稳控系统	规格型号	双套配置
	组屏方式	每套装置各组 1 面屏
	是否停电	是

23.4.2　典型方案概算书

　　概算投资为总投资，按照典型造价编制依据要求编制。典型方案更换稳控系统包括总概算汇总表、安装工程专业汇总表、拆除工程专业汇总表，分别见表 23-4-2～表 23-4-4。

表 23-4-2　　　　　　典型方案更换稳控系统总概算汇总表　　　　　　金额单位：万元

序号	工程或费用名称	金额	占工程总投资的比例（%）
一	建筑工程费		
二	安装工程费	3.61	12.39
三	拆除工程费	0.33	1.12
四	设备购置费	25.22	86.49
五	小计	29.15	100
	其中：甲供设备材料费	25.22	86.49
六	其他费用		
七	基本预备费		
八	特殊项目		
九	工程静态投资合计	29.15	100
	其中：可抵扣增值税金额	3.09	10.59

表 23-4-3　　　　　典型方案更换稳控系统安装工程专业汇总表　　　　金额单位：元

序号	工程或费用名称	安装工程费			设备购置费	合计
		主要材料费	安装费	小计		
	安装工程	15964	20144	36108	252161	288269
四	控制及直流系统	15964	20144	36108	252161	288269
2	继电保护装置	15964	20144	36108	252161	288269
	合计	15964	20144	36108	252161	288269

表 23-4-4　　　　　典型方案更换稳控系统拆除工程专业汇总表　　　　金额单位：元

序号	工程或费用名称	拆除工程费
	拆除工程	3268
	安装工程	3268
四	控制及直流系统	3268
2	继电保护装置	3268
	合计	3268

23.4.3　典型方案电气设备材料表

典型方案更换稳控系统电气设备材料表见表 23-4-5。

表 23-4-5　　　　　典型方案更换稳控系统电气设备材料表

序 / 编号	设备或材料名称	单位	数量	备注
四	控制及直流系统			
2	继电保护装置			
500100383	智能变电站稳定控制装置，AC110kV	套	2	
100000012	110kV 变电站控制电缆	km	1	

23.4.4　典型方案工程量表

典型方案更换稳控系统工程量见表 23-4-6。

表 23-4-6　　　　　　　典型方案更换稳控系统工程量表

序 / 编号	名称	单位	数量	备注
	建筑工程			
	安装工程			
四	控制及直流系统			
2	继电保护装置			
JYD4-1	控制保护屏柜、汇控柜、端子箱、屏边安装　保护二次屏柜安装	台	2	
JYS1-71	分系统调试　安全稳定系统　110kV	套	2	
JYD7-36	电缆敷设及试验　截面（mm² 以内）10	100m	10	
	拆除工程			
	安装工程			
四	控制及直流系统			
2	继电保护装置			
CYD4-1	控制保护屏拆除　保护二次屏（柜）	台	2	
CYD7-3	全站电缆拆除　控制电缆	100m	2	

23.5　JG11-05 更换低频低压减载

23.5.1　典型方案主要技术条件

典型方案更换低频低压减载主要技术条件见表 23-5-1。

表 23-5-1　　　　　　典型方案更换低频低压减载主要技术条件

方案名称	工程主要技术条件	
更换低频低压减载	规格型号	单套配置
	组屏方式	组 1 面屏
	是否停电	是

23.5.2　典型方案概算书

概算投资为总投资，按照典型造价编制依据要求编制。典型方案更换低频低压减载包括总概算汇总表、安装工程专业汇总表、拆除工程专业汇总表，分别见表 23-5-2~ 表 23-5-4。

表 23-5-2 典型方案更换低频低压减载总概算汇总表 金额单位：万元

序号	工程或费用名称	金额	占工程总投资的比例（%）
一	建筑工程费		
二	安装工程费	4.04	12.17
三	拆除工程费	0.33	0.98
四	设备购置费	28.83	86.85
五	小计	33.2	100
	其中：甲供设备材料费	28.83	86.85
六	其他费用		
七	基本预备费		
八	特殊项目		
九	工程静态投资合计	33.2	100
	其中：可抵扣增值税金额	3.54	10.66

表 23-5-3 典型方案更换低频低压减载安装工程专业汇总表 金额单位：元

序号	工程或费用名称	安装工程费			设备购置费	合计
		主要材料费	安装费	小计		
	安装工程	15965	24430	40395	288346	328741
四	控制及直流系统	15965	24430	40395	288346	328741
2	继电保护装置	15965	24430	40395	288346	328741
	合计	15965	24430	40395	288346	328741

表 23-5-4 典型方案更换低频低压减载拆除工程专业汇总表 金额单位：元

序号	工程或费用名称	拆除工程费
	拆除工程	3268
	安装工程	3268
四	控制及直流系统	3268
2	继电保护装置	3268
	合计	3268

23.5.3 典型方案电气设备材料表

典型方案更换低频低压减载电气设备材料表见表 23-5-5。

表 23-5-5　　　　　　　典型方案更换低频低压减载电气设备材料表

序 / 编号	设备或材料名称	单位	数量	备注
四	控制及直流系统			
2	继电保护装置			
100000013	220kV 变电站控制电缆	km	1	
500100381	智能变电站稳定控制装置，AC220kV	套	2	

23.5.4　典型方案工程量表

典型方案更换低频低压减载工程量见表 23-5-6。

表 23-5-6　　　　　　　典型方案更换低频低压减载工程量表

序 / 编号	名称	单位	数量	备注
	建筑工程			
	安装工程			
四	控制及直流系统			
2	继电保护装置			
JYD4-1	控制保护屏柜、汇控柜、端子箱、屏边安装　保护二次屏柜安装	台	2	
JYS1-72	分系统调试　安全稳定系统　220kV	套	2	
JYD7-36	电缆敷设及试验　截面（mm² 以内）10	100m	10	
	拆除工程			
	安装工程			
四	控制及直流系统			
2	继电保护装置			
CYD4-1	控制保护屏拆除　保护二次屏（柜）	台	2	
CYD7-3	全站电缆拆除　控制电缆	100m	2	

第5篇

自动化技改项目
典型造价

第24章 更换线路测控

线路测控典型方案共3个，分别为更换110kV线路测控、更换220kV线路测控、更换500kV线路测控。

主要内容：旧设备拆除；二次接线拆除；新装置安装；二次接线；综自系统相关参数设置与修改；装置调试；监控信息核对。

具体施工工序流程：旧设备拆除→新设备安装→二次接线→参数整定→装置调试。典型方案线路测控施工工序流程图见图14-0-1。

24.1 ZG01-01 更换110kV线路测控

24.1.1 典型方案主要技术条件

典型方案更换110kV线路测控主要技术条件见表24-1-1。

表24-1-1　　　　典型方案更换110kV线路测控主要技术条件

方案名称	工程主要技术条件	
更换110kV线路测控	规格型号	单套配置
	组屏方式	一套组1屏
	是否停电	是

24.1.2 典型方案概算书

概算投资为总投资，按照典型造价编制依据要求编制。典型方案更换110kV线路测控总概算汇总表、安装工程专业汇总表、拆除工程专业汇总表，分别见表24-1-2~表24-1-4。

表24-1-2　　　　典型方案更换110kV线路测控总概算汇总表　　　金额单位：万元

序号	工程或费用名称	金额	占工程总投资的比例（%）
一	建筑工程费		
二	安装工程费	2.47	37.11
三	拆除工程费	0.16	2.45
四	设备购置费	4.03	60.44
五	小计	6.66	100

续表

序号	工程或费用名称	金额	占工程总投资的比例（%）
	其中：甲供设备材料费	4.03	60.44
六	其他费用		
七	基本预备费		
八	特殊项目		
九	工程静态投资合计	6.66	100
	其中：可抵扣增值税金额	0.55	8.23

表 24-1-3　　　　典型方案更换 110kV 线路测控安装工程专业汇总表　　　金额单位：元

序号	工程或费用名称	安装工程费			设备购置费	合计
		主要材料费	安装费	小计		
	安装工程	15964	8765	24729	40280	65009
四	控制及直流系统	15964	8765	24729	40280	65009
1	监控或监测系统	15964	8765	24729	40280	65009
1.1	110kV 线路测控装置	15964	8765	24729	40280	65009
	合计	15964	8765	24729	40280	65009

表 24-1-4　　　　典型方案更换 110kV 线路测控拆除工程专业汇总表　　　金额单位：元

序号	工程或费用名称	拆除工程费
	拆除工程	1634
	安装工程	1634
四	控制及直流系统	1634
1	监控或监测系统	1634
1.1	计算机监控系统	1634
	合计	1634

24.1.3　典型方案电气设备材料表

典型方案更换 110kV 线路测控电气设备材料表见表 24-1-5。

表 24-1-5   典型方案更换 110kV 线路测控电气设备材料表

序 / 编号	设备或材料名称	单位	数量	备注
四	控制及直流系统			
1	监控或监测系统			
1.1	110kV 线路测控装置			
500008855	测控装置，AC110kV	套	1	
100000012	110kV 变电站控制电缆	km	1	

24.1.4　典型方案工程量表

典型方案更换 110kV 线路测控工程量见表 24-1-6。

表 24-1-6   典型方案更换 110kV 线路测控工程量表

序 / 编号	名称	单位	数量	备注
	建筑工程			
	安装工程			
四	控制及直流系统			
1	监控或监测系统			
1.1	110kV 线路测控装置			
JYD4-1	保护二次屏柜安装	台	1	
JYD9-78	变电站自动化系统设备调试　测控装置　110kV	套	1	
JYD7-36	电缆敷设及试验　截面（mm² 以内）10	100m	10	
	拆除工程			
	安装工程			
四	控制及直流系统			
1	监控或监测系统			
1.1	计算机监控系统			
CYD4-1	控制保护屏拆除　保护二次屏（柜）	台	1	
CYD7-3	全站电缆拆除　控制电缆	100m	1	

24.2　ZG01-02 更换 220kV 线路测控

24.2.1　典型方案主要技术条件

典型方案更换 220kV 线路测控主要技术条件见表 24-2-1。

表 24-2-1　　　　　　典型方案更换 220kV 线路测控主要技术条件

方案名称	工程主要技术条件	
更换 220kV 线路测控	规格型号	单套配置
	组屏方式	一套组 1 屏
	是否停电	是

24.2.2　典型方案概算书

概算投资为总投资，按照典型造价编制依据要求编制。典型方案更换 220kV 线路测控包括总概算汇总表、安装工程专业汇总表、拆除工程专业汇总表，分别见表 24-2-2~表 24-2-4。

表 24-2-2　　　　　典型方案更换 220kV 线路测控总概算汇总表　　　　　金额单位：万元

序号	工程或费用名称	金额	占工程总投资的比例（%）
一	建筑工程费		
二	安装工程费	4.65	52.33
三	拆除工程费	0.21	2.31
四	设备购置费	4.03	45.36
五	小计	8.88	100
	其中：甲供设备材料费	4.03	45.36
六	其他费用		
七	基本预备费		
八	特殊项目		
九	工程静态投资合计	8.88	100
	其中：可抵扣增值税金额	0.6	6.75

表 24-2-3 典型方案更换 220kV 线路测控安装工程专业汇总表 金额单位：元

序号	工程或费用名称	安装工程费			设备购置费	合计
		主要材料费	安装费	小计		
	安装工程	31930	14545	46475	40280	86755
四	控制及直流系统	31930	14545	46475	40280	86755
1	监控或监测系统	31930	14545	46475	40280	86755
1.1	220kV 线路测控装置	31930	14545	46475	40280	86755
	合计	31930	14545	46475	40280	86755

表 24-2-4 典型方案更换 220kV 线路测控拆除工程专业汇总表 金额单位：元

序号	工程或费用名称	拆除工程费
	拆除工程	2054
	安装工程	2054
四	控制及直流系统	2054
1	监控或监测系统	2054
1.1	计算机监控系统	2054
	合计	2054

24.2.3 典型方案电气设备材料表

典型方案更换 220kV 线路测控电气设备材料表见表 24-2-5。

表 24-2-5 典型方案更换 220kV 线路测控电气设备材料表

序 / 编号	设备或材料名称	单位	数量	备注
四	控制及直流系统			
1	监控或监测系统			
1.1	220kV 线路测控装置			
500008857	测控装置，AC220kV	套	1	
100000013	220kV 变电站控制电缆	km	2	

24.2.4 典型方案工程量表

典型方案更换 220kV 线路测控工程量见表 24-2-6。

表 24-2-6　　　　　　　　　典型方案更换 220kV 线路测控工程量表

序 / 编号	名称	单位	数量	备注
	建筑工程			
	安装工程			
四	控制及直流系统			
1	监控或监测系统			
1.1	220kV 线路测控装置			
JYD4–1	保护二次屏柜安装	台	1	
JYD9–79	变电站自动化系统设备调试　测控装置　220kV	套	1	
JYD7–36	电缆敷设及试验　截面（mm² 以内）10	100m	20	
	拆除工程			
	安装工程			
四	控制及直流系统			
1	监控或监测系统			
1.1	计算机监控系统			
CYD4–1	控制保护屏拆除　保护二次屏（柜）	台	1	
CYD7–3	全站电缆拆除　控制电缆	100m	2	

24.3　ZG01-03 更换 500kV 线路测控

24.3.1　典型方案主要技术条件

典型方案更换 500kV 线路测控主要技术条件见表 24-3-1。

表 24-3-1　　　　　　典型方案更换 500kV 线路测控主要技术条件

方案名称	工程主要技术条件	
	规格型号	单套配置
更换 500kV 线路测控	组屏方式	独立组屏
	是否停电	是

24.3.2　典型方案概算书

概算投资为总投资，按照典型造价编制依据要求编制。典型方案更换 500kV 线路测控包括总概算汇总表、安装工程专业汇总表、拆除工程专业汇总表，分别见表24-3-2~表24-3-4。

表24-3-2　　　　　　典型方案更换500kV线路测控总概算汇总表　　　　金额单位：万元

序号	工程或费用名称	金额	占工程总投资的比例（%）
一	建筑工程费		
二	安装工程费	2.92	35.82
三	拆除工程费	0.21	2.51
四	设备购置费	5.04	61.67
五	小计	8.16	100
	其中：甲供设备材料费	5.04	61.67
六	其他费用		
七	基本预备费		
八	特殊项目		
九	工程静态投资合计	8.16	100
	其中：可抵扣增值税金额	0.71	8.72

表24-3-3　　　　　　典型方案更换500kV线路测控安装工程专业汇总表　　　　金额单位：元

序号	工程或费用名称	安装工程费			设备购置费	合计
		主要材料费	安装费	小计		
	安装工程	15048	14196	29244	50350	79594
四	控制及直流系统	15048	14196	29244	50350	79594
1	监控或监测系统	15048	14196	29244	50350	79594
1.1	500kV线路测控装置	15048	14196	29244	50350	79594
	合计	15048	14196	29244	50350	79594
	安装工程	15048	14196	29244	50350	79594

表24-3-4　　　　　　典型方案更换500kV线路测控拆除工程专业汇总表　　　　金额单位：元

序号	工程或费用名称	拆除工程费
	拆除工程	2054
	安装工程	2054

续表

序号	工程或费用名称	拆除工程费
四	控制及直流系统	2054
1	监控或监测系统	2054
1.1	计算机监控系统	2054
	合计	2054

24.3.3　典型方案电气设备材料表

典型方案更换 500kV 线路测控电气设备材料表见表 24-3-5。

表 24-3-5　　　　　　典型方案更换 500kV 线路测控电气设备材料表

序 / 编号	设备或材料名称	单位	数量	备注
四	控制及直流系统			
1	监控或监测系统			
1.1	500kV 线路测控装置			
100000015	500kV 变电站控制电缆	km	1	
500008856	测控装置，AC500kV	套	1	

24.3.4　典型方案工程量表

典型方案更换 500kV 线路测控工程量见表 24-3-6。

表 24-3-6　　　　　　典型方案更换 500kV 线路测控工程量表

序 / 编号	名称	单位	数量	备注
	建筑工程			
	安装工程			
四	控制及直流系统			
1	监控或监测系统			
1.1	500kV 线路测控装置			
JYD4-1	保护二次屏柜安装	台	1	
JYD9-81	变电站自动化系统设备调试　测控装置　500kV	套	1	
JYD7-36	电缆敷设及试验　截面（mm² 以内）10	100m	10	

序 / 编号	名称	单位	数量	备注
	拆除工程			
	安装工程			
四	控制及直流系统			
1	监控或监测系统			
1.1	计算机监控系统			
CYD4–1	控制保护屏拆除 保护二次屏（柜）	台	1	
CYD7–3	全站电缆拆除 控制电缆	100m	2	

第 25 章 更换线路保护测控一体装置

线路保护测控一体装置典型方案共 3 个，分别为更换 10kV 线路保护测控、更换 35kV 线路保护测控、更换 110kV 线路保护测控。

主要内容：旧装置；二次接线拆除；新装置安装；二次接线；综自系统相关参数设置与修改；装置调试；监控信息核对。

具体施工工序流程：旧设备拆除→新设备安装→二次接线→参数整定→装置调试。典型方案线路保护测控一体装置施工工序流程图见图 14-0-1。

25.1 ZG02-01 更换 10kV 线路保护测控

25.1.1 典型方案主要技术条件

典型方案更换 10kV 线路保护测控主要技术条件见表 25-1-1。

表 25-1-1　　　典型方案更换 10kV 线路保护测控主要技术条件

方案名称	工程主要技术条件	
更换 10kV 线路保护测控	规格型号	单套配置
	组屏方式	就地布置
	是否停电	是

25.1.2 典型方案概算书

概算投资为总投资，按照典型造价编制依据要求编制。典型方案更换 10kV 线路保

护测控总概算汇总表、安装工程专业汇总表、拆除工程专业汇总表，分别见表 25-1-2~
表 25-1-4。

表 25-1-2　　　　典型方案更换 10kV 线路保护测控总概算汇总表　　　金额单位：万元

序号	工程或费用名称	金额	占工程总投资的比例（%）
一	建筑工程费		
二	安装工程费	0.65	24.07
三	拆除工程费	0.02	0.92
四	设备购置费	2.01	75.01
五	小计	2.69	100
	其中：甲供设备材料费	2.01	75.01
六	其他费用		
七	基本预备费		
八	特殊项目		
九	工程静态投资合计	2.69	100
	其中：可抵扣增值税金额	0.25	9.47

表 25-1-3　　　　典型方案更换 10kV 线路保护测控安装工程专业汇总表　　　金额单位：元

序号	工程或费用名称	安装工程费			设备购置费	合计
		主要材料费	安装费	小计		
	安装工程	3908	2554	6462	20140	26602
四	控制及直流系统	3908	2554	6462	20140	26602
1	监控或监测系统	3908	2554	6462	20140	26602
1.1	10kV 线路测保一体装置	3908	2554	6462	20140	26602
	合计	3908	2554	6462	20140	26602

表 25-1-4　　　　典型方案更换 10kV 线路保护测控拆除工程专业汇总表　　　金额单位：元

序号	工程或费用名称	拆除工程费
	拆除工程	248
	安装工程	248
四	控制及直流系统	248

续表

序号	工程或费用名称	拆除工程费
1	监控或监测系统	248
1.1	计算机监控系统	248
	合计	248

25.1.3 典型方案电气设备材料表

典型方案更换 10kV 线路保护测控电气设备材料表见表 25-1-5。

表 25-1-5　　典型方案更换 10kV 线路保护测控电气设备材料表

序/编号	设备或材料名称	单位	数量	备注
四	控制及直流系统			
1	监控或监测系统			
1.1	10kV 线路测保一体装置			
100000010	35kV 变电站控制电缆	km	0.2	
500139986	10kV 线路保护测控装置	套	1	

25.1.4 典型方案工程量表

典型方案更换 10kV 线路保护测控工程量见表 25-1-6。

表 25-1-6　　典型方案更换 10kV 线路保护测控工程量表

序/编号	名称	单位	数量	备注
	建筑工程			
	安装工程			
四	控制及直流系统			
1	监控或监测系统			
1.1	10kV 线路测保一体装置			
JYD4-14	成套装置安装　保护测控装置	套	1	
JYD9-2	保护装置调试　送配电保护装置 10kV	间隔	1	
JYD9-76	变电站自动化系统设备调试　测控装置　10kV	套	1	
JYD7-36	电缆敷设及试验　截面（mm² 以内）10	100m	2	
	拆除工程			

续表

序 / 编号	名称	单位	数量	备注
	安装工程			
四	控制及直流系统			
1	监控或监测系统			
1.1	计算机监控系统			
CYD10-40	盘柜装置、插件、附件及二次配线拆除 保护测控装置	套	1	
CYD7-3	全站电缆拆除 控制电缆	100m	0.5	

25.2 ZG02-02 更换 35kV 线路保护测控

25.2.1 典型方案主要技术条件

典型方案更换 35kV 线路保护测控主要技术条件见表 25-2-1。

表 25-2-1　　　典型方案更换 35kV 线路保护测控主要技术条件

方案名称	工程主要技术条件	
更换 35kV 线路保护测控	规格型号	单套配置
	组屏方式	就地布置
	是否停电	是

25.2.2 典型方案概算书

概算投资为总投资，按照典型造价编制依据要求编制。典型方案更换 35kV 线路保护测控总概算汇总表、安装工程专业汇总表、拆除工程专业汇总表，分别见表 25-2-2~表 25-2-4。

表 25-2-2　　　典型方案更换 35kV 线路保护测控总概算汇总表　　　金额单位：万元

序号	工程或费用名称	金额	占工程总投资的比例（%）
一	建筑工程费		
二	安装工程费	0.98	32.35
三	拆除工程费	0.02	0.83
四	设备购置费	2.01	66.82
五	小计	3.01	100

续表

序号	工程或费用名称	金额	占工程总投资的比例（%）
	其中：甲供设备材料费	2.01	66.82
六	其他费用		
七	基本预备费		
八	特殊项目		
九	工程静态投资合计	3.01	100
	其中：可抵扣增值税金额	0.28	9.34

表 25-2-3　　　　典型方案更换 35kV 线路保护测控安装工程专业汇总表　　　金额单位：元

序号	工程或费用名称	安装工程费			设备购置费	合计
		主要材料费	安装费	小计		
	安装工程	3908	5843	9751	20140	29891
四	控制及直流系统	3908	5843	9751	20140	29891
1	监控或监测系统	3908	5843	9751	20140	29891
1.1	35kV 线路保护测控装置	3908	5843	9751	20140	29891
	合计	3908	5843	9751	20140	29891

表 25-2-4　　　　典型方案更换 35kV 线路保护测控拆除工程专业汇总表　　　金额单位：元

序号	工程或费用名称	拆除工程费
	拆除工程	248
	安装工程	248
四	控制及直流系统	248
1	监控或监测系统	248
1.1	计算机监控系统	248
	合计	248

25.2.3　典型方案电气设备材料表

典型方案更换 35kV 线路保护测控电气设备材料表见表 25-2-5。

表 25-2-5　　　　　　　　典型方案更换 35kV 线路保护测控电气设备材料表

序 / 编号	设备或材料名称	单位	数量	备注
四	控制及直流系统			
1	监控或监测系统			
1.1	35kV 线路保护测控装置			
100000010	35kV 变电站控制电缆	km	0.2	
500139986	35kV 线路保护测控装置	套	1	

25.2.4　典型方案工程量表

典型方案更换 35kV 线路保护测控工程量见表 25-2-6。

表 25-2-6　　　　　　　　典型方案更换 35kV 线路保护测控工程量表

序 / 编号	名称	单位	数量	备注
	建筑工程			
	安装工程			
四	控制及直流系统			
1	监控或监测系统			
1.1	35kV 线路保护测控装置			
JYD4-14	成套装置安装　保护测控装置	套	1	
JYD9-3	保护装置调试　送配电保护装置　35kV	间隔	1	
JYD9-77	变电站自动化系统设备调试　测控装置　35kV	套	1	
JYD7-36	电缆敷设及试验　截面（mm² 以内）10	100m	2	
	拆除工程			
	安装工程			
四	控制及直流系统			
1	监控或监测系统			
1.1	计算机监控系统			
CYD10-40	盘柜装置、插件、附件及二次配线拆除　保护测控装置	套	1	
CYD7-3	全站电缆拆除　控制电缆	100m	0.5	

25.3　ZG02-03 更换 110kV 线路保护测控

25.3.1　典型方案主要技术条件

典型方案更换 110kV 线路保护测控主要技术条件见表 25-3-1。

表 25-3-1　　　　典型方案更换 110kV 线路保护测控主要技术条件

方案名称	工程主要技术条件	
更换 110kV 线路保护测控	规格型号	单套配置
	组屏方式	独立组屏
	是否停电	是

25.3.2　典型方案概算书

概算投资为总投资，按照典型造价编制依据要求编制。典型方案更换 110kV 线路保护测控总概算汇总表、安装工程专业汇总表、拆除工程专业汇总表，分别见表 25-3-2~表 25-3-4。

表 25-3-2　　　　典型方案更换 110kV 线路保护测控总概算汇总表　　　　金额单位：万元

序号	工程或费用名称	金额	占工程总投资的比例（%）
一	建筑工程费		
二	安装工程费	3.15	59.12
三	拆除工程费	0.16	3.07
四	设备购置费	2.01	37.81
五	小计	5.33	100
	其中：甲供设备材料费	2.01	37.81
六	其他费用		
七	基本预备费		
八	特殊项目		
九	工程静态投资合计	5.33	100
	其中：可抵扣增值税金额	0.37	7

表 25-3-3　　　　典型方案更换 110kV 线路保护测控安装工程专业汇总表　　　金额单位：元

序号	工程或费用名称	安装工程费			设备购置费	合计
		主要材料费	安装费	小计		
	安装工程	15964	15522	31486	20140	51626
四	控制及直流系统	15964	15522	31486	20140	51626
1	监控或监测系统	15964	15522	31486	20140	51626
1.1	110kV 测保一体装置	15964	15522	31486	20140	51626
	合计	15964	15522	31486	20140	51626

表 25-3-4　　　　典型方案更换 110kV 线路保护测控拆除工程专业汇总表　　　金额单位：元

序号	工程或费用名称	拆除工程费
	拆除工程	1634
	安装工程	1634
四	控制及直流系统	1634
1	监控或监测系统	1634
1.1	计算机监控系统	1634
	合计	1634

25.3.3　典型方案电气设备材料表

典型方案更换 110kV 线路保护测控电气设备材料表见表 25-3-5。

表 25-3-5　　　　典型方案更换 110kV 线路保护测控电气设备材料表

序 / 编号	设备或材料名称	单位	数量	备注
四	控制及直流系统			
1	监控或监测系统			
1.1	110kV 测保一体装置			
500139986	110kV 线路保护测控装置	套	1	
100000012	110kV 变电站控制电缆	km	1	

25.3.4　典型方案工程量表

典型方案更换 110kV 线路保护测控工程量见表 25-3-6。

表 25-3-6　　　　　　　　　典型方案更换110kV线路保护测控工程量表

序 / 编号	名称	单位	数量	备注
	建筑工程			
	安装工程			
四	控制及直流系统			
1	监控或监测系统			
1.1	110kV测保一体装置			
JYD4-1	保护二次屏柜安装	台	1	
JYD9-4	保护装置调试　送配电保护装置　110kV	间隔	1	
JYD9-78	变电站自动化系统设备调试　测控装置　110kV	套	1	
JYD7-36	电缆敷设及试验　截面（mm² 以内）10	100m	10	
	拆除工程			
	安装工程			
四	控制及直流系统			
1	监控或监测系统			
1.1	计算机监控系统			
CYD4-1	控制保护屏拆除　保护二次屏（柜）	台	1	
CYD7-3	全站电缆拆除　控制电缆	100m	1	

第 26 章　更换母线测控

母线测控典型方案共5个，分别为更换10kV母线测控、更换35kV母线测控、更换110kV母线测控、更换220kV母线测控、更换500kV母线测控。

主要内容：旧设备拆除；二次接线拆除；新装置安装；二次接线；综自系统相关参数设置与修改；装置调试；监控信息核对。

具体施工工序流程：旧设备拆除→新设备安装→二次接线→参数整定→装置调试。典型方案母线测控施工工序流程图见图14-0-1。

26.1　ZG03-01更换10kV母线测控

26.1.1　典型方案主要技术条件

典型方案更换10kV母线测控主要技术条件见表26-1-1。

表 26-1-1 　　　　　典型方案更换 10kV 母线测控主要技术条件

方案名称	工程主要技术条件	
更换 10kV 母线测控	规格型号	单套配置
	组屏方式	独立组屏
	是否停电	是

26.1.2　典型方案概算书

概算投资为总投资，按照典型造价编制依据要求编制。典型方案更换 10kV 母线测控总概算汇总表、安装工程专业汇总表、拆除工程专业汇总表，分别见表 26-1-2~ 表 26-1-4。

表 26-1-2 　　　　典型方案更换 10kV 母线测控总概算汇总表　　　　金额单位：万元

序号	工程或费用名称	金额	占工程总投资的比例（%）
一	建筑工程费		
二	安装工程费	2.56	94.73
三	拆除工程费	0.14	5.27
四	设备购置费		
五	小计	2.7	100
	其中：甲供设备材料费		
六	其他费用		
七	基本预备费		
八	特殊项目		
九	工程静态投资合计	2.7	100
	其中：可抵扣增值税金额	0.19	7.06

表 26-1-3 　　　　典型方案更换 10kV 母线测控安装工程专业汇总表　　　　金额单位：元

序号	工程或费用名称	安装工程费			设备购置费	合计
		主要材料费	安装费	小计		
	安装工程	3908	21667	25575		25575
四	控制及直流系统	3908	21667	25575		25575
1	监控或监测系统	3908	21667	25575		25575
1.1	10kV 母线测控装置	3908	21667	25575		25575
	合计	3908	21667	25575		25575

表 26-1-4　　　　　　典型方案更换 10kV 母线测控拆除工程专业汇总表　　　　金额单位：元

序号	工程或费用名称	拆除工程费
	拆除工程	1424
	安装工程	1424
四	控制及直流系统	1424
1	监控或监测系统	1424
1.1	计算机监控系统	1424
	合计	1424

26.1.3　典型方案电气设备材料表

典型方案更换 10kV 母线测控电气设备材料表见表 26-1-5。

表 26-1-5　　　　　　典型方案更换 10kV 母线测控电气设备材料表

序 / 编号	设备或材料名称	单位	数量	备注
四	控制及直流系统			
1	监控或监测系统			
1.1	10kV 母线测控装置			
500008854	10kV 母线测控装置	套	1	
100000010	35kV 变电站控制电缆	km	0.2	

26.1.4　典型方案工程量表

典型方案更换 10kV 母线测控工程量见表 26-1-6。

表 26-1-6　　　　　　典型方案更换 10kV 母线测控工程量表

序 / 编号	名称	单位	数量	备注
	建筑工程			
	安装工程			
四	控制及直流系统			
1	监控或监测系统			
1.1	10kV 母线测控装置			
JYD4-1	保护二次屏柜安装	台	1	

续表

序 / 编号	名称	单位	数量	备注
JYD9-76	变电站自动化系统设备调试　测控装置　10kV	套	1	
JYD7-36	电缆敷设及试验　截面（mm² 以内）10	100m	2	
	拆除工程			
	安装工程			
四	控制及直流系统			
1	监控或监测系统			
1.1	计算机监控系统			
CYD4-1	控制保护屏拆除　保护二次屏（柜）	台	1	
CYD7-3	全站电缆拆除　控制电缆	100m	0.5	

26.2　ZG03-02 更换 35kV 母线测控

26.2.1　典型方案主要技术条件

典型方案更换 35kV 母线测控主要技术条件见表 26-2-1。

表 26-2-1　　　　　　典型方案更换 35kV 母线测控主要技术条件

方案名称	工程主要技术条件	
更换 35kV 母线测控	规格型号	单套配置
	组屏方式	独立组屏
	是否停电	是

26.2.2　典型方案概算书

概算投资为总投资，按照典型造价编制依据要求编制。典型方案更换 35kV 母线测控总概算汇总表、安装工程专业汇总表、拆除工程专业汇总表，分别见表 26-2-2~ 表26-2-4。

表 26-2-2　　　　　典型方案更换 35kV 母线测控总概算汇总表　　　　金额单位：万元

序号	工程或费用名称	金额	占工程总投资的比例（%）
一	建筑工程费		
二	安装工程费	0.72	24.99
三	拆除工程费	0.14	4.95

续表

序号	工程或费用名称	金额	占工程总投资的比例（%）
四	设备购置费	2.01	70.06
五	小计	2.87	100
	其中：甲供设备材料费	2.01	70.06
六	其他费用		
七	基本预备费		
八	特殊项目		
九	工程静态投资合计	2.87	100
	其中：可抵扣增值税金额	0.27	9.39

表 26-2-3　　典型方案更换 35kV 母线测控安装工程专业汇总表　　金额单位：元

序号	工程或费用名称	安装工程费			设备购置费	合计
		主要材料费	安装费	小计		
	安装工程	3908	3274	7182	20140	27322
四	控制及直流系统	3908	3274	7182	20140	27322
1	监控或监测系统	3908	3274	7182	20140	27322
1.1	35kV 母线测控装置	3908	3274	7182	20140	27322
	合计	3908	3274	7182	20140	27322

表 26-2-4　　典型方案更换 35kV 母线测控拆除工程专业汇总表　　金额单位：元

序号	工程或费用名称	拆除工程费
	拆除工程	1424
	安装工程	1424
四	控制及直流系统	1424
1	监控或监测系统	1424
1.1	计算机监控系统	1424
	合计	1424

26.2.3　典型方案电气设备材料表

典型方案更换 35kV 母线测控电气设备材料表见表 26-2-5。

表 26-2-5　　　　　　典型方案更换 35kV 电抗器保护电气设备材料表

序 / 编号	设备或材料名称	单位	数量	备注
四	控制及直流系统			
1	监控或监测系统			
1.1	35kV 母线测控装置			
100000010	35kV 变电站控制电缆	km	0.2	
500008858	35kV 母线测控	套	1	

26.2.4　典型方案工程量表

典型方案更换 35kV 母线测控工程量见表 26-2-6。

表 26-2-6　　　　　　典型方案更换 35kV 母线测控工程量表

序 / 编号	名称	单位	数量	备注
	建筑工程			
	安装工程			
四	控制及直流系统			
1	监控或监测系统			
1.1	35kV 母线测控装置			
JYD4-1	保护二次屏柜安装	台	1	
JYD9-77	变电站自动化系统设备调试　测控装置　35kV	套	1	
JYD7-36	电缆敷设及试验　截面（mm² 以内）10	100m	2	
	拆除工程			
	安装工程			
四	控制及直流系统			
1	监控或监测系统			
1.1	计算机监控系统			
CYD4-1	控制保护屏拆除　保护二次屏（柜）	台	1	
CYD7-3	全站电缆拆除　控制电缆	100m	0.5	

26.3 ZG03-03 更换 110kV 母线测控

26.3.1 典型方案主要技术条件

典型方案更换 110kV 母线测控主要技术条件见表 26-3-1。

表 26-3-1 典型方案更换 110kV 母线测控主要技术条件

方案名称	工程主要技术条件	
更换 110kV 母线测控	规格型号	单套配置
	组屏方式	独立组屏
	是否停电	是

26.3.2 典型方案概算书

概算投资为总投资，按照典型造价编制依据要求编制。典型方案更换 110kV 母线测控总概算汇总表、安装工程专业汇总表、拆除工程专业汇总表，分别见表 26-3-2~ 表 26-3-4。

表 26-3-2 典型方案更换 110kV 母线测控总概算汇总表 金额单位：万元

序号	工程或费用名称	金额	占工程总投资的比例（%）
一	建筑工程费		
二	安装工程费	2.47	53.18
三	拆除工程费	0.16	3.51
四	设备购置费	2.01	43.31
五	小计	4.65	100
	其中：甲供设备材料费	2.01	43.31
六	其他费用		
七	基本预备费		
八	特殊项目		
九	工程静态投资合计	4.65	100
	其中：可抵扣增值税金额	0.32	6.82

表 26-3-3　　　　典型方案更换 110kV 母线测控安装工程专业汇总表　　　　金额单位：元

序号	工程或费用名称	安装工程费			设备购置费	合计
		主要材料费	安装费	小计		
	安装工程	15964	8765	24729	20140	44869
四	控制及直流系统	15964	8765	24729	20140	44869
1	监控或监测系统	15964	8765	24729	20140	44869
1.1	110kV 母线测控装置	15964	8765	24729	20140	44869
	合计	15964	8765	24729	20140	44869

表 26-3-4　　　　典型方案更换 110kV 母线测控拆除工程专业汇总表　　　　金额单位：元

序号	工程或费用名称	拆除工程费
	拆除工程	1634
	安装工程	1634
四	控制及直流系统	1634
1	监控或监测系统	1634
1.1	计算机监控系统	1634
	合计	1634

26.3.3　典型方案电气设备材料表

典型方案更换 110kV 母线测控电气设备材料表见表 26-3-5。

表 26-3-5　　　　典型方案更换 110kV 母线测控电气设备材料表

序 / 编号	设备或材料名称	单位	数量	备注
四	控制及直流系统			
1	监控或监测系统			
1.1	110kV 母线测控装置			
500008855	110kV 母线测控	套	1	
100000012	110kV 变电站控制电缆	km	1	

26.3.4　典型方案工程量表

典型方案更换 110kV 母线测控工程量见表 26-3-6。

表 26-3-6　　　　　　　典型方案更换 110kV 母线测控工程量表

序/编号	名称	单位	数量	备注
	建筑工程			
	安装工程			
四	控制及直流系统			
1	监控或监测系统			
1.1	110kV 母线测控装置			
JYD4-1	保护二次屏柜安装	台	1	
JYD9-78	变电站自动化系统设备调试　测控装置　110kV	套	1	
JYD7-36	电缆敷设及试验　截面（mm² 以内）10	100m	10	
	拆除工程			
	安装工程			
四	控制及直流系统			
1	监控或监测系统			
1.1	计算机监控系统			
CYD4-1	控制保护屏拆除　保护二次屏（柜）	台	1	
CYD7-3	全站电缆拆除　控制电缆	100m	1	

26.4　ZG03-04 更换 220kV 母线测控

26.4.1　典型方案主要技术条件

典型方案更换 220kV 母线测控主要技术条件见表 26-4-1。

表 26-4-1　　　　　　　典型方案更换 220kV 母线测控主要技术条件

方案名称	工程主要技术条件	
更换 220kV 母线测控	规格型号	单套配置
	组屏方式	独立组屏
	是否停电	是

26.4.2　典型方案概算书

概算投资为总投资，按照典型造价编制依据要求编制。典型方案更换 220kV 母线测控总概算汇总表、安装工程专业汇总表、拆除工程专业汇总表，分别见表 26-4-2~ 表 26-4-4。

表 26-4-2　　　　　**典型方案更换 220kV 母线测控总概算汇总表**　　　金额单位：万元

序号	工程或费用名称	金额	占工程总投资的比例（%）
一	建筑工程费		
二	安装工程费	4.65	67.68
三	拆除工程费	0.21	2.99
四	设备购置费	2.01	29.33
五	小计	6.87	100
	其中：甲供设备材料费	2.01	29.33
六	其他费用		
七	基本预备费		
八	特殊项目		
九	工程静态投资合计	6.87	100
	其中：可抵扣增值税金额	0.37	5.36

表 26-4-3　　　　　**典型方案更换 220kV 母线测控安装工程专业汇总表**　　　金额单位：元

序号	工程或费用名称	安装工程费			设备购置费	合计
		主要材料费	安装费	小计		
	安装工程	31930	14545	46475	20140	66615
四	控制及直流系统	31930	14545	46475	20140	66615
1	监控或监测系统	31930	14545	46475	20140	66615
1.1	220kV 母线测控装置	31930	14545	46475	20140	66615
	合计	31930	14545	46475	20140	66615

表 26-4-4　　　　　**典型方案更换 220kV 母线测控拆除工程专业汇总表**　　　金额单位：元

序号	工程或费用名称	拆除工程费
	拆除工程	2054
	安装工程	2054

续表

序号	工程或费用名称	拆除工程费
四	控制及直流系统	2054
1	监控或监测系统	2054
1.1	计算机监控系统	2054
	合计	2054

26.4.3　典型方案电气设备材料表

典型方案更换 220kV 母线测控电气设备材料表见表 26-4-5。

表 26-4-5　　　　　　　典型方案更换 220kV 母线测控电气设备材料表

序 / 编号	设备或材料名称	单位	数量	备注
四	控制及直流系统			
1	监控或监测系统			
1.1	220kV 母线测控装置			
500008857	母线测控装置，AC220kV	套	1	
100000013	220kV 变电站控制电缆	km	2	

26.4.4　典型方案工程量表

典型方案更换 220kV 母线测控工程量见表 26-4-6。

表 26-4-6　　　　　　　典型方案更换 220kV 母线测控工程量表

序 / 编号	名称	单位	数量	备注
	建筑工程			
	安装工程			
四	控制及直流系统			
1	监控或监测系统			
1.1	220kV 母线测控装置			
JYD4-1	保护二次屏柜安装	台	1	
JYD9-79	变电站自动化系统设备调试　测控装置　220kV	套	1	
JYD7-36	电缆敷设及试验　截面（mm² 以内）10	100m	20	

序 / 编号	名称	单位	数量	备注
	拆除工程			
	安装工程			
四	控制及直流系统			
1	监控或监测系统			
1.1	计算机监控系统			
CYD4-1	控制保护屏拆除　保护二次屏（柜）	台	1	
CYD7-3	全站电缆拆除　控制电缆	100m	2	

26.5　ZG03-05 更换 500kV 母线测控

26.5.1　典型方案主要技术条件

典型方案更换 500kV 母线测控主要技术条件见表 26-5-1。

表 26-5-1　　　　典型方案更换 500kV 母线测控主要技术条件

方案名称	工程主要技术条件	
更换 500kV 母线测控	规格型号	单套配置
	组屏方式	独立组屏
	是否停电	是

26.5.2　典型方案概算书

概算投资为总投资，按照典型造价编制依据要求编制。典型方案更换 500kV 母线测控总概算汇总表、安装工程专业汇总表、拆除工程专业汇总表，分别见表 26-5-2~ 表 26-5-4。

表 26-5-2　　　　典型方案更换 500kV 母线测控总概算汇总表　　　　金额单位：万元

序号	工程或费用名称	金额	占工程总投资的比例（%）
一	建筑工程费		
二	安装工程费	2.92	40.86
三	拆除工程费	0.21	2.87
四	设备购置费	4.03	56.27

续表

序号	工程或费用名称	金额	占工程总投资的比例（%）
五	小计	7.16	100
	其中：甲供设备材料费	4.03	56.27
六	其他费用		
七	基本预备费		
八	特殊项目		
九	工程静态投资合计	7.16	100
	其中：可抵扣增值税金额	0.6	8.34

表 26-5-3　　　　　　典型方案更换 500kV 母线测控安装工程专业汇总表　　　　　金额单位：元

序号	工程或费用名称	安装工程费			设备购置费	合计
		主要材料费	安装费	小计		
	安装工程	15048	14196	29244	40280	69524
四	控制及直流系统	15048	14196	29244	40280	69524
1	监控或监测系统	15048	14196	29244	40280	69524
1.1	500kV 母线测控装置	15048	14196	29244	40280	69524
	合计	15048	14196	29244	40280	69524

表 26-5-4　　　　　　典型方案更换 500kV 母线测控拆除工程专业汇总表　　　　　金额单位：元

序号	工程或费用名称	拆除工程费
	拆除工程	2054
	安装工程	2054
四	控制及直流系统	2054
1	监控或监测系统	2054
1.1	计算机监控系统	2054
	合计	2054

26.5.3　典型方案电气设备材料表

典型方案更换 500kV 母线测控电气设备材料表见表 26-5-5。

表 26-5-5　　　　典型方案更换 500kV 母线测控电气设备材料表

序 / 编号	设备或材料名称	单位	数量	备注
四	控制及直流系统			
1	监控或监测系统			
1.1	500kV 母线测控装置			
500008856	500kV 母线测控	套	1	
100000015	500kV 变电站控制电缆	km	1	

26.5.4　典型方案工程量表

典型方案更换 500kV 母线测控工程量见表 26-5-6。

表 26-5-6　　　　典型方案更换 500kV 母线测控工程量表

序 / 编号	名称	单位	数量	备注
	建筑工程			
	安装工程			
四	控制及直流系统			
1	监控或监测系统			
1.1	500kV 母线测控装置			
JYD4-1	保护二次屏柜安装	台	1	
JYD9-81	变电站自动化系统设备调试　测控装置　500kV	套	1	
JYD7-36	电缆敷设及试验　截面（mm^2 以内）10	100m	10	
	拆除工程			
	安装工程			
四	控制及直流系统			
1	监控或监测系统			
1.1	计算机监控系统			
CYD4-1	控制保护屏拆除　保护二次屏（柜）	台	1	
CYD7-3	全站电缆拆除　控制电缆	100m	2	

第27章　更换主变压器测控

主变压器测控典型方案共4个，分别为更换35kV主变压器测控、更换110kV主变压器测控、更换220kV主变压器测控、更换500kV主变压器测控。

主要内容：旧装置；二次接线拆除；新装置安装；二次接线；综自系统相关参数设置与修改；装置调试；监控信息核对。

具体施工工序流程：旧设备拆除→新设备安装→二次接线→参数整定→装置调试。典型方案主变测控施工工序流程图见图14-0-1。

27.1　ZG04-01更换35kV主变压器测控

27.1.1　典型方案主要技术条件

典型方案更换35kV主变压器测控主要技术条件见表27-1-1。

表27-1-1　　　　　典型方案更换35kV主变压器测控主要技术条件

方案名称	工程主要技术条件	
更换35kV主变压器测控	规格型号	单套配置
	组屏方式	独立组屏
	是否停电	是

27.1.2　典型方案概算书

概算投资为总投资，按照典型造价编制依据要求编制。典型方案更换35kV主变压器测控总概算汇总表、安装工程专业汇总表、拆除工程专业汇总表，分别见表27-1-2~表27-1-4。

表27-1-2　　　　　典型方案更换35kV主变压器测控总概算汇总表　　　金额单位：万元

序号	工程或费用名称	金额	占工程总投资的比例（%）
一	建筑工程费		
二	安装工程费	0.72	24.99
三	拆除工程费	0.14	4.95
四	设备购置费	2.01	70.06
五	小计	2.87	100

续表

序号	工程或费用名称	金额	占工程总投资的比例（％）
	其中：甲供设备材料费	2.01	70.06
六	其他费用		
七	基本预备费		
八	特殊项目		
九	工程静态投资合计	2.87	100
	其中：可抵扣增值税金额	0.27	9.39

表 27-1-3　　　典型方案更换 35kV 主变压器测控安装工程专业汇总表　　　金额单位：元

序号	工程或费用名称	安装工程费			设备购置费	合计
		主要材料费	安装费	小计		
	安装工程	3908	3274	7182	20140	27322
四	控制及直流系统	3908	3274	7182	20140	27322
1	监控或监测系统	3908	3274	7182	20140	27322
1.1	35kV 主变压器测控装置	3908	3274	7182	20140	27322
	合计	3908	3274	7182	20140	27322

表 27-1-4　　　典型方案更换 35kV 主变压器测控拆除工程专业汇总表　　　金额单位：元

序号	工程或费用名称	拆除工程费
	拆除工程	1424
	安装工程	1424
四	控制及直流系统	1424
1	监控或监测系统	1424
1.1	计算机监控系统	1424
	合计	1424

27.1.3　典型方案电气设备材料表

典型方案更换 35kV 主变压器测控电气设备材料表见表 27-1-5。

表 27-1-5　　　　　　典型方案更换 35kV 主变压器测控电气设备材料表

序 / 编号	设备或材料名称	单位	数量	备注
四	控制及直流系统			
1	监控或监测系统			
1.1	35kV 主变压器测控装置			
100000010	35kV 变电站控制电缆	km	0.2	
500008858	35kV 主变压器测控装置	套	1	

27.1.4　典型方案工程量表

典型方案更换 35kV 主变压器测控工程量见表 27-1-6。

表 27-1-6　　　　　　典型方案更换 35kV 主变压器测控工程量表

序 / 编号	名称	单位	数量	备注
	建筑工程			
	安装工程			
四	控制及直流系统			
1	监控或监测系统			
1.1	35kV 主变压器测控装置			
JYD4-1	保护二次屏柜安装	台	1	
JYD9-77	变电站自动化系统设备调试　测控装置　35kV	套	1	
JYD7-36	电缆敷设及试验　截面（mm^2 以内）10	100m	2	
	拆除工程			
	安装工程			
四	控制及直流系统			
1	监控或监测系统			
1.1	计算机监控系统			
CYD4-1	控制保护屏拆除　保护二次屏（柜）	台	1	
CYD7-3	全站电缆拆除　控制电缆	100m	0.5	

27.2　ZG04-02 更换 110kV 主变压器测控

27.2.1　典型方案主要技术条件

典型方案更换 110kV 主变压器测控主要技术条件见表 27-2-1。

表 27-2-1　　　　典型方案更换 110kV 主变压器测控主要技术条件

方案名称	工程主要技术条件	
更换 110kV 主变压器测控	规格型号	单套配置
	组屏方式	独立组屏
	是否停电	是

27.2.2　典型方案概算书

概算投资为总投资，按照典型造价编制依据要求编制。典型方案更换 110kV 主变压器测控总概算汇总表、安装工程专业汇总表、拆除工程专业汇总表，分别见表 27-2-2~表 27-2-4。

表 27-2-2　　　　典型方案更换 110kV 主变压器测控总概算汇总表　　　　金额单位：万元

序号	工程或费用名称	金额	占工程总投资的比例（%）
一	建筑工程费		
二	安装工程费	2.47	53.18
三	拆除工程费	0.16	3.51
四	设备购置费	2.01	43.31
五	小计	4.65	100
	其中：甲供设备材料费	2.01	43.31
六	其他费用		
七	基本预备费		
八	特殊项目		
九	工程静态投资合计	4.65	100
	其中：可抵扣增值税金额	0.32	6.82

表 27-2-3 典型方案更换 110kV 主变压器测控安装工程专业汇总表 金额单位：元

序号	工程或费用名称	安装工程费			设备购置费	合计
		主要材料费	安装费	小计		
	安装工程	15964	8765	24729	20140	44869
四	控制及直流系统	15964	8765	24729	20140	44869
1	监控或监测系统	15964	8765	24729	20140	44869
1.1	110kV 主变压器测控装置	15964	8765	24729	20140	44869
	合计	15964	8765	24729	20140	44869

表 27-2-4 典型方案更换 110kV 主变压器测控拆除工程专业汇总表 金额单位：元

序号	工程或费用名称	拆除工程费
	拆除工程	1634
	安装工程	1634
四	控制及直流系统	1634
1	监控或监测系统	1634
1.1	计算机监控系统	1634
	合计	1634

27.2.3 典型方案电气设备材料表

典型方案更换 110kV 主变压器测控电气设备材料表见表 27-2-5。

表 27-2-5 典型方案更换 110kV 主变压器测控电气设备材料表

序/编号	设备或材料名称	单位	数量	备注
四	控制及直流系统			
1	监控或监测系统			
1.1	110kV 主变压器测控装置			
100000012	110kV 变电站控制电缆	km	1	
500008855	110kV 主变压器测控	套	1	

27.2.4　典型方案工程量表

典型方案更换 110kV 主变压器测控工程量见表 27-2-6。

表 27-2-6　　　　　　　　典型方案更换 110kV 主变压器测控工程量表

序 / 编号	名称	单位	数量	备注
	建筑工程			
	安装工程			
四	控制及直流系统			
1	监控或监测系统			
1.1	110kV 主变压器测控装置			
JYD4-1	保护二次屏柜安装	台	1	
JYD9-78	变电站自动化系统设备调试　测控装置　110kV	套	1	
JYD7-36	电缆敷设及试验　截面（mm² 以内）10	100m	10	
	拆除工程			
	安装工程			
四	控制及直流系统			
1	监控或监测系统			
1.1	计算机监控系统			
CYD4-1	控制保护屏拆除　保护二次屏（柜）	台	1	
CYD7-3	全站电缆拆除　控制电缆	100m	1	

27.3　ZG04-03 更换 220kV 主变压器测控

27.3.1　典型方案主要技术条件

典型方案更换 220kV 主变压器测控主要技术条件见表 27-3-1。

表 27-3-1　　　　　　　　典型方案更换 220kV 主变压器测控主要技术条件

方案名称	工程主要技术条件	
更换 220kV 主变压器测控	规格型号	单套配置
	组屏方式	独立组屏
	是否停电	是

27.3.2 典型方案概算书

概算投资为总投资，按照典型造价编制依据要求编制。典型方案更换 220kV 主变压器测控总概算汇总表、安装工程专业汇总表、拆除工程专业汇总表，分别见表 27-3-2~表 27-3-4。

表 27-3-2　　　　　　　　典型方案更换 220kV 主变压器测控总概算汇总表　　　　　金额单位：万元

序号	工程或费用名称	金额	占工程总投资的比例（%）
一	建筑工程费		
二	安装工程费	4.65	67.68
三	拆除工程费	0.21	2.99
四	设备购置费	2.01	29.33
五	小计	6.87	100
	其中：甲供设备材料费	2.01	29.33
六	其他费用		
七	基本预备费		
八	特殊项目		
九	工程静态投资合计	6.87	100
	其中：可抵扣增值税金额	0.37	5.36

表 27-3-3　　　　　　典型方案更换 220kV 主变压器测控安装工程专业汇总表　　　　　金额单位：元

序号	工程或费用名称	安装工程费			设备购置费	合计
		主要材料费	安装费	小计		
	安装工程	31930	14545	46475	20140	66615
四	控制及直流系统	31930	14545	46475	20140	66615
1	监控或监测系统	31930	14545	46475	20140	66615
1.1	220kV 主变压器测控装置	31930	14545	46475	20140	66615
	合计	31930	14545	46475	20140	66615

表 27-3-4　　　　　　典型方案更换 220kV 主变压器测控拆除工程专业汇总表　　　　　金额单位：元

序号	工程或费用名称	拆除工程费
	拆除工程	2054
	安装工程	2054

续表

序号	工程或费用名称	拆除工程费
四	控制及直流系统	2054
1	监控或监测系统	2054
1.1	计算机监控系统	2054
	合计	2054

27.3.3　典型方案电气设备材料表

典型方案更换 220kV 主变压器测控电气设备材料表见表 27-3-5。

表 27-3-5　　　典型方案更换 220kV 主变压器测控电气设备材料表

序 / 编号	设备或材料名称	单位	数量	备注
四	控制及直流系统			
1	监控或监测系统			
1.1	220kV 主变压器测控装置			
100000013	220kV 变电站控制电缆	km	2	
500008857	220kV 主变压器测控	套	1	

27.3.4　典型方案工程量表

典型方案更换 220kV 主变压器测控工程量见表 27-3-6。

表 27-3-6　　　典型方案更换 220kV 主变压器测控工程量表

序 / 编号	名称	单位	数量	备注
	建筑工程			
	安装工程			
四	控制及直流系统			
1	监控或监测系统			
1.1	220kV 主变压器测控装置			
JYD4-1	保护二次屏柜安装	台	1	
JYD9-79	变电站自动化系统设备调试　测控装置　220kV	套	1	
JYD7-36	电缆敷设及试验　截面（mm² 以内）10	100m	20	
	拆除工程			

序 / 编号	名称	单位	数量	备注
	安装工程			
四	控制及直流系统			
1	监控或监测系统			
1.1	计算机监控系统			
CYD4-1	控制保护屏拆除 保护二次屏（柜）	台	1	
CYD7-3	全站电缆拆除 控制电缆	100m	2	

27.4 ZG04-04 更换 500kV 主变压器测控

27.4.1 典型方案主要技术条件

典型方案更换 500kV 主变压器测控主要技术条件见表 27-4-1。

表 27-4-1　　　　　典型方案更换 500kV 主变压器测控主要技术条件

方案名称	工程主要技术条件	
更换 500kV 主变压器测控	规格型号	单套配置
	组屏方式	独立组屏
	是否停电	是

27.4.2 典型方案概算书

概算投资为总投资，按照典型造价编制依据要求编制。典型方案更换 500kV 主变压器测控总概算汇总表、安装工程专业汇总表、拆除工程专业汇总表，分别见表 27-4-2~表 27-4-4。

表 27-4-2　　　　　典型方案更换 500kV 主变压器测控总概算汇总表　　　　金额单位：万元

序号	工程或费用名称	金额	占工程总投资的比例（%）
一	建筑工程费		
二	安装工程费	2.92	26.14
三	拆除工程费	0.21	1.84
四	设备购置费	8.06	72.02
五	小计	11.19	100
	其中：甲供设备材料费	8.06	72.02

续表

序号	工程或费用名称	金额	占工程总投资的比例（%）
六	其他费用		
七	基本预备费		
八	特殊项目		
九	工程静态投资合计	11.19	100
	其中：可抵扣增值税金额	1.06	9.47

表 27-4-3　　典型方案更换 500kV 主变压器测控安装工程专业汇总表　　金额单位：元

序号	工程或费用名称	安装工程费			设备购置费	合计
		主要材料费	安装费	小计		
	安装工程	15048	14196	29244	80560	109804
四	控制及直流系统	15048	14196	29244	80560	109804
1	监控或监测系统	15048	14196	29244	80560	109804
1.1	500kV 主变压器测控装置	15048	14196	29244	80560	109804
	合计	15048	14196	29244	80560	109804

表 27-4-4　　典型方案更换 500kV 主变压器测控拆除工程专业汇总表　　金额单位：元

序号	工程或费用名称	拆除工程费
	拆除工程	2054
	安装工程	2054
四	控制及直流系统	2054
1	监控或监测系统	2054
1.1	计算机监控系统	2054
	合计	2054

27.4.3　典型方案电气设备材料表

典型方案更换 500kV 主变压器测控电气设备材料表见表 27-4-5。

表 27-4-5　　　　　　典型方案更换 500kV 主变压器测控电气设备材料表

序 / 编号	设备或材料名称	单位	数量	备注
四	控制及直流系统			
1	监控或监测系统			
1.1	500kV 主变压器测控装置			
500008856	500kV 主变压器测控	套	1	
100000015	500kV 变电站控制电缆	km	1	

27.4.4　典型方案工程量表

典型方案更换 500kV 主变压器测控工程量见表 27-4-6。

表 27-4-6　　　　　　典型方案更换 500kV 主变压器测控工程量表

序 / 编号	名称	单位	数量	备注
	建筑工程			
	安装工程			
四	控制及直流系统			
1	监控或监测系统			
1.1	500kV 主变压器测控装置			
JYD4-1	保护二次屏柜安装	台	1	
JYD9-81	变电站自动化系统设备调试　测控装置　500kV	套	1	
JYD7-36	电缆敷设及试验　截面（mm² 以内）10	100m	10	
	拆除工程			
	安装工程			
四	控制及直流系统			
1	监控或监测系统			
1.1	计算机监控系统			
CYD4-1	控制保护屏拆除　保护二次屏（柜）	台	1	
CYD7-3	全站电缆拆除　控制电缆	100m	2	

第28章　更换变电站公用测控

公用测控典型方案共 4 个，分别为更换 35kV 变电站公用测控、更换 110kV 变电站公用测控、更换 220kV 变电站公用测控、更换 500kV 变电站公用测控。

主要内容：旧装置；二次接线拆除；新装置安装；二次接线；综自系统相关参数设置与修改；装置调试；监控信息核对。

具体施工工序流程：旧设备拆除→新设备安装→二次接线→参数整定→装置调试。典型方案公用测控施工工序流程图见图 14-0-1。

28.1　ZG05-01 更换 35kV 变电站公用测控

28.1.1　典型方案主要技术条件

典型方案更换 35kV 变电站公用测控主要技术条件见表 28-1-1。

表 28-1-1　　　典型方案更换 35kV 变电站公用测控主要技术条件

方案名称	工程主要技术条件	
更换 35kV 变电站公用测控	规格型号	双套配置
	组屏方式	独立组屏
	是否停电	是

28.1.2　典型方案概算书

概算投资为总投资，按照典型造价编制依据要求编制。典型方案更换 35kV 变电站公用测控总概算汇总表、安装工程专业汇总表、拆除工程专业汇总表，分别见表 28-1-2~ 表 28-1-4。

表 28-1-2　　　典型方案更换 35kV 变电站公用测控总概算汇总表　　　金额单位：万元

序号	工程或费用名称	金额	占工程总投资的比例（%）
一	建筑工程费		
二	安装工程费	0.86	28.53
三	拆除工程费	0.14	4.72
四	设备购置费	2.01	66.75
五	小计	3.02	100

续表

序号	工程或费用名称	金额	占工程总投资的比例（%）
	其中：甲供设备材料费	2.01	66.75
六	其他费用		
七	基本预备费		
八	特殊项目		
九	工程静态投资合计	3.02	100
	其中：可抵扣增值税金额	0.28	9.34

表 28-1-3　　　典型方案更换 35kV 变电站公用测控安装工程专业汇总表　　金额单位：元

序号	工程或费用名称	安装工程费			设备购置费	合计
		主要材料费	安装费	小计		
	安装工程	3908	4698	8607	20140	28747
四	控制及直流系统	3908	4698	8607	20140	28747
1	监控或监测系统	3908	4698	8607	20140	28747
1.1	35kV 变电站公用测控装置	3908	4698	8607	20140	28747
	合计	3908	4698	8607	20140	28747

表 28-1-4　　　典型方案更换 35kV 变电站公用测控拆除工程专业汇总表　　金额单位：元

序号	工程或费用名称	拆除工程费
	拆除工程	1424
	安装工程	1424
四	控制及直流系统	1424
1	监控或监测系统	1424
1.1	计算机监控系统	1424
	合计	1424

28.1.3　典型方案电气设备材料表

典型方案更换 35kV 变电站公用测控电气设备材料表见表 28-1-5。

表 28-1-5　　　　　典型方案更换 35kV 变电站公用测控电气设备材料表

序 / 编号	设备或材料名称	单位	数量	备注
四	控制及直流系统			
1	监控或监测系统			
1.1	35kV 变电站公用测控装置			
100000010	35kV 变电站控制电缆	km	0.2	
500008858	35kV 公用测控装置	套	1	

28.1.4　典型方案工程量表

典型方案更换 35kV 变电站公用测控工程量见表 28-1-6。

表 28-1-6　　　　　典型方案更换 35kV 变电站公用测控工程量表

序 / 编号	名称	单位	数量	备注
	建筑工程			
	安装工程			
四	控制及直流系统			
1	监控或监测系统			
1.1	35kV 变电站公用测控装置			
JYD4-1	保护二次屏柜安装	台	1	
JYD9-77	变电站自动化系统设备调试　测控装置　35kV	套	2	
JYD7-36	电缆敷设及试验　截面（mm² 以内）10	100m	2	
	拆除工程			
	安装工程			
四	控制及直流系统			
1	监控或监测系统			
1.1	计算机监控系统			
CYD4-1	控制保护屏拆除　保护二次屏（柜）	台	1	
CYD7-3	全站电缆拆除　控制电缆	100m	0.5	

28.2　ZG05-02 更换 110kV 变电站公用测控

28.2.1　典型方案主要技术条件

典型方案更换 110kV 变电站公用测控主要技术条件见表 28-2-1。

表 28-2-1　　　　典型方案更换 110kV 变电站公用测控主要技术条件

方案名称	工程主要技术条件	
更换 110kV 变电站公用测控	规格型号	双套配置
	组屏方式	独立组屏
	是否停电	是

28.2.2　典型方案概算书

概算投资为总投资，按照典型造价编制依据要求编制。典型方案更换 110kV 变电站公用测控包括总概算汇总表、安装工程专业汇总表、拆除工程专业汇总表，分别见表 28-2-2~ 表 28-2-4。

表 28-2-2　　　典型方案更换 110kV 变电站公用测控总概算汇总表　　　金额单位：万元

序号	工程或费用名称	金额	占工程总投资的比例（%）
一	建筑工程费		
二	安装工程费	2.78	56.09
三	拆除工程费	0.16	3.29
四	设备购置费	2.01	40.62
五	小计	4.96	100
	其中：甲供设备材料费	2.01	40.61
六	其他费用		
七	基本预备费		
八	特殊项目		
九	工程静态投资合计	4.96	100
	其中：可抵扣增值税金额	0.34	6.91

表 28-2-3　　　典型方案更换 110kV 变电站公用测控安装工程专业汇总表　　　金额单位：元

序号	工程或费用名称	安装工程费			设备购置费	合计
		主要材料费	安装费	小计		
	安装工程	15964	11852	27816	20140	47956
四	控制及直流系统	15964	11852	27816	20140	47956
1	监控或监测系统	15964	11852	27816	20140	47956
1.1	110kV 变电站公用测控	15964	11852	27816	20140	47956
	合计	15964	11852	27816	20140	47956

表 28-2-4　　　典型方案更换 110kV 变电站公用测控拆除工程专业汇总表　　　金额单位：元

序号	工程或费用名称	拆除工程费
	拆除工程	1634
	安装工程	1634
四	控制及直流系统	1634
1	监控或监测系统	1634
1.1	计算机监控系统	1634
	合计	1634

28.2.3　典型方案电气设备材料表

典型方案更换 110kV 变电站公用测控电气设备材料表见表 28-2-5。

表 28-2-5　　　典型方案更换 110kV 变电站公用测控电气设备材料表

序 / 编号	设备或材料名称	单位	数量	备注
四	控制及直流系统			
1	监控或监测系统			
1.1	110kV 变电站公用测控			
100000012	110kV 变电站控制电缆	km	1	
500008855	110kV 公用测控	套	1	

28.2.4 典型方案工程量表

典型方案更换 110kV 变电站公用测控工程量见表 28-2-6。

表 28-2-6　　　　　　　典型方案更换 110kV 变电站公用测控工程量表

序 / 编号	名称	单位	数量	备注
	建筑工程			
	安装工程			
四	控制及直流系统			
1	监控或监测系统			
1.1	110kV 变电站公用测控			
JYD4-1	保护二次屏柜安装	台	1	
JYD9-78	变电站自动化系统设备调试　测控装置　110kV	套	2	
JYD7-36	电缆敷设及试验　截面（mm² 以内）10	100m	10	
	拆除工程			
	安装工程			
四	控制及直流系统			
1	监控或监测系统			
1.1	计算机监控系统			
CYD4-1	控制保护屏拆除　保护二次屏（柜）	台	1	
CYD7-3	全站电缆拆除　控制电缆	100m	1	

28.3　ZG05-03 更换 220kV 变电站公用测控

28.3.1　典型方案主要技术条件

典型方案更换 220kV 变电站公用测控主要技术条件见表 28-3-1。

表 28-3-1　　　　　　　典型方案更换 220kV 变电站公用测控主要技术条件

方案名称	工程主要技术条件	
更换 220kV 变电站公用测控	规格型号	双套配置
	组屏方式	独立组屏
	是否停电	是

28.3.2　典型方案概算书

概算投资为总投资，按照典型造价编制依据要求编制。典型方案更换 220kV 变电站公用测控包括总概算汇总表、安装工程专业汇总表、拆除工程专业汇总表，分别见表 28-3-2~ 表 28-3-4。

表 28-3-2　　　　典型方案更换 220kV 变电站公用测控总概算汇总表　　　金额单位：万元

序号	工程或费用名称	金额	占工程总投资的比例（%）
一	建筑工程费		
二	安装工程费	5.06	69.49
三	拆除工程费	0.21	2.82
四	设备购置费	2.01	27.69
五	小计	7.27	100
	其中：甲供设备材料费	2.01	27.68
六	其他费用		
七	基本预备费		
八	特殊项目		
九	工程静态投资合计	7.27	100
	其中：可抵扣增值税金额	0.4	5.53

表 28-3-3　　　典型方案更换 220kV 变电站公用测控安装工程专业汇总表　　　金额单位：元

序号	工程或费用名称	安装工程费			设备购置费	合计
		主要材料费	安装费	小计		
	安装工程	31930	18623	50553	20140	70693
四	控制及直流系统	31930	18623	50553	20140	70693
1	监控或监测系统	31930	18623	50553	20140	70693
1.1	220kV 主变测控装置	31930	18623	50553	20140	70693
	合计	31930	18623	50553	20140	70693

表 28-3-4　　　典型方案更换 220kV 变电站公用测控拆除工程专业汇总表　　　金额单位：元

序号	工程或费用名称	拆除工程费
	拆除工程	2054
	安装工程	2054

续表

序号	工程或费用名称	拆除工程费
四	控制及直流系统	2054
1	监控或监测系统	2054
1.1	计算机监控系统	2054
	合计	2054

28.3.3 典型方案电气设备材料表

典型方案更换 220kV 变电站公用测控电气设备材料表见表 28-3-5。

表 28-3-5　　　　典型方案更换 220kV 变电站公用测控电气设备材料表

序/编号	设备或材料名称	单位	数量	备注
四	控制及直流系统			
1	监控或监测系统			
1.1	220kV 主变测控装置			
100000013	220kV 变电站控制电缆	km	2	
500008857	220kV 公用测控	套	1	

28.3.4 典型方案工程量表

典型方案更换 220kV 变电站公用测控工程量见表 28-3-6。

表 28-3-6　　　　典型方案更换 220kV 变电站公用测控工程量表

序/编号	名称	单位	数量	备注
	建筑工程			
	安装工程			
四	控制及直流系统			
1	监控或监测系统			
1.1	220kV 主变测控装置			
JYD4-1	保护二次屏柜安装	台	1	
JYD9-79	变电站自动化系统设备调试　测控装置　220kV	套	2	
JYD7-36	电缆敷设及试验　截面（mm² 以内）10	100m	20	
	拆除工程			

序 / 编号	名称	单位	数量	备注
	安装工程			
四	控制及直流系统			
1	监控或监测系统			
1.1	计算机监控系统			
CYD4-1	控制保护屏拆除　保护二次屏（柜）	台	1	
CYD7-3	全站电缆拆除　控制电缆	100m	2	

28.4　ZG05-04 更换 500kV 变电站公用测控

28.4.1　典型方案主要技术条件

典型方案更换 500kV 变电站公用测控主要技术条件见表 28-4-1。

表 28-4-1　　　典型方案更换 500kV 变电站公用测控主要技术条件

方案名称	工程主要技术条件	
更换 500kV 变电站公用测控	规格型号	双套配置
	组屏方式	独立组屏
	是否停电	是

28.4.2　典型方案概算书

概算投资为总投资，按照典型造价编制依据要求编制。典型方案更换 500kV 变电站公用测控包括总概算汇总表、安装工程专业汇总表、拆除工程专业汇总表，分别见表 28-4-2~ 表 28-4-4。

表 28-4-2　　　典型方案更换 500kV 变电站公用测控总概算汇总表　　　金额单位：万元

序号	工程或费用名称	金额	占工程总投资的比例（%）
一	建筑工程费		
二	安装工程费	3.78	31.37
三	拆除工程费	0.21	1.71
四	设备购置费	8.06	66.92
五	小计	12.04	100
	其中：甲供设备材料费	8.06	66.92

续表

序号	工程或费用名称	金额	占工程总投资的比例（%）
六	其他费用		
七	基本预备费		
八	特殊项目		
九	工程静态投资合计	12.04	100
	其中：可抵扣增值税金额	1.13	9.38

表 28-4-3　　　　典型方案更换 500kV 变电站公用测控安装工程专业汇总表　　　金额单位：元

序号	工程或费用名称	安装工程费			设备购置费	合计
		主要材料费	安装费	小计		
	安装工程	15048	22715	37763	80560	118323
四	控制及直流系统	15048	22715	37763	80560	118323
1	监控或监测系统	15048	22715	37763	80560	118323
1.1	500kV 变电站公用测控装置	15048	22715	37763	80560	118323
	合计	15048	22715	37763	80560	118323

表 28-4-4　　　　典型方案更换 500kV 变电站公用测控拆除工程专业汇总表　　　金额单位：元

序号	工程或费用名称	拆除工程费
	拆除工程	2054
	安装工程	2054
四	控制及直流系统	2054
1	监控或监测系统	2054
1.1	计算机监控系统	2054
	合计	2054

28.4.3　典型方案电气设备材料表

典型方案更换 500kV 变电站公用测控电气设备材料表见表 28-4-5。

表 28-4-5　　　　典型方案更换 500kV 变电站公用测控电气设备材料表

序 / 编号	设备或材料名称	单位	数量	备注
四	控制及直流系统			
1	监控或监测系统			
1.1	500kV 变电站公用测控装置			
100000015	500kV 变电站控制电缆	km	1	
500008856	500kV 公用测控	套	1	

28.4.4　典型方案工程量表

典型方案更换 500kV 变电站公用测控工程量见表 28-4-6。

表 28-4-6　　　　典型方案更换 500kV 变电站公用测控工程量表

序 / 编号	名称	单位	数量	备注
	建筑工程			
	安装工程			
四	控制及直流系统			
1	监控或监测系统			
1.1	500kV 变电站公用测控装置			
JYD4-1	保护二次屏柜安装	台	1	
JYD9-81	变电站自动化系统设备调试　测控装置　500kV	套	2	
JYD7-36	电缆敷设及试验　截面（mm² 以内）10	100m	10	
	拆除工程			
	安装工程			
四	控制及直流系统			
1	监控或监测系统			
1.1	计算机监控系统			
CYD4-1	控制保护屏拆除　保护二次屏（柜）	台	1	
CYD7-3	全站电缆拆除　控制电缆	100m	2	

第 29 章　更换监控系统

监控系统典型方案共 5 个，分别为更换监控主机、更换综合应用服务器、更换数据通信网关机、更换监控系统交换机、更换规约转换装置。

主要内容：旧设备拆除；二次接线拆除；新装置安装；二次接线；综自系统相关参数设置与修改；装置调试；监控信息核对。

具体施工工序流程：旧设备拆除→新设备安装→二次接线→参数整定→装置调试。典型方案监控系统施工工序流程图见图 14-0-1。

29.1　ZG06-01 更换监控主机

29.1.1　典型方案主要技术条件

典型方案更换监控主机主要技术条件见表 29-1-1。

表 29-1-1　　　　　　　典型方案更换监控主机主要技术条件

方案名称	工程主要技术条件	
更换监控主机	规格型号	双套配置
	组屏方式	就地布置
	是否停电	是

29.1.2　典型方案概算书

概算投资为总投资，按照典型造价编制依据要求编制。典型方案更换监控主机总概算汇总表、安装工程专业汇总表、拆除工程专业汇总表，分别见表 29-1-2~ 表 29-1-4。

表 29-1-2　　　　　　　典型方案更换监控主机总概算汇总表　　　　　金额单位：万元

序号	工程或费用名称	金额	占工程总投资的比例（%）
一	建筑工程费		
二	安装工程费	3.7	8.37
三	拆除工程费	0.25	0.58
四	设备购置费	40.28	91.05
五	小计	44.24	100
	其中：甲供设备材料费	40.28	91.05

续表

序号	工程或费用名称	金额	占工程总投资的比例（%）
六	其他费用		
七	基本预备费		
八	特殊项目		
九	工程静态投资合计	44.24	100
	其中：可抵扣增值税金额	4.79	10.83

表 29-1-3　　　　　　　典型方案更换监控主机安装工程专业汇总表　　　　　金额单位：元

序号	工程或费用名称	安装工程费			设备购置费	合计
		主要材料费	安装费	小计		
	安装工程	19541	17488	37029	402800	439829
四	控制及直流系统	19541	17488	37029	402800	439829
1	监控或监测系统	19541	17488	37029	402800	439829
1.1	更换监控主机	19541	17488	37029	402800	439829
	合计	19541	17488	37029	402800	439829

表 29-1-4　　　　　　　典型方案更换监控主机拆除工程专业汇总表　　　　　金额单位：元

序号	工程或费用名称	拆除工程费
	拆除工程	2549
	安装工程	2549
八	通信及远动系统	2549
2	远动及计费系统	2549
2.4	安全防护装置	2549
	合计	2549

29.1.3　典型方案电气设备材料表

典型方案更换监控主机电气设备材料表见表 29-1-5。

表 29-1-5　　　　　　　典型方案更换监控主机电气设备材料表

序 / 编号	设备或材料名称	单位	数量	备注
四	控制及直流系统			

序 / 编号	设备或材料名称	单位	数量	备注
1	监控或监测系统			
1.1	更换监控主机			
000000006	监控主机	套	1	
100000010	35kV 变电站控制电缆	km	1	

29.1.4　典型方案工程量表

典型方案更换监控主机工程量见表 29-1-6。

表 29-1-6　　　　　　　　典型方案更换监控主机工程量表

序 / 编号	名称	单位	数量	备注
	建筑工程			
	安装工程			
四	控制及直流系统			
1	监控或监测系统			
1.1	更换监控主机			
JYS1–64	分系统调试　变电站监控系统　35kV	站	1	
JYD9–99	变电站自动化系统设备调试　监控系统主机　35kV	站	1	
JYD4–1	保护二次屏柜安装	台	1	
JYD7–36	电缆敷设及试验　截面（mm² 以内）10	100m	10	
	拆除工程			
	安装工程			
八	通信及远动系统			
2	远动及计费系统			
2.4	安全防护装置			
CYZ1–16	同步网设备拆除　监控管理设备	套	1	
CYD7–3	全站电缆拆除　控制电缆	100m	5	

29.2　ZG06-02 更换综合应用服务器

29.2.1　典型方案主要技术条件

典型方案更换综合应用服务器主要技术条件见表 29-2-1。

表 29-2-1　　　　　　典型方案更换综合应用服务器主要技术条件

方案名称	工程主要技术条件	
更换综合应用服务器	规格型号	双套配置
	组屏方式	就地布置
	是否停电	是

29.2.2　典型方案概算书

概算投资为总投资，按照典型造价编制依据要求编制。典型方案更换综合应用服务器总概算汇总表、安装工程专业汇总表、拆除工程专业汇总表，分别见表 29-2-2~ 表 29-2-4。

表 29-2-2　　　　　典型方案更换综合应用服务器总概算汇总表　　　　　金额单位：万元

序号	工程或费用名称	金额	占工程总投资的比例（%）
一	建筑工程费		
二	安装工程费	2.95	97.51
三	拆除工程费	0.08	2.49
四	设备购置费		
五	小计	3.02	100
	其中：甲供设备材料费		
六	其他费用		
七	基本预备费		
八	特殊项目		
九	工程静态投资合计	3.02	100
	其中：可抵扣增值税金额	0.09	2.92

表 29-2-3 典型方案更换综合应用服务器安装工程专业汇总表 金额单位：元

序号	工程或费用名称	安装工程费			设备购置费	合计
		主要材料费	安装费	小计		
	安装工程	19541	9915	29456	1	29457
四	控制及直流系统	19541	9915	29456	1	29457
1	监控或监测系统	19541	9915	29456	1	29457
1.1	更换综合应用服务器	19541	9915	29456	1	29457
	合计	19541	9915	29456	1	29457

表 29-2-4 典型方案更换综合应用服务器拆除工程专业汇总表 金额单位：元

序号	工程或费用名称	拆除工程费
	拆除工程	753
	安装工程	753
八	通信及远动系统	753
2	远动及计费系统	753
2.4	安全防护装置	753
	合计	753

29.2.3 典型方案电气设备材料表

典型方案更换综合应用服务器电气设备材料表见表 29-2-5。

表 29-2-5 典型方案更换综合应用服务器电气设备材料表

序 / 编号	设备或材料名称	单位	数量	备注
四	控制及直流系统			
1	监控或监测系统			
1.1	更换综合应用服务器			
100000010	35kV 变电站控制电缆	km	1	
000000020	综合应用服务器	套	1	

29.2.4 典型方案工程量表

典型方案更换综合应用服务器工程量见表 29-2-6。

表 29-2-6　　　　　　　　　　典型方案更换综合应用服务器工程量表

序 / 编号	名称	单位	数量	备注
	建筑工程			
	安装工程			
四	控制及直流系统			
1	监控或监测系统			
1.1	更换综合应用服务器			
JYZ9–14	监控管理服务器　128 路以上	台	1	
JYD9–160	计算机安全防护　服务器 / 操作系统	套	1	
JYD7–36	电缆敷设及试验　截面（mm² 以内）10	100m	10	
	拆除工程			
	安装工程			
八	通信及远动系统			
2	远动及计费系统			
2.4	安全防护装置			
CYD7–3	全站电缆拆除　控制电缆	100m	0.5	
CYZ1–60	数据网设备拆除　服务器	台	1	

29.3　ZG06-03 更换数据通信网关机

29.3.1　典型方案主要技术条件

典型方案更换数据通信网关机主要技术条件见表 29-3-1。

表 29-3-1　　　　　　　典型方案更换数据通信网关机主要技术条件

方案名称	工程主要技术条件	
更换数据通信网关机	规格型号	双套配置
	组屏方式	就地布置
	是否停电	是

29.3.2　典型方案概算书

概算投资为总投资，按照典型造价编制依据要求编制。典型方案更换数据通信网关机总概算汇总表、安装工程专业汇总表、拆除工程专业汇总表，分别见表 29-3-2~ 表

29-3-4。

表 29-3-2　　　　　　　　　典型方案更换数据通信网关机总概算汇总表　　　　　　金额单位：万元

序号	工程或费用名称	金额	占工程总投资的比例（%）
一	建筑工程费		
二	安装工程费	2.55	96.18
三	拆除工程费	0.1	3.82
四	设备购置费		
五	小计	2.65	100
	其中：甲供设备材料费		
六	其他费用		
七	基本预备费		
八	特殊项目		
九	工程静态投资合计	2.65	100
	其中：可抵扣增值税金额	0.06	2.17

表 29-3-3　　　　　　　　典型方案更换数据通信网关机安装工程专业汇总表　　　　　　金额单位：元

序号	工程或费用名称	安装工程费			设备购置费	合计
		主要材料费	安装费	小计		
	安装工程	19541	5951	25492	1	25493
四	控制及直流系统	19541	5951	25492	1	25493
1	监控或监测系统	19541	5951	25492	1	25493
1.1	更换数据通信网关机	19541	5951	25492	1	25493
	合计	19541	5951	25492	1	25493

表 29-3-4　　　　　　　　典型方案更换数据通信网关机拆除工程专业汇总表　　　　　　金额单位：元

序号	工程或费用名称	拆除工程费
	拆除工程	1012
	安装工程	1012
八	通信及远动系统	1012
2	远动及计费系统	1012

续表

序号	工程或费用名称	拆除工程费
2.4	安全防护装置	1012
	合计	1012

29.3.3　典型方案电气设备材料表

典型方案更换数据通信网关机电气设备材料表见表 29-3-5。

表 29-3-5　　　　　典型方案更换数据通信网关机电气设备材料表

序 / 编号	设备或材料名称	单位	数量	备注
四	控制及直流系统			
1	监控或监测系统			
1.1	更换数据通信网关机			
100000010	35kV 变电站控制电缆	km	1	
000000022	数据通信网关机	台	1	

29.3.4　典型方案工程量表

典型方案更换数据通信网关机工程量见表 29-3-6。

表 29-3-6　　　　　典型方案更换数据通信网关机工程量表

序 / 编号	名称	单位	数量	备注
	建筑工程			
	安装工程			
四	控制及直流系统			
1	监控或监测系统			
1.1	更换数据通信网关机			
JYZ8-19	IMS 设备安装调测　网关设备	台	1	
JYD7-36	电缆敷设及试验　截面（mm² 以内）10	100m	10	
	拆除工程			
	安装工程			
八	通信及远动系统			
2	远动及计费系统			

续表

序 / 编号	名称	单位	数量	备注
2.4	安全防护装置			
CYD7–3	全站电缆拆除 控制电缆	100m	0.5	
CYZ1–46	IMS 设备拆除 AG 接入网关	台	1	

29.4 ZG06-04 更换监控系统交换机

29.4.1 典型方案主要技术条件

典型方案更换监控系统交换机主要技术条件见表 29-4-1。

表 29-4-1 典型方案更换监控系统交换机主要技术条件

方案名称	工程主要技术条件	
更换监控系统交换机	规格型号	双套配置
	组屏方式	就地布置
	是否停电	是

29.4.2 典型方案概算书

概算投资为总投资，按照典型造价编制依据要求编制。典型方案更换监控系统交换机总概算汇总表、安装工程专业汇总表、拆除工程专业汇总表，分别见表 29-4-2~ 表 29-4-4。

表 29-4-2 典型方案更换监控系统交换机总概算汇总表 金额单位：万元

序号	工程或费用名称	金额	占工程总投资的比例（%）
一	建筑工程费		
二	安装工程费	0.76	68.53
三	拆除工程费	0.05	4.91
四	设备购置费	0.3	26.56
五	小计	1.11	100
	其中：甲供设备材料费	0.3	26.57
六	其他费用		
七	基本预备费		

续表

序号	工程或费用名称	金额	占工程总投资的比例（%）
八	特殊项目		
九	工程静态投资合计	1.11	100
	其中：可抵扣增值税金额	0.09	7.66

表 29-4-3　　　　　典型方案更换监控系统交换机安装工程专业汇总表　　　　金额单位：元

序号	工程或费用名称	安装工程费			设备购置费	合计
		主要材料费	安装费	小计		
	安装工程	1954	5678	7632	2959	10590
四	控制及直流系统	1954	5678	7632	2959	10590
1	更换调度数据网交换机	1954	5678	7632	2959	10590
1.2	更换调度数据网交换机	1954	5678	7632	2959	10590
	合计	1954	5678	7632	2959	10590

表 29-4-4　　　　　典型方案更换监控系统交换机拆除工程专业汇总表　　　　金额单位：元

序号	工程或费用名称	拆除工程费
	拆除工程	546
	安装工程	546
八	通信及远动系统	546
2	远动及计费系统	546
2.1	远动装置	546
	合计	546

29.4.3　典型方案电气设备材料表

典型方案更换监控系统交换机电气设备材料表见表 29-4-5。

表 29-4-5　　　　　典型方案更换监控系统交换机电气设备材料表

序 / 编号	设备或材料名称	单位	数量	备注
四	控制及直流系统			
1	更换调度数据网交换机			
1.2	更换调度数据网交换机			

序 / 编号	设备或材料名称	单位	数量	备注
100000010	35kV 变电站控制电缆	km	0.1	
500038050	数字程控交换系统，调度交换机，6000，Q	台	1	

29.4.4　典型方案工程量表

典型方案更换监控系统交换机工程量见表 29-4-6。

表 29-4-6　　　　　　　典型方案更换监控系统交换机工程量表

序 / 编号	名称	单位	数量	备注
	建筑工程			
	安装工程			
四	控制及直流系统			
1	更换调度数据网交换机			
1.2	更换调度数据网交换机			
JYD9-153	二次系统安全防护设备调试 交换机	台	1	
JYZ8-9	电力调度程控交换机　128 线以下	架	1	
JYD7-36	电缆敷设及试验　截面（mm^2 以内）10	100m	1	
	拆除工程			
	安装工程			
八	通信及远动系统			
2	远动及计费系统			
2.1	远动装置			
CYZ1-59	数据网设备拆除　交换机	台	1	
CYD7-3	全站电缆拆除　控制电缆	100m	0.5	

29.5　ZG06-05 更换规约转换装置

29.5.1　典型方案主要技术条件

典型方案更换规约转换装置主要技术条件见表 29-5-1。

表 29-5-1　　　　　　　　　典型方案更换规约转换装置主要技术条件

方案名称	工程主要技术条件	
更换规约转换装置	规格型号	单套配置
	组屏方式	就地布置
	是否停电	是

29.5.2　典型方案概算书

概算投资为总投资,按照典型造价编制依据要求编制。典型方案更换规约转换装置总概算汇总表、安装工程专业汇总表、拆除工程专业汇总表,分别见表 29-5-2~ 表 29-5-4。

表 29-5-2　　　　　　　典型方案更换规约转换装置总概算汇总表　　　　　　　金额单位:万元

序号	工程或费用名称	金额	占工程总投资的比例（%）
一	建筑工程费		
二	安装工程费	0.28	92.49
三	拆除工程费	0.02	7.47
四	设备购置费		0.04
五	小计	0.3	100
	其中:甲供设备材料费		0.03
六	其他费用		
七	基本预备费		
八	特殊项目		
九	工程静态投资合计	0.3	100
	其中:可抵扣增值税金额	0.01	2.9

表 29-5-3　　　　　　典型方案更换规约转换装置安装工程专业汇总表　　　　　　金额单位:元

序号	工程或费用名称	安装工程费			设备购置费	合计
		主要材料费	安装费	小计		
	安装工程	1954	832	2787	1	2788
四	控制及直流系统	1954	832	2787	1	2788
1	规约转换装置	1954	832	2787	1	2788
1.2	规约转换装置	1954	832	2787	1	2788
	合计	1954	832	2787	1	2788

表 29-5-4　　　　典型方案更换规约转换装置拆除工程专业汇总表　　　　金额单位：元

序号	工程或费用名称	拆除工程费
	拆除工程	225
	安装工程	225
八	通信及远动系统	225
2	远动及计费系统	225
2.1	远动装置	225
	合计	225

29.5.3　典型方案电气设备材料表

典型方案更换规约转换装置电气设备材料表见表 29-5-5。

表 29-5-5　　　　典型方案更换规约转换装置电气设备材料表

序 / 编号	设备或材料名称	单位	数量	备注
四	控制及直流系统			
1	规约转换装置			
1.2	规约转换装置			
100000010	35kV 变电站控制电缆	km	0.1	
500010308	规约转换器	个	1	

29.5.4　典型方案工程量表

典型方案更换规约转换装置工程量见表 29-5-6。

表 29-5-6　　　　典型方案更换规约转换装置工程量表

序 / 编号	名称	单位	数量	备注
	建筑工程			
	安装工程			
四	控制及直流系统			
1	规约转换装置			
1.2	规约转换装置			
JYZ1-28	协议转换器	个	1	

续表

序 / 编号	名称	单位	数量	备注
JYD7-36	电缆敷设及试验　截面（mm² 以内）10	100m	1	
	拆除工程			
	安装工程			
八	通信及远动系统			
2	远动及计费系统			
2.1	远动装置			
CYD7-3	全站电缆拆除　控制电缆	100m	0.5	
CYD10-31	盘柜装置、插件、附件及二次配线拆除　屏上其他附件	个	1	

第 30 章　更换调度数据网及网络安全防护

调度数据网及网络安全防护典型方案共 7 个，分别为更换调度数据网路由器、更换调度数据网交换机、更换纵向加密装置、更换网络安全监测装置、更换防火墙、更换正向隔离、更换反向隔离。

主要内容：旧设备拆除；二次接线拆除；新装置安装；二次接线；综自系统相关参数设置与修改；装置调试；监控信息核对。

具体施工工序流程：旧设备拆除→新设备安装→二次接线→参数整定→装置调试。典型方案调度数据网及网络安全防护施工工序流程图见图 14-0-1。

30.1　ZG07-01 更换调度数据网路由器

30.1.1　典型方案主要技术条件

典型方案更换调度数据网路由器主要技术条件见表 30-1-1。

表 30-1-1　　　典型方案更换调度数据网路由器主要技术条件

方案名称	工程主要技术条件	
更换调度数据网路由器	规格型号	双套配置
	组屏方式	就地布置
	是否停电	是

30.1.2　典型方案概算书

概算投资为总投资，按照典型造价编制依据要求编制。典型方案更换调度数据网路由器总概算汇总表、安装工程专业汇总表、拆除工程专业汇总表，分别见表 30-1-2~ 表 30-1-4。

表 30-1-2　　　　　　　典型方案更换调度数据网路由器总概算汇总表　　　　金额单位：万元

序号	工程或费用名称	金额	占工程总投资的比例（%）
一	建筑工程费		
二	安装工程费	0.97	82.47
三	拆除工程费	0.07	5.74
四	设备购置费	0.14	11.79
五	小计	1.18	100
	其中：甲供设备材料费	0.14	11.79
六	其他费用		
七	基本预备费		
八	特殊项目		
九	工程静态投资合计	1.18	100
	其中：可抵扣增值税金额	0.09	7.27

表 30-1-3　　　　　典型方案更换调度数据网路由器安装工程专业汇总表　　　　金额单位：元

序号	工程或费用名称	安装工程费			设备购置费	合计
		主要材料费	安装费	小计		
	安装工程	1954	7753	9707	1388	11095
八	通信及远动系统	1954	7753	9707	1388	11095
2	远动及计费系统	1954	7753	9707	1388	11095
2.1	远动装置	1954	7753	9707	1388	11095
	合计	1954	7753	9707	1388	11095

表 30-1-4　　　　　典型方案更换调度数据网路由器拆除工程专业汇总表　　　　金额单位：元

序号	工程或费用名称	拆除工程费
	拆除工程	675
	安装工程	675

序号	工程或费用名称	拆除工程费
八	通信及远动系统	675
2	远动及计费系统	675
2.4	安全防护装置	675
	合计	675

30.1.3　典型方案电气设备材料表

典型方案更换调度数据网路由器电气设备材料表见表 30-1-5。

表 30-1-5　　　　典型方案更换调度数据网路由器电气设备材料表

序 / 编号	设备或材料名称	单位	数量	备注
八	通信及远动系统			
2	远动及计费系统			
2.1	远动装置			
100000010	35kV 变电站控制电缆	km	0.1	
500073429	路由器，≥ 400Mpps	台	2	

30.1.4　典型方案工程量表

典型方案更换调度数据网路由器工程量见表 30-1-6。

表 30-1-6　　　　典型方案更换调度数据网路由器工程量表

序 / 编号	名称	单位	数量	备注
	建筑工程			
	安装工程			
八	通信及远动系统			
2	远动及计费系统			
2.1	远动装置			
JYD9-154	二次系统安全防护设备调试　路由器	台	2	
JYZ11-18	其他网络安全设备	台	2	
JYD7-36	电缆敷设及试验　截面（mm^2 以内）10	100m	1	

续表

序 / 编号	名称	单位	数量	备注
	拆除工程			
	安装工程			
八	通信及远动系统			
2	远动及计费系统			
2.4	安全防护装置			
CYZ1–58	数据网设备拆除 路由器	台	1	
CYD7–3	全站电缆拆除 控制电缆	100m	0.5	

30.2 ZG07-02 更换调度数据网交换机

30.2.1 典型方案主要技术条件

典型方案更换调度数据网交换机主要技术条件见表 30-2-1。

表 30-2-1　　　　　典型方案更换调度数据网交换机主要技术条件

方案名称	工程主要技术条件	
更换调度数据网交换机	规格型号	双套配置
	组屏方式	就地布置
	是否停电	是

30.2.2 典型方案概算书

概算投资为总投资，按照典型造价编制依据要求编制。典型方案更换调度数据网交换机包括总概算汇总表、安装工程专业汇总表、拆除工程专业汇总表，分别见表 30-2-2~ 表 30-2-4。

表 30-2-2　　　　典型方案更换调度数据网交换机总概算汇总表　　　　金额单位：万元

序号	工程或费用名称	金额	占工程总投资的比例（%）
一	建筑工程费		
二	安装工程费	0.76	68.52
三	拆除工程费	0.05	4.91
四	设备购置费	0.3	26.57

续表

序号	工程或费用名称	金额	占工程总投资的比例（%）
五	小计	1.11	100
	其中：甲供设备材料费	0.3	26.57
六	其他费用		
七	基本预备费		
八	特殊项目		
九	工程静态投资合计	1.11	100
	其中：可抵扣增值税金额	0.09	7.66

表 30-2-3　　　　典型方案更换调度数据网交换机安装工程专业汇总表　　　金额单位：元

序号	工程或费用名称	安装工程费			设备购置费	合计
		主要材料费	安装费	小计		
	安装工程	1954	5678	7632	2959	10590
四	控制及直流系统	1954	5678	7632	2959	10590
1	更换调度数据网交换机	1954	5678	7632	2959	10590
1.2	更换调度数据网交换机	1954	5678	7632	2959	10590
	合计	1954	5678	7632	2959	10590

表 30-2-4　　　　典型方案更换调度数据网交换机拆除工程专业汇总表　　　金额单位：元

序号	工程或费用名称	拆除工程费
	拆除工程	546
	安装工程	546
八	通信及远动系统	546
2	远动及计费系统	546
2.1	远动装置	546
	合计	546

30.2.3　典型方案电气设备材料表

典型方案更换调度数据网交换机电气设备材料表见表 30-2-5。

表 30-2-5　　　　　　　　典型方案更换调度数据网交换机电气设备材料表

序 / 编号	设备或材料名称	单位	数量	备注
四	控制及直流系统			
1	更换调度数据网交换机			
1.2	更换调度数据网交换机			
100000010	35kV 变电站控制电缆	km	0.1	
500038050	数字程控交换系统，调度交换机，6000，Q	台	1	

30.2.4　典型方案工程量表

典型方案更换调度数据网交换机工程量见表 30-2-6。

表 30-2-6　　　　　　　　典型方案更换调度数据网交换机工程量表

序 / 编号	名称	单位	数量	备注
	建筑工程			
	安装工程			
四	控制及直流系统			
1	更换调度数据网交换机			
1.2	更换调度数据网交换机			
JYD9–153	二次系统安全防护设备调试　交换机	台	1	
JYZ8–9	电力调度程控交换机　128 线以下	架	1	
JYD7–36	电缆敷设及试验　截面（mm^2 以内）10	100m	1	
	拆除工程			
	安装工程			
八	通信及远动系统			
2	远动及计费系统			
2.1	远动装置			
CYZ1–59	数据网设备拆除　交换机	台	1	
CYD7–3	全站电缆拆除　控制电缆	100m	0.5	

30.3　ZG07-03 更换纵向加密装置

30.3.1　典型方案主要技术条件

典型方案更换纵向加密装置主要技术条件见表 30-3-1。

表 30-3-1　　　　典型方案更换纵向加密装置主要技术条件

方案名称	工程主要技术条件	
更换纵向加密装置	规格型号	双套配置
	组屏方式	就地布置
	是否停电	是

30.3.2　典型方案概算书

概算投资为总投资，按照典型造价编制依据要求编制。典型方案更换纵向加密装置包括总概算汇总表、安装工程专业汇总表、拆除工程专业汇总表，分别见表 30-3-2~ 表 30-3-4。

表 30-3-2　　　　典型方案更换纵向加密装置总概算汇总表　　　　金额单位：万元

序号	工程或费用名称	金额	占工程总投资的比例（%）
一	建筑工程费		
二	安装工程费	1.23	23.32
三	拆除工程费	0.03	0.54
四	设备购置费	4.03	76.14
五	小计	5.29	100
	其中：甲供设备材料费	4.03	76.14
六	其他费用		
七	基本预备费		
八	特殊项目		
九	工程静态投资合计	5.29	100
	其中：可抵扣增值税金额	0.55	10.41

表 30-3-3　　　　　　典型方案更换纵向加密装置安装工程专业汇总表　　　金额单位：元

序号	工程或费用名称	安装工程费			设备购置费	合计
		主要材料费	安装费	小计		
	安装工程	1954	10382	12336	40280	52616
四	控制及直流系统	1954	10382	12336	40280	52616
1	更换纵向加密装置	1954	10382	12336	40280	52616
1.2	更换纵向加密装置	1954	10382	12336	40280	52616
	合计	1954	10382	12336	40280	52616

表 30-3-4　　　　　　典型方案更换纵向加密装置拆除工程专业汇总表　　　金额单位：元

序号	工程或费用名称	拆除工程费
	拆除工程	286
	安装工程	286
八	通信及远动系统	286
2	远动及计费系统	286
2.1	远动装置	286
	合计	286

30.3.3　典型方案电气设备材料表

典型方案更换纵向加密装置电气设备材料表见表 30-3-5。

表 30-3-5　　　　　　典型方案更换纵向加密装置电气设备材料表

序 / 编号	设备或材料名称	单位	数量	备注
四	控制及直流系统			
1	更换纵向加密装置			
1.2	更换纵向加密装置			
100000010	35kV 变电站控制电缆	km	0.1	
500008926	二次系统安全防护设备，纵向加密认证装置	台	2	

30.3.4　典型方案工程量表

典型方案更换纵向加密装置工程量见表 30-3-6。

表 30-3-6　　　　　　　　　　典型方案更换纵向加密装置工程量表

序 / 编号	名称	单位	数量	备注
	建筑工程			
	安装工程			
四	控制及直流系统			
1	更换纵向加密装置			
1.2	更换纵向加密装置			
JYZ11–18	其他网络安全设备	台	2	
JYD9–156	二次系统安全防护设备调试　纵向加密认证装置	台	2	
JYD7–36	电缆敷设及试验　截面（mm² 以内）10	100m	1	
	拆除工程			
	安装工程			
八	通信及远动系统			
2	远动及计费系统			
2.1	远动装置			
CYD10–40	盘柜装置、插件、附件及二次配线拆除　保护测控装置	套	2	
CYD7–3	全站电缆拆除　控制电缆	100m	0.5	

30.4　ZG07-04 更换网络安全监测装置

30.4.1　典型方案主要技术条件

典型方案更换网络安全监测装置主要技术条件见表 30-4-1。

表 30-4-1　　　　　　　典型方案更换网络安全监测装置主要技术条件

方案名称	工程主要技术条件	
更换网络安全监测装置	规格型号	双套配置
	组屏方式	就地布置
	是否停电	是

30.4.2　典型方案概算书

概算投资为总投资，按照典型造价编制依据要求编制。典型方案更换网络安全监测

装置包括总概算汇总表、安装工程专业汇总表、拆除工程专业汇总表，分别见表 30-4-
2~ 表 30-4-4。

表 30-4-2　　　　　典型方案更换网络安全监测装置总概算汇总表　　　金额单位：万元

序号	工程或费用名称	金额	占工程总投资的比例（%）
一	建筑工程费		
二	安装工程费	2.48	36.92
三	拆除工程费	0.03	0.42
四	设备购置费	4.22	62.66
五	小计	6.73	100
	其中：甲供设备材料费	4.22	62.66
六	其他费用		
七	基本预备费		
八	特殊项目		
九	工程静态投资合计	6.73	100
	其中：可抵扣增值税金额	0.68	10.04

表 30-4-3　　　　典型方案更换网络安全监测装置安装工程专业汇总表　　　金额单位：元

序号	工程或费用名称	安装工程费			设备购置费	合计
		主要材料费	安装费	小计		
	安装工程	1954	22895	24850	42171	67021
四	控制及直流系统	1954	22895	24850	42171	67021
1	更换网络安全监测装置	1954	22895	24850	42171	67021
1.2	更换网络安全监测装置	1954	22895	24850	42171	67021
	合计	1954	22895	24850	42171	67021

表 30-4-4　　　　典型方案更换网络安全监测装置拆除工程专业汇总表　　　金额单位：元

序号	工程或费用名称	拆除工程费
	拆除工程	286
	安装工程	286
八	通信及远动系统	286
2	远动及计费系统	286

序号	工程或费用名称	拆除工程费
2.1	远动装置	286
	合计	286

30.4.3　典型方案电气设备材料表

典型方案更换网络安全监测装置电气设备材料表见表 30-4-5。

表 30-4-5　　　　　　　典型方案更换网络安全监测装置电气设备材料表

序 / 编号	设备或材料名称	单位	数量	备注
四	控制及直流系统			
1	更换网络安全监测装置			
1.2	更换网络安全监测装置			
100000010	35kV 变电站控制电缆	km	0.1	
500138724	二次系统安全防护设备，网络安全监测装置	台	2	

30.4.4　典型方案工程量表

典型方案更换网络安全监测装置工程量见表 30-4-6。

表 30-4-6　　　　　　　典型方案更换网络安全监测装置工程量表

序 / 编号	名称	单位	数量	备注
	建筑工程			
	安装工程			
四	控制及直流系统			
1	更换网络安全监测装置			
1.2	更换网络安全监测装置			
JYZ11-18	其他网络安全设备	台	2	
JYZ11-34	网络安全系统调试	系统	2	
JYD7-36	电缆敷设及试验　截面（mm^2 以内）10	100m	1	
	拆除工程			
	安装工程			
八	通信及远动系统			

序 / 编号	名称	单位	数量	备注
2	远动及计费系统			
2.1	远动装置			
CYD10-40	盘柜装置、插件、附件及二次配线拆除　保护测控装置	套	2	
CYD7-3	全站电缆拆除　控制电缆	100m	0.5	

30.5 ZG07-05 更换防火墙

30.5.1 典型方案主要技术条件

典型方案更换防火墙主要技术条件见表 30-5-1。

表 30-5-1　　　　　　　　典型方案更换防火墙主要技术条件

方案名称	工程主要技术条件	
更换防火墙	规格型号	双套配置
	组屏方式	就地布置
	是否停电	是

30.5.2 典型方案概算书

概算投资为总投资，按照典型造价编制依据要求编制。典型方案更换防火墙包括总概算汇总表、安装工程专业汇总表、拆除工程专业汇总表，分别见表 30-5-2~ 表 30-5-4。

表 30-5-2　　　　　　　　典型方案更换防火墙总概算汇总表　　　　　　金额单位：万元

序号	工程或费用名称	金额	占工程总投资的比例（%）
一	建筑工程费		
二	安装工程费	1.11	21.52
三	拆除工程费	0.02	0.46
四	设备购置费	4.03	78.02
五	小计	5.16	100
	其中：甲供设备材料费	4.03	78.02
六	其他费用		

续表

序号	工程或费用名称	金额	占工程总投资的比例（%）
七	基本预备费		
八	特殊项目		
九	工程静态投资合计	5.16	100
	其中：可抵扣增值税金额	0.54	10.46

表 30-5-3　　　　　　　典型方案更换防火墙安装工程专业汇总表　　　　　　金额单位：元

序号	工程或费用名称	安装工程费			设备购置费	合计
		主要材料费	安装费	小计		
	安装工程	1954	9155	11109	40280	51389
四	控制及直流系统	1954	9155	11109	40280	51389
1	更换防火墙	1954	9155	11109	40280	51389
1.2	更换防火墙	1954	9155	11109	40280	51389
	合计	1954	9155	11109	40280	51389

表 30-5-4　　　　　　　典型方案更换防火墙拆除工程专业汇总表　　　　　　金额单位：元

序号	工程或费用名称	拆除工程费
	拆除工程	240
	安装工程	240
八	通信及远动系统	240
2	远动及计费系统	240
2.1	远动装置	240
	合计	240

30.5.3　典型方案电气设备材料表

典型方案更换防火墙电气设备材料表见表 30-5-5。

表 30-5-5　　　　　　　典型方案更换防火墙电气设备材料表

序 / 编号	设备或材料名称	单位	数量	备注
四	控制及直流系统			
1	更换防火墙			

续表

序 / 编号	设备或材料名称	单位	数量	备注
1.2	更换防火墙			
100000010	35kV 变电站控制电缆	km	0.1	
500008925	二次系统安全防护设备，防火墙设备	台	2	

30.5.4　典型方案工程量表

典型方案更换防火墙工程量见表 30-5-6。

表 30-5-6　　　　　　　　典型方案更换防火墙工程量表

序 / 编号	名称	单位	数量	备注
	建筑工程			
	安装工程			
四	控制及直流系统			
1	更换防火墙			
1.2	更换防火墙			
JYZ11–18	其他网络安全设备	台	2	
JYD9–155	二次系统安全防护设备调试　硬件防火墙	台	2	
JYD7–36	电缆敷设及试验　截面（mm² 以内）10	100m	1	
	拆除工程			
	安装工程			
八	通信及远动系统			
2	远动及计费系统			
2.1	远动装置			
CYD10–31	盘柜装置、插件、附件及二次配线拆除　屏上其他附件	个	2	
CYD7–3	全站电缆拆除　控制电缆	100m	0.5	

30.6　ZG07-06 更换正向隔离

30.6.1　典型方案主要技术条件

典型方案更换正向隔离主要技术条件见表 30-6-1。

表 30-6-1　　　　　　　　典型方案更换正向隔离主要技术条件

方案名称	工程主要技术条件	
更换正向隔离	规格型号	双套配置
	组屏方式	就地布置
	是否停电	是

30.6.2　典型方案概算书

概算投资为总投资，按照典型造价编制依据要求编制。典型方案更换正向隔离包括总概算汇总表、安装工程专业汇总表、拆除工程专业汇总表，分别见表 30-6-2~ 表 30-6-4。

表 30-6-2　　　　　　典型方案更换正向隔离总概算汇总表　　　　　　金额单位：万元

序号	工程或费用名称	金额	占工程总投资的比例（%）
一	建筑工程费		
二	安装工程费	0.74	17.72
三	拆除工程费	0.02	0.58
四	设备购置费	3.4	81.7
五	小计	4.17	100
	其中：甲供设备材料费	3.4	81.7
六	其他费用		
七	基本预备费		
八	特殊项目		
九	工程静态投资合计	4.17	100
	其中：可抵扣增值税金额	0.44	10.5

表 30-6-3　　　　　　典型方案更换正向隔离安装工程专业汇总表　　　　　　金额单位：元

序号	工程或费用名称	安装工程费			设备购置费	合计
		主要材料费	安装费	小计		
	安装工程	1954	5430	7384	34036	41420
四	控制及直流系统	1954	5430	7384	34036	41420
1	更换防火墙	1954	5430	7384	34036	41420
1.2	更换正向隔离装置	1954	5430	7384	34036	41420
	合计	1954	5430	7384	34036	41420

表 30-6-4　　　　　典型方案更换正向隔离拆除工程专业汇总表　　　　　金额单位：元

序号	工程或费用名称	拆除工程费
	拆除工程	240
	安装工程	240
八	通信及远动系统	240
2	远动及计费系统	240
2.1	远动装置	240
	合计	240

30.6.3　典型方案电气设备材料表

典型方案更换正向隔离电气设备材料表见表 30-6-5。

表 30-6-5　　　　　　典型方案更换正向隔离电气设备材料表

序 / 编号	设备或材料名称	单位	数量	备注
四	控制及直流系统			
1	更换防火墙			
1.2	更换正向隔离装置			
100000010	35kV 变电站控制电缆	km	0.1	
500121679	二次系统安全防护设备，正向隔离装置	套	1	

30.6.4　典型方案工程量表

典型方案更换正向隔离工程量见表 30-6-6。

表 30-6-6　　　　　　典型方案更换正向隔离工程量表

序 / 编号	名称	单位	数量	备注
	建筑工程			
	安装工程			
四	控制及直流系统			
1	更换防火墙			
1.2	更换正向隔离装置			
JYZ11-18	其他网络安全设备	台	1	
JYD9-157	二次系统安全防护设备调试　横向隔离装置	台	1	

续表

序 / 编号	名称	单位	数量	备注
JYD7-36	电缆敷设及试验　截面（mm² 以内）10	100m	1	
	拆除工程			
	安装工程			
八	通信及远动系统			
2	远动及计费系统			
2.1	远动装置			
CYD10-31	盘柜装置、插件、附件及二次配线拆除　屏上其他附件	个	2	
CYD7-3	全站电缆拆除　控制电缆	100m	0.5	

30.7　ZG07-07 更换反向隔离

30.7.1　典型方案主要技术条件

典型方案更换反向隔离主要技术条件见表 30-7-1。

表 30-7-1　　　　典型方案更换反向隔离主要技术条件

方案名称	工程主要技术条件	
更换反向隔离	规格型号	双套配置
	组屏方式	就地布置
	是否停电	是

30.7.2　典型方案概算书

概算投资为总投资，按照典型造价编制依据要求编制。典型方案更换反向隔离包括总概算汇总表、安装工程专业汇总表、拆除工程专业汇总表，分别见表 30-7-2~ 表 30-7-4。

表 30-7-2　　　　典型方案更换反向隔离总概算汇总表　　　　金额单位：万元

序号	工程或费用名称	金额	占工程总投资的比例（%）
一	建筑工程费		
二	安装工程费	0.74	13.12
三	拆除工程费	0.02	0.43
四	设备购置费	4.86	86.45

续表

序号	工程或费用名称	金额	占工程总投资的比例（%）
五	小计	5.63	100
	其中：甲供设备材料费	4.86	86.45
六	其他费用		
七	基本预备费		
八	特殊项目		
九	工程静态投资合计	5.63	100
	其中：可抵扣增值税金额	0.61	10.76

表 30-7-3　　　　　典型方案更换反向隔离安装工程专业汇总表　　　　金额单位：元

序号	工程或费用名称	安装工程费			设备购置费	合计
		主要材料费	安装费	小计		
	安装工程	1954	5430	7384	48638	56022
四	控制及直流系统	1954	5430	7384	48638	56022
1	更换防火墙	1954	5430	7384	48638	56022
1.2	更换反向隔离装置	1954	5430	7384	48638	56022
	合计	1954	5430	7384	48638	56022

表 30-7-4　　　　　典型方案更换反向隔离拆除工程专业汇总表　　　　金额单位：元

序号	工程或费用名称	拆除工程费
	拆除工程	240
	安装工程	240
八	通信及远动系统	240
2	远动及计费系统	240
2.1	远动装置	240
	合计	240

30.7.3　典型方案电气设备材料表

典型方案更换反向隔离电气设备材料表见表 30-7-5。

表 30-7-5　　　　　　　　　　典型方案更换反向隔离电气设备材料表

序 / 编号	设备或材料名称	单位	数量	备注
四	控制及直流系统			
1	更换防火墙			
1.2	更换反向隔离装置			
100000010	35kV 变电站控制电缆	km	0.1	
500121677	二次系统安全防护设备，反向隔离装置	套	1	

30.7.4　典型方案工程量表

典型方案更换反向隔离工程量见表 30–7–6。

表 30-7-6　　　　　　　　　　典型方案更换反向隔离工程量表

序 / 编号	名称	单位	数量	备注
	建筑工程			
	安装工程			
四	控制及直流系统			
1	更换防火墙			
1.2	更换反向隔离装置			
JYZ11–18	其他网络安全设备	台	1	
JYD9–157	二次系统安全防护设备调试　横向隔离装置	台	1	
JYD7–36	电缆敷设及试验　截面（mm² 以内）10	100m	1	
	拆除工程			
	安装工程			
八	通信及远动系统			
2	远动及计费系统			
2.1	远动装置			
CYD10–31	盘柜装置、插件、附件及二次配线拆除　屏上其他附件	个	2	
CYD7–3	全站电缆拆除　控制电缆	100m	0.5	

第31章 其 他

其他典型方案共5个,分别为更换PT[1]并列装置、更换同步相量测量装置、更换相量数据集中器、更换时间同步及监测装置、更换电能量采集终端。

主要内容:旧设备拆除;二次接线拆除;新装置安装;二次接线;综自系统相关参数设置与修改;装置调试;监控信息核对。

具体施工工序流程:旧设备拆除→新设备安装→二次接线→参数整定→装置调试。典型方案其他施工工序流程图见图14-0-1。

31.1 ZG08-01更换PT并列装置

31.1.1 典型方案主要技术条件

典型方案更换PT并列装置主要技术条件见表31-1-1。

表31-1-1 典型方案更换PT并列装置主要技术条件

方案名称	工程主要技术条件	
更换PT并列装置	规格型号	双套配置
	组屏方式	就地布置
	是否停电	是

31.1.2 典型方案概算书

概算投资为总投资,按照典型造价编制依据要求编制。典型方案更换PT并列装置总概算汇总表、安装工程专业汇总表、拆除工程专业汇总表,分别见表31-1-2~表31-1-4。

表31-1-2 典型方案更换PT并列装置总概算汇总表 金额单位:万元

序号	工程或费用名称	金额	占工程总投资的比例(%)
一	建筑工程费		
二	安装工程费	0.79	18.94
三	拆除工程费	0.03	0.68
四	设备购置费	3.37	80.38
五	小计	4.19	100

---

[1] PT在本文中指电压互感器,为了与设备上标识保持一致,因此不采用TV作为缩写。

序号	工程或费用名称	金额	占工程总投资的比例（%）
	其中：甲供设备材料费	3.37	80.38
六	其他费用		
七	基本预备费		
八	特殊项目		
九	工程静态投资合计	4.19	100
	其中：可抵扣增值税金额	0.42	10.08

表 31-1-3　　　　典型方案更换 PT 并列装置安装工程专业汇总表　　　金额单位：元

序号	工程或费用名称	安装工程费			设备购置费	合计
		主要材料费	安装费	小计		
	安装工程	3908	4026	7934	33682	41616
四	控制及直流系统	3908	4026	7934	33682	41616
1	监控或监测系统	3908	4026	7934	33682	41616
1.2	更换 PT 并列装置	3908	4026	7934	33682	41616
	合计	3908	4026	7934	33682	41616

表 31-1-4　　　　典型方案更换 PT 并列装置拆除工程专业汇总表　　　金额单位：元

序号	工程或费用名称	拆除工程费
	拆除工程	286
	安装工程	286
四	控制及直流系统	286
2	继电保护装置	286
	合计	286

31.1.3　典型方案电气设备材料表

典型方案更换 PT 并列装置电气设备材料表见表 31-1-5。

表 31-1-5　　　　典型方案更换 PT 并列装置电气设备材料表

序 / 编号	设备或材料名称	单位	数量	备注
四	控制及直流系统			

序 / 编号	设备或材料名称	单位	数量	备注
1	监控或监测系统			
1.2	更换 PT 并列装置			
500008766	PT 并列装置	套	2	
100000010	35kV 变电站控制电缆	km	0.2	

31.1.4　典型方案工程量表

典型方案更换 PT 并列装置工程量见表 31-1-6。

表 31-1-6　　　　　典型方案更换 PT 并列装置工程量表

序 / 编号	名称	单位	数量	备注
	建筑工程			
	安装工程			
四	控制及直流系统			
1	监控或监测系统			
1.2	更换 PT 并列装置			
JYD4-14	成套装置安装　保护测控装置	套	2	
JYD9-77	变电站自动化系统设备调试　测控装置　35kV	套	2	
JYD7-36	电缆敷设及试验　截面（mm² 以内）10	100m	2	
	拆除工程			
	安装工程			
四	控制及直流系统			
2	继电保护装置			
CYD10-40	盘柜装置、插件、附件及二次配线拆除　保护测控装置	套	2	
CYD7-3	全站电缆拆除　控制电缆	100m	0.5	

31.2　ZG08-02 更换同步相量测量装置

31.2.1　典型方案主要技术条件

典型方案更换同步相量测量装置主要技术条件见表 31-2-1。

表 31-2-1　　　　典型方案更换同步相量测量装置主要技术条件

方案名称	工程主要技术条件	
更换同步相量测量装置	电压等级 /kV	220kV 及以上
	规格型号	双套配置
	组屏方式	就地布置
	是否停电	是

31.2.2　典型方案概算书

概算投资为总投资，按照典型造价编制依据要求编制。典型方案更换同步相量测量装置包括总概算汇总表、安装工程专业汇总表、拆除工程专业汇总表，分别见表 31-2-2~表 31-2-4。

表 31-2-2　　　　典型方案更换同步相量测量装置总概算汇总表　　　　金额单位：万元

序号	工程或费用名称	金额	占工程总投资的比例（%）
一	建筑工程费		
二	安装工程费	1.33	97.88
三	拆除工程费	0.03	2.11
四	设备购置费		0.01
五	小计	1.36	100
	其中：甲供设备材料费		0.01
六	其他费用		
七	基本预备费		
八	特殊项目		
九	工程静态投资合计	1.36	100
	其中：可抵扣增值税金额	0.08	5.88

表 31-2-3　　　　　典型方案更换同步相量测量装置安装工程专业汇总表　　　　金额单位：元

序号	工程或费用名称	安装工程费			设备购置费	合计
		主要材料费	安装费	小计		
	安装工程	3908	9369	13277	2	13280
四	控制及直流系统	3908	9369	13277	2	13280
1	监控或监测系统	3908	9369	13277	2	13280
1.2	更换同步相量测量装置	3908	9369	13277	2	13280
	合计	3908	9369	13277	2	13280

表 31-2-4　　　　　典型方案更换同步相量测量装置拆除工程专业汇总表　　　　金额单位：元

序号	工程或费用名称	拆除工程费
	拆除工程	286
	安装工程	286
四	控制及直流系统	286
2	继电保护装置	286
	合计	286

31.2.3　典型方案电气设备材料表

典型方案更换同步相量测量装置电气设备材料表见表 31-2-5。

表 31-2-5　　　　　典型方案更换同步相量测量装置电气设备材料表

序 / 编号	设备或材料名称	单位	数量	备注
四	控制及直流系统			
1	监控或监测系统			
1.2	更换同步相量测量装置			
	同步相量测量装置	套	2	
100000010	35kV 变电站控制电缆	km	0.2	
000000018	同步相量测量装置	套	2	

31.2.4　典型方案工程量表

典型方案更换同步相量测量装置工程量见表 31-2-6。

表 31-2-6　　　　　　典型方案更换同步相量测量装置工程量表

序/编号	名称	单位	数量	备注
	建筑工程			
	安装工程			
四	控制及直流系统			
1	监控或监测系统			
1.2	更换同步相量测量装置			
	同步相量测量装置	套	2	
JYD4-14	成套装置安装　保护测控装置	套	2	
JYD9-84	变电站自动化系统设备调试　RTU 设备	套	2	
JYD7-36	电缆敷设及试验　截面（mm² 以内）10	100m	2	
	拆除工程			
	安装工程			
四	控制及直流系统			
2	继电保护装置			
CYD10-40	盘柜装置、插件、附件及二次配线拆除　保护测控装置	套	2	
CYD7-3	全站电缆拆除　控制电缆	100m	0.5	

31.3　ZG08-03 更换相量数据集中器

31.3.1　典型方案主要技术条件

典型方案更换相量数据集中器主要技术条件见表 31-3-1。

表 31-3-1　　　　典型方案更换相量数据集中器主要技术条件

方案名称	工程主要技术条件	
更换相量数据集中器	规格型号	双套配置
	组屏方式	就地布置
	是否停电	是

31.3.2　典型方案概算书

概算投资为总投资，按照典型造价编制依据要求编制。典型方案更换相量数据集中

器包括总概算汇总表、安装工程专业汇总表、拆除工程专业汇总表，分别见表31-3-2~
表31-3-4。

表31-3-2　　　　　典型方案更换相量数据集中器总概算汇总表　　　金额单位：万元

序号	工程或费用名称	金额	占工程总投资的比例（%）
一	建筑工程费		
二	安装工程费	0.62	95.39
三	拆除工程费	0.03	4.58
四	设备购置费		0.03
五	小计	0.65	100
	其中：甲供设备材料费		0.03
六	其他费用		
七	基本预备费		
八	特殊项目		
九	工程静态投资合计	0.65	100
	其中：可抵扣增值税金额	0.02	3.3

表31-3-3　　　　　典型方案更换相量数据集中器安装工程专业汇总表　　　金额单位：元

序号	工程或费用名称	安装工程费			设备购置费	合计
		主要材料费	安装费	小计		
	安装工程	3908	2303	6212	2	6214
四	控制及直流系统	3908	2303	6212	2	6214
1	监控或监测系统	3908	2303	6212	2	6214
1.2	更换相量数据集中器	3908	2303	6212	2	6214
	合计	3908	2303	6212	2	6214

表31-3-4　　　　　典型方案更换相量数据集中器拆除工程专业汇总表　　　金额单位：元

序号	工程或费用名称	拆除工程费
	拆除工程	298
	安装工程	298
四	控制及直流系统	298
2	继电保护装置	298
	合计	298

31.3.3 典型方案电气设备材料表

典型方案更换相量数据集中器电气设备材料表见表31-3-5。

表 31-3-5 典型方案更换相量数据集中器电气设备材料表

序/编号	设备或材料名称	单位	数量	备注
四	控制及直流系统			
1	监控或监测系统			
1.2	更换相量数据集中器			
000000009	相量数据集中器	套	2	
100000010	35kV变电站控制电缆	km	0.2	

31.3.4 典型方案工程量表

典型方案更换相量数据集中器工程量见表31-3-6。

表 31-3-6 典型方案更换相量数据集中器工程量表

序/编号	名称	单位	数量	备注
	建筑工程			
	安装工程			
四	控制及直流系统			
1	监控或监测系统			
1.2	更换相量数据集中器			
JYD4–14	成套装置安装 保护测控装置	套	2	
JYZ16–24	数据集中器与电表采集器	系统	2	
JYD7–36	电缆敷设及试验 截面（mm² 以内）10	100m	2	
	拆除工程			
	安装工程			
四	控制及直流系统			
2	继电保护装置			
CYZ2–2	抄表采集设备拆除 抄表采集设备	台	2	
CYD7–3	全站电缆拆除 控制电缆	100m	0.5	

31.4 ZG08-04 更换时间同步及监测装置

31.4.1 典型方案主要技术条件

典型方案更换时间同步及监测装置主要技术条件见表31-4-1。

表31-4-1 典型方案更换时间同步及监测装置主要技术条件

方案名称	工程主要技术条件	
更换时间同步及监测装置	规格型号	双套配置
	组屏方式	就地布置
	是否停电	是

31.4.2 典型方案概算书

概算投资为总投资，按照典型造价编制依据要求编制。典型方案更换时间同步及监测装置包括总概算汇总表、安装工程专业汇总表、拆除工程专业汇总表，分别见表31-4-2~表31-4-4。

表31-4-2 典型方案更换时间同步及监测装置总概算汇总表 金额单位：万元

序号	工程或费用名称	金额	占工程总投资的比例（%）
一	建筑工程费		
二	安装工程费	1.14	12.32
三	拆除工程费	0.03	0.31
四	设备购置费	8.06	87.37
五	小计	9.22	100
	其中：甲供设备材料费	8.06	87.37
六	其他费用		
七	基本预备费		
八	特殊项目		
九	工程静态投资合计	9.22	100
	其中：可抵扣增值税金额	0.99	10.72

表31-4-3 典型方案更换时间同步及监测装置安装工程专业汇总表 金额单位：元

序号	工程或费用名称	安装工程费			设备购置费	合计
		主要材料费	安装费	小计		
	安装工程	3908	7454	11362	80560	91922

续表

序号	工程或费用名称	安装工程费			设备购置费	合计
		主要材料费	安装费	小计		
四	控制及直流系统	3908	7454	11362	80560	91922
1	监控或监测系统	3908	7454	11362	80560	91922
1.2	时间同步装置 1 台	3908	7454	11362	80560	91922
	合计	3908	7454	11362	80560	91922

表 31-4-4　　典型方案更换时间同步及监测装置拆除工程专业汇总表　　金额单位：元

序号	工程或费用名称	拆除工程费
	拆除工程	286
	安装工程	286
四	控制及直流系统	286
2	继电保护装置	286
	合计	286

31.4.3　典型方案电气设备材料表

典型方案更换时间同步及监测装置电气设备材料表见表 31-4-5。

表 31-4-5　　　　典型方案更换时间同步及监测装置电气设备材料表

序 / 编号	设备或材料名称	单位	数量	备注
四	控制及直流系统			
1	监控或监测系统			
1.2	时间同步装置 1 台			
500008913	时间同步装置，AC35kV	套	2	
100000010	35kV 变电站控制电缆	km	0.2	

31.4.4　典型方案工程量表

典型方案更换时间同步及监测装置工程量见表 31-4-6。

表 31-4-6　　　　　　　　典型方案更换时间同步及监测装置工程量表

序 / 编号	名称	单位	数量	备注
	建筑工程			
	安装工程			
四	控制及直流系统			
1	监控或监测系统			
1.2	时间同步装置1台			
JYD4–14	成套装置安装　保护测控装置	套	2	
JYD9–89	变电站自动化系统设备调试　同步扩展装置	套	2	
JYD7–36	电缆敷设及试验　截面（mm² 以内）10	100m	2	
	拆除工程			
	安装工程			
四	控制及直流系统			
2	继电保护装置			
CYD7–3	全站电缆拆除　控制电缆	100m	0.5	
CYD10–40	盘柜装置、插件、附件及二次配线拆除　保护测控装置	套	2	

31.5　ZG08-05 更换电能量采集终端

31.5.1　典型方案主要技术条件

典型方案更换电能量采集终端主要技术条件见表 31-5-1。

表 31-5-1　　　　　　　典型方案更换电能量采集终端主要技术条件

方案名称	工程主要技术条件	
更换电能量采集终端	规格型号	双套配置
	组屏方式	就地布置
	是否停电	是

31.5.2　典型方案概算书

概算投资为总投资，按照典型造价编制依据要求编制。典型方案更换电能量采集终端包括总概算汇总表、安装工程专业汇总表、拆除工程专业汇总表，分别见表31-5-2~表31-5-4。

表 31-5-2　　　　　典型方案更换电能量采集终端总概算汇总表　　　　金额单位：万元

序号	工程或费用名称	金额	占工程总投资的比例（%）
一	建筑工程费		
二	安装工程费	0.77	15.99
三	拆除工程费	0.02	0.51
四	设备购置费	4.03	83.5
五	小计	4.82	100
	其中：甲供设备材料费	4.03	83.5
六	其他费用		
七	基本预备费		
八	特殊项目		
九	工程静态投资合计	4.82	100
	其中：可抵扣增值税金额	0.5	10.28

表 31-5-3　　　　　典型方案更换电能量采集终端安装工程专业汇总表　　　　金额单位：元

序号	工程或费用名称	安装工程费			设备购置费	合计
		主要材料费	安装费	小计		
	安装工程	3908	3801	7709	40280	47989
四	控制及直流系统	3908	3801	7709	40280	47989
1	监控或监测系统	3908	3801	7709	40280	47989
1.2	更换电能量采集终端	3908	3801	7709	40280	47989
	合计	3908	3801	7709	40280	47989

表 31-5-4　　　　　典型方案更换电能量采集终端拆除工程专业汇总表　　　　金额单位：元

序号	工程或费用名称	拆除工程费
	拆除工程	248
	安装工程	248

续表

序号	工程或费用名称	拆除工程费
四	控制及直流系统	248
1	监控或监测系统	248
1.1	计算机监控系统	248
	合计	248

31.5.3 典型方案电气设备材料表

典型方案更换电能量采集终端电气设备材料表见表 31-5-5。

表 31-5-5　　　　典型方案更换电能量采集终端电气设备材料表

序/编号	设备或材料名称	单位	数量	备注
四	控制及直流系统			
1	监控或监测系统			
1.2	更换电能量采集终端			
500008932	电能量计量采集系统（厂站端），AC35kV	套	1	
100000010	35kV 变电站控制电缆	km	0.2	

31.5.4 典型方案工程量表

典型方案更换电能量采集终端工程量见表 31-5-6。

表 31-5-6　　　　典型方案更换电能量采集终端工程量表

序/编号	名称	单位	数量	备注
	建筑工程			
	安装工程			
四	控制及直流系统			
1	监控或监测系统			
1.2	更换电能量采集终端			
JYD4-14	成套装置安装　保护测控装置	套	1	
JYD9-42	自动装置调试　电能质量采集装置	套	1	
JYD7-36	电缆敷设及试验　截面（mm² 以内）10	100m	2	
	拆除工程			

续表

序 / 编号	名称	单位	数量	备注
	安装工程			
四	控制及直流系统			
1	监控或监测系统			
1.1	计算机监控系统			
CYD10-40	盘柜装置、插件、附件及二次配线拆除　保护测控装置	套	1	
CYD7-3	全站电缆拆除　控制电缆	100m	0.5	